भारतीय पौराणिक कथाएँ

भारतीय पौराणिक कथाएँ

देवदत्त पट्टनायक

राजपाल

अनुवाद

नीलाभ

स्थापित 1912
100 वर्षों की श्रेष्ठ प्रकाशन परम्परा
राजपाल

ISBN : 9789350642559
प्रथम संस्करण : 2015
BHARATIYA PAURANIK KATHAYEIN (Mythology)
by Devdutt Pattanaik
(Hindi translation of *Indian Mythology)*
मुद्रक : रेप्रो नॉलेजकास्ट लि, इंडिया

राजपाल एण्ड सन्ज़
1590, मदरसा रोड, कश्मीरी गेट-दिल्ली-110006
फोनः 011-23869812, 23865483, फैक्सः 011-23867791
website : www.rajpalpublishing.com
e-mail : sales@rajpalpublishing.com

क्रम

अनुवादक की ओर से

किसी भी नये विचार या अवधारणा को ग्रहण करने में समय लगता है। लेखक के श्रम के साथ पाठक से भी थोड़े श्रम की अपेक्षा रहती है। देवदत्त पट्टनायक ने भारतीय प्राचीन पौराणिक कथाओं को एक नयी दृष्टि से देख कर कुछ नये पहलू खोले हैं। इस लिहाज़ से उनकी यह पुस्तक मुहावरे की ज़बान में कहा जाये तो नयी ज़मीन तोड़ने वाली, नयी राहों पर पाठक को ले चलने वाली पुस्तक है। हिन्दी में 'मिथ' (myth) के लिए 'पौराणिक कथा' या 'पुराकथा' प्रचलित है।

हमारे यहाँ पुराकथाओं में दिलचस्पी हमेशा रही है। मगर उनका विवेचन, उनका विश्लेषण या व्याख्या अधिक नहीं हुई। पश्चिम में पुराकथाओं पर शास्त्रीय ढंग से भी बहुत काम हुआ है। इसीलिए वहाँ इसकी शब्दावली भी विकसित हुई है, जैसे माइथौलोजी (mythology), मिथोस्फ़ीयर (mythosphere) आदि। हमारे यहाँ माइथौलोजी के लिए प्रचलित शब्द है पुराकथा शास्त्र या पुरातत्व शास्त्र। पुरातत्व वह सामग्री है जिससे ये पौराणिक कथाएँ बनी हैं। देवदत्त पट्टनायक की इस पुस्तक में इसी आधार पर मिथोस्फ़ीयर को 'पुराकथा लोक' कहा गया है, वैसे ही जैसे हम स्वर्गलोक, मर्त्यलोक, पाताललोक या देवलोक कहते हैं।

इसी तरह अंग्रेज़ी के कुछ शब्दों का सटीक हिन्दी पर्याय कभी-कभी उपलब्ध नहीं होता या फिर होता यह है कि अंग्रेज़ी का वही शब्द अलग-अलग प्रसंगों में अलग-अलग अर्थों में इस्तेमाल हुआ होता है। मिसाल के लिए शब्द 'ईवल' (evil) लीजिये। इसका अर्थ बुराई या दुष्टता भी है और अशुभ और अमंगल और अनिष्टकर भी। प्रसंग के हिसाब से 'ईवल' के लिए इस पुस्तक में अलग-अलग शब्द उपयोग में लाये गये हैं।

ऐसा ही एक अंग्रेज़ी शब्द 'लेजेण्ड' (legend) है जो 'मिथ' या पुराकथा से अलग अर्थ में इस्तेमाल होता है। मसलन, हम राम को पौराणिक पात्र मानेंगे, लेकिन पद्मावती को जिस पर जायसी ने 'पद्मावत' काव्य लिखा, 'लेजेण्डरी' यानी

लोक-गाथा का पात्र कहेंगे।

'नरक' शब्द का उपयोग भी हिन्दी में बाद में शुरू हुआ। बाइबल में जिसे 'hell' कहा गया वह यहूदी और ईसाई और इस्लामी परम्परा से होता हुआ हम तक पहुँचा है। मूल रूप से हमारे यहाँ 'तमलोक' और 'अन्धलोक' की अवधारणा है। उपनिषदों में 'अन्धतम' का प्रयोग भी हुआ है। इसी तरह पुरानी पुराकथाओं में जो 'पाताललोक' शब्द आया है, वह 'नरक' नहीं, बल्कि ऐसी जगह है जो अपने जीवन और मूल्यों के हिसाब से देवलोक के विपरीत है। हमारे यहाँ 'नरक' शब्द—जैसा कि वह महाभारत में आया है—बाद का विकास है और बाइबल के 'हेल' के नज़दीक पहुँच गया है। लेकिन पहले इसी शब्द का अर्थ दूसरा था। मिसाल के लिए 'नरकासुर' को लीजिये जो नरक का निवासी है। उसे 'भौम' भी कहा गया है, यानी भूमि से जन्मा या उससे सम्बन्धित। यह तथ्य हमें देवों और असुरों के संघर्ष को नये ढंग से देखने की दृष्टि भी देता है।

देवदत्त पट्टनायक ने भारतीय पौराणिक कथाओं को उन्हीं पुराने तथ्यों के आधार पर नये सिरे से परखने और उनके नये अर्थ खोजने का काम किया है। पाठकों से अनुरोध है कि वे भी इस पुस्तक को एक नयी दृष्टि से पढ़ें और उन्हीं बार-बार सुनी-पढ़ी पौराणिक कथाओं में नया आनन्द प्राप्त करें।

—नीलाभ

लेखक की ओर से

हिन्दू पुराकथा की रचना

ज़रा सोचिए : एक धर्म का विश्वास एक सर्वशक्तिमान ईश्वर में और एक पैगम्बर के माध्यम से व्यक्त की गयी उस ईश्वर की इच्छा के अनुसार एक जीवन और एक जीवन-पद्धति में है, ताकि मृत्यु के बाद स्वर्ग में शाश्वत आनन्द प्राप्त हो सके। ऐसा न करना नरक में अन्तहीन पीड़ा का सामना करना है।

अब ज़रा इस पर विचार कीजिए : दूसरे धर्म का विश्वास है कि कई ईश्वर हैं, देवता और देवियाँ हैं, कई जीवन हैं और अपनी ज़िन्दगी जीने के कई तरीके हैं। इस धर्म को बुराई की अवधारणा की कोई ज़रूरत नहीं है, क्योंकि हर घटना पहले की घटनाओं की प्रतिक्रिया है। इस धर्म की मान्यता है कि अनेक 'स्वर्ग' हैं और अनेक 'नरक' जहाँ देवता दण्डित हो सकते हैं और दैत्यों की पूजा हो सकती है। इस धर्म के अनुसार ब्रह्माण्ड अनेक स्तरों वाला है और उसमें विभिन्न प्रकार के जीव बसते हैं और वह विश्वास करता है कि समय चक्राकार है जिसमें घटनाएँ खुद को बार-बार दोहराती रहती हैं।

इनमें से एक धर्म को दूसरे के सन्दर्भ में समझने की कोशिश करना बेवकूफी होगी। इसलिए हिन्दू पौराणिक कथाओं को समझने के लिए—हिन्दू धर्म की पवित्र गाथाओं को, कला और अनुष्ठान और कर्मकाण्ड को समझने के लिए—उदाहरणों और नमूनों और परिभाषाओं की दूरी बनानी ज़रूरी है। सही/गलत, दैवी/शैतानी, पुण्य/पाप, स्वर्ग/नरक, आरम्भ/अन्त और पतन/उद्धार की पश्चिमी अवधारणाओं से अलग हटना होगा। ये अवधारणाएँ पश्चिम की ज़रूरतों को पूरा करने के लिए बनी थीं और आज ये किसी-न-किसी रूप में यहूदी, ईसाई और इस्लामी धर्मों की आधार-भूमि हैं। भारत में पिछले चार हज़ार वर्षों के दौरान एक अलग ही विश्व-दृष्टि विकसित हुई, जिसकी अवधारणाएँ विभिन्न सामाजिक-सांस्कृतिक परिघटनाओं की प्रतिक्रिया के रूप में प्रकट हुईं और स्थानीय लोगों की ज़रूरतों को पूरा करने के लिए ऋषियों और मुनियों के वचनों के अनुसार रूपान्तरित होती रहीं। यूरोपीय

विद्वानों ने *बाइबल* के गहरे असर के चलते इस विश्वदृष्टि को धर्म के रूप में परिभाषित किया। भारत के निवासियों के लिए यह सिर्फ एक जीवन-शैली थी जिसमें उनका जन्म हुआ था, जो उन्हें जन्म से मिली थी।

सोलहवीं सदी में जब व्यापारिक और फिर बाद में साम्राज्यवादी महत्त्वाकांक्षा यूरोपीय औपनिवेशिक शक्तियों को दक्षिण एशिया के इलाके में लायी तो उनका सामना हिन्दू जीवन पद्धति से हुआ। उन्नीसवीं सदी के मध्य तक भारतीय उपमहाद्वीप अंग्रेज़ी राज का हिस्सा बन चुका था। भारत पहले भी विदेशियों के शासन में रहा था : फारसी, यूनानी, हूण, तुर्क और मंगोल—सभी इस इलाके पर शासन कर चुके थे। लेकिन पहले के हमलावर या तो स्थानीय आबादी में समो लिये गये थे या फिर उन्होंने स्थानीय निवासियों में से उन लोगों को 'काफ़िर' या 'नास्तिक' कहते हुए अकेला छोड़ दिया था, जिन लोगों ने हठधर्मी से उनके तौर-तरीके अपनाने से इनकार किया था। लेकिन यूरोपीय शासकों ने सचेत रूप से विजित जाति से एक दूरी बना कर रखी थी और उसे समझने की कोशिश की थी। वे जानते थे कि राजनैतिक नियन्त्रण का भेद अपनी रियाया की भरपूर जानकारी में निहित है।

अंग्रेज़ों को और कुछ हद तक पुर्तगालियों और फ्रान्सीसियों को, जल्द ही यह एहसास हो गया कि भारत के प्रमुख धर्म को समझने की कोशिश किसी पहेली को बूझने से कम नहीं है। यहाँ कोई ऐतिहासिक संस्थापक या पैगम्बर नहीं था (ईसा मसीह या मुहम्मद की तरह), कोई सुस्पष्ट ईश्वर नहीं था [जेहोवा (Jehovah) या अल्लाह (Allah) की तरह], कोई एक पवित्र ग्रन्थ नहीं था (*बाइबल* या *कुरान* की तरह)। पवित्र ग्रन्थों के अनुवादों से इतिहास या भूगोल की कोई स्पष्ट जानकारी नहीं मिलती थी। परम्पराएँ भी अलग-अलग थीं। धार्मिक और सामाजिक के बीच कोई साफ-साफ अन्तर नहीं था, दर्शन और परिपाटी के बीच, मान्यता और आचरण के बीच कोई एकरूपता नहीं थी। संक्षेप में, कोई 'धर्म' नहीं था। जीते गये लोगों की जटिल और पेचीदा मान्यताओं और प्रथाओं को समझने-समझाने के लिए अंग्रेज़ों के लिए ज़रूरी था कि वे एक धार्मिक प्रतिरूप, एक धार्मिक अस्तित्व गढ़ें। उन्हें हिन्दुत्व की ज़रूरत थी।

फारस के लोगों ने और बाद में अरबों ने 'हिन्द' या 'हिन्दोस्तान' के शब्द उस भू-भाग का वर्णन करने के लिए इस्तेमाल किये थे जो उस नदी के पार था जिसे यूनानी 'इण्डस' कहते थे और स्थानीय लोग 'सिन्धु'। सोलहवीं सदी में संस्कृत और बांग्ला ग्रन्थ 'हिन्दू' शब्द का प्रयोग उन निवासियों के सन्दर्भ में इस्तेमाल करते थे जो यवन या मुस्लिम नहीं थे। जब अंग्रेज़ भारत आये तो उन्होंने 'हिन्दू' या 'हिन्दु' शब्दों का प्रयोग काफी ढीले-ढाले ढंग से किया—उन सभी पर लागू करते हुए जो

उत्तर भारत में हिन्दी भाषा बोलते थे। बाद में यह शब्द उन लोगों के लिए विशेष रूप से प्रयोग किया जाने लगा जो खुद को मुस्लिम, सिख, जैन या ईसाई के रूप में चिह्नित नहीं करते थे। उन्नीसवीं सदी के आरम्भिक दौर में 'हिन्दुत्व' या 'हिन्दुइज़्म' एक ऐसा पारिभाषिक शब्द बन गया जिसने छतरी की तरह बहुत-से स्पष्ट दक्षिण एशियाई सम्प्रदायों और क्षेत्रीय धर्मों को अपनी छाया के नीचे ले लिया जो कुछ खास बुनियादी विश्वासों, कर्मकाण्डों और सांस्कृतिक चिह्नों और प्रतीकों में साझेदारी करते थे। और भी स्पष्ट रूप से, 1830 में विद्वानों ने इस शब्द को ऊँची जाति के ब्राह्मणों के धर्म के लिए इस्तेमाल किया जिसे अब विद्वानों के दायरे में 'ब्राह्मणवाद' कहा जाता है और हिन्दुत्व के प्रमुख व्यापक उप-समूह के रूप में देखा जाता है।

ब्राह्मणवाद एकमात्र सुसंगत धार्मिक प्रणाली थी जिसे अंग्रेज़ हिन्दू ढाँचे के भीतर चिह्नित कर सके। यह प्रणाली समूचे उपमहाद्वीप में समान रूप से मिलती थी और संस्कृत में—जो यूरोपीय भाषाशास्त्रियों की मान्यता के अनुसार सभी आधुनिक यूरोपीय भाषाओं का मूल थी—रचा गया इसका अपना साहित्य था। लेकिन उन्नीसवीं सदी का यूरोप एक ज़बर्दस्त साम्राज्यवादी ताकत था और 'प्रबोधन' या पुनर्जागरण की प्रसव-वेदना से गुज़र रहा था। वह ऐसा संसार था जहाँ चीज़ें 'सही' और 'असली' तभी हो सकती थीं अगर वे तार्किक या वैज्ञानिक हों। वैज्ञानिक कार्य-प्रणाली लिखा हुआ सबूत, सुसंगत अनुवाद और वस्तुगत विश्लेषण की माँग करती थी। यह विश्लेषण ब्राह्मण धर्म-ग्रन्थों पर लागू किया गया और जल्दी ही औपनिवेशिक शक्तियों के हितों की खातिर यूरोपीय विश्वविद्यालयों में भारत के अतीत की पुनर्रचना के काम ने तेज़ी पकड़ ली।

ब्राह्मण ग्रन्थों को दो समूहों में बाँटा गया : वेद (जो स्थानीय निवासियों के विश्वास के अनुसार श्रुति या उद्‌घाटन थे) और शास्त्र (स्मृति या परम्परा)। वेदों में उच्च दार्शनिक विचार समाहित थे और उनका झुकाव तर्क और एकेश्वरवाद की तरफ था। दूसरी तरफ शास्त्र सामाजिक रीति-रिवाज़ों का समर्थन करते थे जिनमें (*बाइबल* में निन्दित) मूर्ति-पूजा शामिल थी और वर्ण-व्यवस्था भी (जो यूरोप में उभर रहे उदार राजनैतिक दार्शनिक विचारों के नज़रिये से अप्रिय थी)। इस तरह, दसवीं सदी के अरब विद्वान अल बेरूनी की तरह, यूरोपीय विद्वानों ने भी जल्दी ही शास्त्रों में पाये जाने वाले विचारों और आम जनता के विश्वासों के बीच भारी अन्तर को पहचान लिया। शास्त्रों का नज़रिया, जो यूरोपीय सम्वेदना को अधिक सहजता से समझ में आने वाला और स्वीकार्य था, 'उच्च', 'शुद्ध', 'सच्चे' और 'महत्तर' हिन्दुत्व के रूप में देखा जाने लगा। और आम लोगों के विश्वासों को 'निम्न', 'भ्रष्ट', 'पतित', 'लोकप्रचलित' और 'कमतर' माना गया। इससे भी नीचे निचली

जातियों के वे तान्त्रिक पाठ और बिम्ब-प्रतीक तथा रीति-रिवाज़ थे, जिनमें शास्त्रीय आधार का अभाव था। यूरोपीय मन-मस्तिष्क को वे जादू-टोने जैसे ज़्यादा जान पड़ते। शास्त्रीय परम्परा ने प्राच्यवादी विद्वानों में विदेशी अभिजात वनवासी के प्रति मोह जागृत किया। लोक परम्परा ने यूरोपीय लोगों में यह भावना पैदा की कि आदिम भारत को सभ्य बनाना गोरी जाति का भार है और इसने मूर्ति-पूजक भारत का उद्धार करने के लिए ईसाई मिशनरियों के जोश को बढ़ावा दिया।

आज उत्तर-आधुनिक युग में औपनिवेशिक विमर्श की तीखी आलोचना हुई है और हमें एहसास है कि 'तार्किक और वैज्ञानिक' यूरोपीय विद्वानों की 'वस्तुनिष्ठ' टिप्पणियाँ साम्राज्यवादी मानदण्डों से प्रभावित थीं जो शास्त्रीय यूनानी सम्वेदनाओं और *बाइबल* के नमूनों और ढाँचे पर आधारित थे। 'उच्च' और 'निम्न' संस्कृतियों के फैसले दक्षिण एशिया की वास्तविकताओं से अधिक विद्वानों के अपने रवैयों के बारे में बताते थे। दुर्भाग्य से, औपनिवेशिक विमर्श ने खुद हिन्दुओं के लिए हिन्दू पौराणिक कथाओं और पुराकथाशास्त्र की पुनर्रचना करने में एक महत्त्वपूर्ण भूमिका निभायी है। उसने हिन्दू कला, कर्मकाण्ड और कथाओं के खिलाफ पूर्वाग्रह पैदा किये हैं। वह वेदों के दार्शनिक विचारों को 'सच्चे विश्वास और धर्म' में रूपान्तरित करने और तान्त्रिक प्रथाओं और लोक-विश्वासों को जादू-टोना और अन्धविश्वास कहकर उनकी निन्दा करने के लिए ज़िम्मेदार है। अगर हम हिन्दू पौराणिक कथाओं के रहस्यों को खोलने की कोशिश करें तो इस समस्या से जूझना अनिवार्य है। हिन्दू पौराणिक कथाएँ ब्राह्मण गाथाकारों की रचना नहीं थीं; ये कथाएँ उस सामूहिक कल्पना में जन्मी थीं जिसने एक समुदाय की विश्व-दृष्टि को प्रभावित किया था। समय के साथ इन्हें सामाजिक रूप से प्रभुत्वशाली ब्राह्मणों के साथ-साथ जैनियों और बौद्धों जैसे उनके विरोधियों ने भी अपना लिया।

शिक्षा की पश्चिमी प्रणाली के सम्पर्क में आने वाले सबसे पहले भारतीयों में सम्पन्न और प्रभावशाली परिवारों के ब्राह्मण थे। जब इनका सामना अपने धर्म के पुनर्रचित प्रारूप से हुआ, जो उन्नीसवीं सदी के यूरोप की समतावादी राजनैतिक प्रणालियों के उलट था, तब ये ब्राह्मण या तो बचाव पर उतर आते या शर्मिन्दा महसूस करते। उन्होंने उस हिन्दू पुनर्जागरण का रास्ता खोला जो अन्ततः हिन्दुत्व को *बाइबल* की शब्दावली (स्वर्ग, नरक, शैतान, फ़रिश्ता, पापी, पैगम्बर, बुराई, मुक्ति, उद्धार) का प्रयोग करके फिर से ऐसे रूप में परिभाषित करने वाला था, जो पश्चिम का अनुमोदन प्राप्त कर सके। हिन्दुत्व को यूरोपीय और ईसाई तौर-तरीकों के साथ जोड़ने की कोशिश में कुछ समाज-सुधारक हिन्दू गिरजे स्थापित करने की सीमा तक भी चले गये। पश्चिमी सम्पर्क का एक प्रभाव यह भी हुआ कि भारतीय परम्पराओं के

समर्थक हिन्दू विश्वासों और प्रथाओं को और अधिक 'वैज्ञानिक' और इस तरह 'वास्तविक' बनाने के लिए प्रेरित भी हुए। यह प्रवृत्ति आज भी एक पीढ़ी द्वारा आगे बढ़ायी जा रही है, जो अतीत पर फिर से कब्ज़ा करने का जी तोड़ प्रयास कर रही है।

पवित्र हिन्दू गाथाएँ यूरोपीय पूर्वाग्रहों से मन्त्र-मुग्ध रहती हैं। देवों और असुरों के संघर्ष को अब भी अच्छाई और बुराई के बीच लड़ाई के रूप में देखा जाता है—यह भूल कर कि सभी शास्त्र और धर्म-ग्रन्थ असुरों को देवों के भाई और अक्सर उनसे नैतिक रूप से ऊँचे बताते हैं। कृष्ण को अब भी 'नीले' देवता के रूप में वर्णित किया जाता है (लोग सन्दर्भ से अलग हट कर यह समझाने की कोशिश करते हैं कि वे काले क्यों नहीं हैं) हालाँकि संस्कृत में 'कृष्ण' शब्द का अर्थ काला ही होता है और लोकभाषाओं में कई गीत हैं जिनमें कृष्ण अपनी माता से दो-टूक शब्दों में पूछते हैं, 'राधा क्यों गोरी, मैं क्यों काला?' देवताओं में एक से अधिक स्त्रियों के लिए प्रेम को या तो नज़रन्दाज़ कर दिया जाता है, या रूपक बता कर उन्हें कामुकतारहित बना दिया जाता है। देवियों की नग्नता लज्जा और आक्रोश उपजाती है। वनस्पतियों और पशुओं की पूजा को तार्किकता से पहले के अतीत के अवशेषों के स्तर पर उतार दिया जाता है। जीवन की चक्राकार योजना इस तरह दबा दी गयी है कि प्राचीन गाथाओं का हर नया प्रारूप—चाहे वह *रामायण* का हो या *महाभारत* का—सीधी रेखा की सूरत में ढाला जाता है—'बहुत दिन हुए' से शुरू करके 'भविष्य में सुख से' पर खत्म होते हुए।

इस पुस्तक का उद्देश्य औपनिवेशिक तार्किकता और *बाइबल*-सम्मत पूर्वाग्रह से छुटकारा पाने का है। यह अपने बल पर और अपने सन्दर्भों के हिसाब से हिन्दू पौराणिक कथाओं के रहस्यों को खोलने का प्रयास करती है और इस प्रक्रिया में यह दर्शाती है कि हिन्दू गाथाएँ, कर्मकाण्ड और कला हिन्दू विश्व-दृष्टि पर हावी हैं। इस मामले में, हिन्दू से संकेत मुख्यधारा की भारतीय परम्पराओं के प्रधान और समान तत्वों से है। पुस्तक चार अध्यायों में विभाजित है :

- अध्याय 1 - पौराणिक कथाएँ : पुराकथा का अध्ययन - में चर्चा इस बात पर है कि कैसे हिन्दू पुराकथाएँ मनुष्यों द्वारा प्रकृति को समझने के दौरान व्यक्त की गयी प्रतिक्रिया भी हैं और उसे दूसरों तक पहुँचाने की कोशिश भी। इसमें समझाने की कोशिश की गई है कि कैसे विभिन्न गाथाएँ, प्रतीक और कर्मकाण्ड हिन्दुओं के लिए एक नमूना प्रस्तुत करते हैं जिससे वे इस दुनिया में आदर्शों को परिभाषित कर सकें और साथ ही वह नमूना परलोक की सम्भावनाएँ भी खोलता है।
- अध्याय 2 - पुराकथावृत्त : पुराकथाओं की तुलना—अन्य संस्कृतियों की

पुराकथाओं से हिन्दू पुराकथाओं की तुलना करता है और दोनों को आमने-सामने रखता है।

- अध्याय 3 - पुराकथा रचना : पुराकथाओं का रूपान्तरण—चर्चा करता है कि हिन्दू पुराकथाएँ इतिहास की प्रतिक्रिया में अर्थों के विभिन्न स्तर ग्रहण करते हुए समय के साथ कैसे विकसित हुईं।
- अध्याय 4 - पुराकथा-शास्त्र : पुराकथा की व्याख्या—उन अलग-अलग तरीकों की खोज करता है, जिनसे गाथाओं, प्रतीकों और कर्मकाण्डों की व्याख्या हो सकती है।

मैं उम्मीद करता हूँ कि यह पुस्तक विद्वान और सामान्य पाठक को, हिन्दू और गैर-हिन्दू को पसन्द आयेगी। पुरानी सामग्री पर नयी रोशनी डालते हुए मैं विचारों के एक और तन्त्र को समझने में हरेक की मदद करना चाहता हूँ; उस तन्त्र को जिसे मनुष्यों ने रचा था ताकि वह जीवन का साथ निभाने में उनकी सहायता कर सके।

—देवदत्त पट्टनायक

अध्याय 1

पौराणिक कथाएँ : पुराकथा का अध्ययन

इस अध्याय में हम देखेंगे कि कैसे किसी संस्कृति के लिए आदर्शों और सम्भावनाओं के नमूने या साँचे स्थापित करने के उद्देश्य से किये गये किसी समुदाय के संघर्ष, पलायन और जड़ता की प्रतिक्रियाओं से पुराकथाएँ उभर कर सामने आती हैं। ये नमूने फिर गाथाओं, प्रतीकों और कर्मकाण्डों के माध्यम से व्यक्त होते हैं। सृष्टि के पालक देवता, विष्णु के इर्द-गिर्द जो प्रतीक, कहानियाँ और कर्मकाण्ड हैं, वे पुराकथाओं के सक्रिय रूप का अच्छा उदाहरण हैं।

विष्णु का रंग नीला है। उनके चार हाथ हैं। एक में वह शंख थामे रहते हैं, दूसरे में चक्र। बाकी दो हाथ; एक में कमल का फूल और दूसरे में गदा थामे रहते हैं। वह एक नाग की कुण्डली पर लेटते हैं या गरुड़ की सवारी करते हैं। हिन्दू उन्हें विष्णु कहते हैं—धरती की व्यवस्था का संरक्षक और पालने वाला। मन्दिरों में उनकी प्रतिमा रेशमी परिधान, स्वर्ण, मोतियों, सुगन्ध, चन्दन, मोर के पंखों और रंग-बिरंगे फूलों से सजायी जाती है। उनके कर्मकाण्ड और अनुष्ठान मधुर संगीत, सामूहिक नृत्य और मक्खन से बने घी में पकायी गयीं मिठाइयों से जुड़े हैं।

विष्णु और पृथ्वी-गौ
(भागवत पुराण)

जब पृथ्वी उन राजाओं के शोषण से थक गयी जिनका धर्म उसकी रक्षा करना था तो वह गाय का रूप धर कर अपने पिता ब्रह्मा के पास मदद माँगने गयी। उसने रो-रो कर ब्रह्मा को अपनी घायल पीठ और सूजे हुए थन दिखाये। ब्रह्मा ने उसे विष्णु के पास भेज दिया।

विष्णु ने गौ रूपी पृथ्वी के दुखड़े सुने और इन शब्दों से उसे आश्वस्त किया,'मैं धरती पर अवतरित हूँगा और तुम्हारे भार से तुम्हें मुक्त करूँगा। तुम उन राजाओं के रक्त से नयी शक्ति प्राप्त करोगी

> जो लालच में तुम्हें दुहते हैं।' विष्णु धरती पर परशुराम, राम और कृष्ण के रूप में अवतरित हुए और उन्होंने दुराचारी और अन्यायी राजाओं का वध करके संसार में व्यवस्था स्थापित की। पृथ्वी प्रसन्न हुई।

किसी बाहरी व्यक्ति को विष्णु की छवि, गाथा और अनुष्ठान अजीब लग सकते हैं, अनर्गल भी; लेकिन आस्थावानों के लिए वे समृद्ध करने वाले और शक्तिदायक हैं। वैष्णवों का विश्वास है कि विष्णु सर्वोच्च दैवी सत्ता का साकार रूप हैं। उनका नीला रंग अन्तरिक्ष में व्याप्त शून्य का रंग है। जिस नाग पर वे लेटते हैं, वह काल का प्रतिनिधि है, जो अटूट नियम से अपनी कुण्डली खोलता और फिर लपेटता है। उनका वाहन गरुड़ स्वयं सूर्य है। इस तरह विष्णु दिशा और काल के प्रभु और प्रकाश के स्वामी हैं। अपने शंख से वे प्राण-वायु प्रवाहित करते हैं और दुराचारियों को धर्म अर्थात सदाचार के मार्ग पर लौटने की चेतावनी देते हैं। जो सुनते नहीं, उन पर वे अपनी गदा से प्रहार करते हैं। बाकियों को भौतिक आनन्द का खिला हुआ, सुगन्धित और ओस-भीगा कमल का फूल दिया जाता है। विष्णु का चक्र, जो एक घातक अस्त्र है और असुरों के सिर काट सकता है, 'सुदर्शन' कहलाता है जिसका मतलब है 'देखने में सुन्दर।' वह ब्रह्माण्ड की लय को बनाये रखता है और दृष्टिकोण की नकारात्मकता को नष्ट करता है जिससे जीवन का पात्र आधा खाली दिखने की बजाय आधा भरा हुआ नज़र आता है। विष्णु न केवल जीवन की रक्षा और पालन-पोषण करते हैं, बल्कि वे जीवन को जीने योग्य बनाते हैं।

जब धर्म पर संकट आता है, विष्णु व्यवस्था स्थापित करने के लिए अपने दैवी निवास से अनेक रूपों में धरती पर अवतरित होते हैं। अपने एक दैवी अवतार में कृष्ण के रूप में विष्णु गो-विन्द या गो-पाल कहलाने वाले दैवी गोप हैं। गाय स्वयं पृथ्वी है जिसका दूध जीवनदायी है। इसके बदले में उसकी देखभाल की जाती है। विष्णु धर्म की संस्थापना करते हैं, ताकि पृथ्वी के साथ मनुष्यों का या प्रकृति के साथ संस्कृति का सम्बन्ध सामंजस्यपूर्ण रहे। गाय की पूजा, गौमांस के निषेध और अन्ततः शाकाहार की प्रथा, जो वैष्णव हिन्दुत्व की विशेषता है, शायद इन्हीं विश्वासों से उपजी है।

जैसा कि विष्णु से सम्बन्धित पुराकथा दर्शाती है, हर आध्यात्मिक अनुभव, हर धार्मिक प्रथा, हर पवित्र दृष्टि एक खास शब्दावली पर आधारित है जो तर्क से परे है, उसके प्रति उदासीन है। यह पवित्र शब्दावली है और इसे कथाओं, प्रतीकों और कर्मकाण्डों से व्यक्त किया और आपस में बाँटा जाता है, जो आस्थावान लोगों के रोज़मर्रा के अस्तित्व को पोसते रहते हैं।

जो आस्थावान नहीं है और इसमें विश्वास नहीं करता, उसे इस शब्दावली को वास्तविक या तर्कसंगत मानने में मुश्किल होती है। कुँवारे मातृत्व की, सात दिनों में सृष्टि की, आनन्द से भरे स्वर्ग और लपटों से भरे नरक की, प्रसिद्धि और भाग्य लाने वाले देवताओं की, रोग और मृत्यु लेकर आने वाले शैतानों की कथाएँ वास्तविक नहीं कही जा सकतीं। कमल पर आसीन चार हाथों वाली स्त्री की छवि हो या हाथी के सिर वाले पुरुष की, उन्हें जस-का-तस स्वीकार नहीं किया जा सकता। दैवी शक्ति से सम्पर्क करने के लिए खतना करने या अदृश्य आत्माओं को सन्तुष्ट करने के लिए अग्नि की वेदियों पर भेंटें चढ़ाने जैसी प्रथाएँ भी तर्कसंगत नहीं लगतीं। हो सकता है कि वे किसी समुदाय को गूढ़ और गम्भीर लगें, लेकिन तार्किक मस्तिष्क को ये पवित्र कथाएँ, प्रतीक, छवियाँ और रीति-रिवाज़ कपोल-कल्पना—यहाँ तक कि बेतुके—भी लगते हैं और इसलिए इन पर 'पुराकथा' का ठप्पा लगा दिया जाता है।

पुराकथा और पुराकथा-शास्त्र

पुराकथा को दो तरीकों से परिभाषित किया जा सकता है। पहला, वह एक पवित्र विचार है जो पीढ़ी-दर-पीढ़ी उत्तराधिकार में प्राप्त होता है। दूसरा, वह बेतुका और तर्कहीन होता है और संसार के बारे में अद्‌भुत अवधारणाएँ प्रस्तुत करता है जो असंस्कारित मस्तिष्कों को रुचता है। दोनों अर्थ उसी सिक्के के दो पहलू हैं।

दृष्टिकोण पर निर्भर करते हुए कोई कथा, छवि या प्रथा पवित्र या मूर्खतापूर्ण हो सकती है। अगर कोई विश्वास करता है कि सिर्फ तार्किक विचार असली हैं तब पवित्र विचार अनिवार्य रूप से अवास्तविक होंगे, क्योंकि पवित्रता की अवधारणा—और इसी के विस्तार के रूप में दिव्यता—तर्क को चुनौती देती है। जो पवित्र है, वह आस्था के क्षेत्र से आता है तर्क से नहीं, और पुराकथा से आता है ज्ञान से नहीं। कोई वैज्ञानिक कभी यह नहीं समझा सकता कि कोई नदी पवित्र क्यों है या कोई प्रथा पावन क्यों है? कोई गणितज्ञ किसी मन्त्र या जाप के मूल्य को अंकों में नहीं बता सकता। पुराकथा की भव्यता को सचमुच सराहने के लिए तार्किक मस्तिष्क को अपने अविश्वास से छुटकारा पाना होता है। विचारों और घटनाओं को तार्किकता से समझने-समझाने की ज़रूरत को छोड़ना पड़ता है।

आस्था पर आधारित क्रिया का एक अच्छा उदाहरण यह तथ्य है कि सभी हिन्दू किसी भी काम को शुरू करने से पहले गणेशजी की पूजा करते हैं। गणेशजी एक गोल-मटोल शरीर और बाहर को निकली तोंद वाले देवता हैं जिनका सिर हाथी का है और जो चूहे की सवारी करते हैं। उनकी छवि द्वारों और चौखटों पर

लगायी जाती है। गैर-हिन्दुओं और तार्किक लोगों को ये प्रथाएँ आदिम, मूर्तिपूजक और अन्धविश्वास-भरी लग सकती हैं। लेकिन आस्थावान के लिए गणेशजी अदम्य शक्ति (हाथी का सिर), समृद्धि (गोल-मटोल शरीर और तोंद) और रक्षा (चूहा जो विनाशक है, पालतू बना कर वाहन में बदल दिया गया है) के आदर्श प्रतीक हैं। वे भौतिक समृद्धि और आध्यात्मिक विकास के दरवाज़े खोलते हैं। किसी काम को शुरू करते समय गणेशजी का आह्वान करके और जहाँ यह काम किया जा रहा है, उसके द्वार पर गणेशजी की प्रतिमा या छवि लगा कर भक्त अपने इरादे को आनुष्ठानिक और प्रतीकात्मक रूप से ब्रह्माण्ड के समक्ष व्यक्त करता है। यह विस्तृत और सघन अभिव्यक्ति आस्थावान भक्त के इरादे को प्रकट करने और पूरा करने के पहले कदम के रूप में देखी जाती है।

निश्चय ही, आस्थावान के लिए गणेशजी की पुराकथा असली भी है और तार्किक भी। इससे अलग कुछ भी साबित करने की कोशिश को नाराज़गी का सामना करना पड़ता है। जिस संसार में वैज्ञानिक और आस्थावान रहते हैं, उस पर हेगेल के सूत्र का वर्चस्व है,'वह सब जो तार्किक है, वह वास्तविक है और वह सब जो वास्तविक है, वह तार्किक है।' आस्थावान के लिए जो अपनी आस्था के हर तत्व को वास्तविक मानता है, हर विश्वास का तार्किक होना ज़रूरी है।

आस्थावान लोग किसी गाथा को पवित्र बना देते हैं और उसे पुराकथा की शक्ति प्रदान कर देते हैं। धर्म-निरपेक्ष जगत में पुराकथा पवित्रता के अपने वैभव से रहित होकर भी मोहक हो सकती है। वह मनोरंजन करेगी, लेकिन शक्ति प्रदान नहीं करेगी। वह किसी व्यक्ति को उसके जीवनकाल में आन्दोलित भले करे, पर लोगों को पीढ़ियों तक कभी बाँधे नहीं रखेगी। विश्वास के बिना संस्कृति के ये जीवन्त तत्व महज रोचक कथाएँ, प्रभावशाली कला और दिलचस्प रिवाज़ बन कर रह जाते हैं। जब डिज़्नी हर्क्यूलीज़ के बारे में एक कार्टून फिल्म बनाता है तो वह यूनानी देवताओं को एक पल हिचके बिना व्यंग्य चित्रों में रूपान्तरित कर देता है; किसी को भी हेरा (Hera) या जिउस (Zeus) के श्रद्धाविहीन चित्रण पर नाराज़गी नहीं होगी। लेकिन जब मूसा (Moses) की कहानी के चित्रण का सवाल उठेगा तो डिज़्नी को विशेष रूप से ध्यान रखना होगा। मूसा के कहने पर समुद्र दो हिस्सों में बँटा हो या न बँटा हो, मगर आस्थावान ईसाइयों को विश्वास है कि वह बँट गया था। और चाहे कितने ही वैज्ञानिक मत प्रकट किये जायें, आस्थावान लोगों पर उनका कोई असर नहीं होगा।

पुराकथा और विज्ञान के बीच बुनियादी अन्तर हैं। पुराकथा संसार की ऐसी समझ प्रसारित करती है जो किसी संस्कृति से विशिष्ट रूप से जुड़ी होती है। विज्ञान

संसार की ऐसी समझ खोजने का प्रयास करता है जो सब पर लागू हो सके। पुराकथा को आस्था की ज़रूरत होती है, सबूत की नहीं। विज्ञान को सबूत की ज़रूरत होती है, आस्था की नहीं। जब पुराकथा की गिरहें खोलने के लिए वैज्ञानिक सिद्धान्त इस्तेमाल किये जाते हैं, जब पुरातत्व को तर्क और ज्ञान से समझने की कोशिश होती है तो इस उपक्रम को पुराकथा-शास्त्र कहते हैं। पुराकथा-शास्त्र में -

- पुराकथा का व्यवस्थित संकलन और वर्गीकरण किया जाता है और एक पुराकथावृत्त यानी पौराणिक कथाओं के एक समूह (एक संस्कृति से विशिष्ट रूप से जुड़े पवित्र विचारों) की तुलना दूसरे से की जाती है
- अलग-अलग सांस्कृतिक ज़रूरतों (पुराकथा-रचना) को पूरा करने के लिए समय और देश के अनुसार पुराकथा के रूपान्तरण का इतिवृत्त और वर्गीकरण तैयार किया जाता है और पुराकथा-निर्माण की अन्तहीन सार्वभौमिक प्रेरणा पर विचार किया जाता है।
- पुराकथा की विभिन्न अभिव्यक्तियों (पुराकथा-लेखन) की व्याख्या की जाती है, ताकि यह खोजा जा सके कि उनसे क्या बताने की आशा की जाती है और वह क्या है जो उन्हें पवित्रता प्रदान करता है।

आस्थावान इन तार्किक प्रयासों को सन्देह की नज़रों से देखते हैं। विज्ञान अपने स्वभाव ही से श्रद्धारहित होता है : वह हर चीज़ को उत्सुकता और प्रश्नों के दायरे में ले आता है। ऐसे में 'तार्किक' मस्तिष्कों द्वारा अपने सबसे अनमोल विश्वासों और रीति-रिवाज़ों की जाँच-परख काफी पीड़ादायक हो सकती है, उससे काफी धक्का लग सकता है। हम डरते हैं कि तार्किकता पुराकथाओं को उनके रहस्य से रहित कर देगी और पवित्र विचारों की व्याख्या से उनकी पवित्रता नष्ट कर देगी। हम डरते हैं कि तार्किक दिमाग युवा पीढ़ियों को कायल कर देंगे कि उत्तराधिकार में प्राप्त प्राचीन विचार सँजो कर रखी गयीं कपोल-कल्पनाओं से अधिक कुछ नहीं हैं और ईश्वर सिर्फ़ एक सुविधाजनक अनुमान या परिकल्पना ही है। हम डरते हैं कि पुराकथा के विश्लेषण से, उसकी अतार्किकता को उजागर करने से और आस्था के आधार को समझने से पवित्रता ही नष्ट हो जायेगी। अगर हम यह देखें कि पुराकथा-शास्त्र की बुनियाद कैसे पड़ी तो यह डर अकारण नहीं जान पड़ेगा।

यह सारा क्रम तब शुरू हुआ जब प्राचीन यूनानी दार्शनिकों ने हर चीज़ पर सवाल उठाने शुरू कर दिये। सत्य की उनकी खोज में जो कुछ तर्कसंगत नहीं था, वह स्वीकार नहीं किया जाता था। हेसिओद (Hesiod) के प्राचीन वर्णन—मौलिक पुराकथाएँ—जो देवताओं के जन्म की व्याख्या करते थे, विद्वत्तापूर्ण व्याख्याओं, विमर्श और विवादों के सामने ठुकरा दिये गये। दार्शनिकों ने ओलिम्पिया पर रहने

वाले देवताओं को तर्क के घेरे में लाकर पुजारियों और भविष्यकथन करने वालों को उनके आसन से नीचे गिरा दिया। यह प्रवृत्ति लगभग पाँच सौ वर्ष ईसा पूर्व शुरू हुई और उस समय अपने चरम पर पहुँची जब यूनानी-रूमी साम्राज्य पर ईसाइयत हावी हुई और नये ईश्वर और उसके पुत्र ईसा मसीह के लिए रास्ता बनाने के लिए मूर्तिपूजकों के पुराने देवताओं की व्याख्या करके उन्हें हटाने के लिए तर्क और ज्ञान का सहारा लिया गया।

पुराकथा-शास्त्र यूरोपीय विश्वविद्यालयों में एक विषय के तौर पर तब स्थापित होना शुरू हुआ जब समुद्री नाविक अमेरिका, अफ्रीका और एशिया के लोगों के सम्पर्क में आये, जिनके विश्वास और रीति-रिवाज़ न तो तार्किक दिमाग के लिए कोई अर्थ रखते थे, न ईसाई दिमाग के लिए। तर्कशास्त्रियों को यह ज़रूर लगता था कि 'वनवासी' लोगों के दिमागों को अन्धविश्वासों के सुन्न कर देने वाले प्रभाव से मुक्त किया जाये। ईसाइयों में इस प्रेरणा से जोश पैदा होता था कि झूठे देवताओं के बेतुकेपन को साबित करें ताकि 'विधर्मी' अपनी इच्छा से उनके गिरजे के सच्चे ईश्वर की तरफ उन्मुख हो जायें।

जहाँ वैज्ञानिक तर्क वनवासियों और विधर्मियों के वर्णनों, गाथाओं, प्रतीकों और कर्मकाण्डों पर लागू किया गया, वहीं बहुत कम विद्वान सामाजिक प्रतिक्रिया के डर से *बाइबल* की पुराकथाओं को ज्ञान और तर्क के दायरे में लाने का साहस कर सके। यूरोपीय विश्वविद्यालय और संस्कृति ईसाई विरासत को ठुकरा नहीं सकती थी। विद्वानों में साहस नहीं था कि वे ईसा मसीह के पुनर्जन्म के वृत्तान्त की व्याख्या प्राचीन यूनानी परम्परा पर आधारित विचारों के आधार पर उर्वरता और रहस्यवादी सम्प्रदायों (Orphic and Mithraic tradition) की एक और कथा के रूप में करें जहाँ किसी देवता का पुनर्जन्म प्रकृति की लय और शरीर तथा आत्मा के सम्बन्ध को प्रतिबिम्बित करता था। ऐसी व्याख्या ईसा मसीह को वास्तविकता के दायरे से निकाल कर महज एक प्रतीक बना देती। यह स्वीकार नहीं किया जा सकता था, क्योंकि ईसाई विश्व-दृष्टि पृथ्वी पर जीवन को उस योजना के निरन्तर खुलते अध्यायों के रूप में देखती थी जिसका आरम्भ अदन (Eden) के बाग में हुआ था और उसके हिसाब से ईसा मसीह की ऐतिहासिकता सवालों से परे थी।

पिछले पचास वर्षों में दुनिया बदल गयी है, खास तौर पर जब से उत्तर-आधुनिकतावाद ने पश्चिमी विज्ञान के आधारों पर ही सवाल खड़े करने और औपनिवेशिक विमर्श में रणनीतिक पूर्वाग्रहों को रेखांकित करना शुरू किया है। राजनैतिक रूप से सही होने के इस युग में पुराने उपनिवेश अपने विश्वासों के लिए बराबरी की हैसियत की माँग करते हैं। लेकिन वैश्विक संस्कृति ठीक-ठीक वैसी

नहीं भी हो सकती जैसी हम उससे अपेक्षा रख सकते हैं। आज *बाइबल* की पुराकथा का सन्दर्भ देना और ईसा मसीह को एक पवित्र प्रतीक के रूप में विश्लेषित करना आसान हो सकता है, लेकिन हिन्दू पुराकथा के बारे में बात करने में कठिनाई हो सकती है। सिर्फ गोरे, यूरोपीय ईसाई पुरुष ही नहीं, सभी लोग अपनी पवित्र गाथाओं, प्रतीकों और प्रथाओं को कपोल-कल्पना की अभिव्यक्तियाँ कहे जाने की किसी भी कोशिश का बुरा मान सकते हैं।

राम के अवतार में विष्णु उन सब का साकार रूप हैं जिन्हें हिन्दुत्व में सद्गुणों की कोटि में रखा जाता है : अनुशासन, विराग, आज्ञापालन, निस्स्वार्थता, निष्ठा, न्याय, सौम्यता और गरिमा। उनकी कथा *रामायण* नामक महाकाव्य में वर्णित है। जब इस महाकाव्य को अर्द्ध-ऐतिहासिक वृत्तान्त के रूप में लिया जाता है तो राम आदर्श के प्रतीक के रूप में अपनी पुराकथा की शक्ति खो कर महज एक राजा बन जाते हैं। जब इस महाकाव्य को साहित्य मान लिया जाता है तब राम कवि की कल्पना बन कर अपनी आध्यात्मिक भव्यता खो देते हैं। एक ऐतिहासिक व्यक्तित्व के रूप में राम और एक पवित्र प्रतीक के रूप में राम के बीच का तनाव हाल के वर्षों में राष्ट्रवादी हिन्दू राजनैतिक शब्दाडम्बरपूर्ण भाषणों में सामने आया है।

पुराकथा की अभिव्यक्तियाँ

पुराकथा का सारा उद्देश्य सम्प्रेषण है; यह एक खास किस्म का सम्प्रेषण है जो ब्रह्माण्ड, समाज और मनुष्य के बीच सम्बन्ध स्थापित करता है। सम्प्रेषण तीन रास्तों से होता है :

- गाथाएँ और वृत्तान्त
- प्रतीक
- प्रथाएँ या रीति-रिवाज़

जो गाथाएँ, प्रतीक और प्रथाएँ पुराकथा को व्यक्त करती हैं, उन्हें किसी धर्म की शब्दावली माना जा सकता है; वे उस सामुदायिक विश्वास को निर्मित करते हैं जो किसी जनसमुदाय को एक-दूसरे से बाँधता है। इस तरह ईसा के जन्म और पुनर्जन्म की गाथा, चरवाहे और सलीब के प्रतीक और बप्तिस्मा, कम्यूनियन (Communion) और आत्म-स्वीकार के कर्मकाण्ड सभी ईसाइयों को एक बन्धन में बाँधते हैं। इसी तरह बुद्ध की बोध-प्राप्ति की गाथा, कमल का प्रतीक, नास्तिकतावादी विश्व-दृष्टि और स्तोत्र का आनुष्ठानिक जाप, जिसके माध्यम से प्रशिक्षु अपने को बुद्ध के मार्ग पर समर्पित करता है, दुनिया भर में बौद्धों को एक सूत्र में बाँधता है।

पुराकथा की अभिव्यक्ति के रूप में सम्प्रेषण के लिए यह ज़रूरी है कि उसे

सम्प्रेषण करने वालों और उसके श्रोताओं द्वारा पवित्र समझा जाये। सम्प्रेषण की पहुँच किसी एक व्यक्ति तक नहीं, बल्कि एक जनसमुदाय तक होनी चाहिए और उसे पहले से तय किये गये कर्मकाण्ड के माध्यम से होना चाहिए। मिसाल के लिए *रामायण* महाकाव्य को लीजिए। यह वृत्तान्त महज साहित्य बन कर रह जाता है अगर सुनने वाला वृत्तान्त को पलट कर उसमें से आध्यात्मिक मार्गदर्शन नहीं खोजता। एक पवित्र गाथा के रूप में उसकी प्रतिष्ठा आती है उस तरीके से जिससे एक या दो भक्त नहीं, बल्कि हिन्दुओं का एक बड़ा समुदाय उसमें श्रद्धा रखता है। और अन्त में, सम्भव है कि उत्तर भारत में रामलीला के नाम से प्रचलित इस वृत्तान्त का मंचन लाखों का मनोरंजन करे, पर वह पुराकथा की प्रतिष्ठा प्राप्त कर लेता है, क्योंकि वह साल के एक खास समय पर ही होता है जब अपने शत्रुओं पर श्रीराम की विजय का वार्षिकोत्सव मनाया जाता है।

पवित्र वृत्तान्त

पुराकथा की अभिव्यक्ति उस समय पवित्रता ग्रहण कर लेती है जब उसका स्रोत अज्ञात होता है, किसी मानवीय स्रोत से सम्प्रेषण या उद्‌घाटन के माध्यम से प्राप्त होता है। कोई नहीं जानता कि सबसे पहले ब्रह्मा की कथा किसने रची, किसने पहले स्वस्तिक का अंकन किया, किसने पहले यज्ञ की योजना बनायी। यह बात पुराकथा में कालातीत होने का भाव भर देती है और उसे मनुष्यों की बनावटी रचना की बजाय ज्ञानियों द्वारा लक्षित एक प्राकृतिक परिघटना में रूपान्तरित कर देती है। हालाँकि किसी पवित्र विचार ने—अलग-अलग समय पर अलग-अलग ज़रूरतों को पूरा करते हुए और अपने अन्दर अर्थों के विभिन्न स्तर समोते हुए—कई वर्षों के दौरान अपना जैविक रूप लिया हो, आस्थावान लोग पुराकथा की किसी अभिव्यक्ति को ऐतिहासिकता की दृष्टि से नहीं देखते। ऐतिहासिकता अक्सर किसी धर्म-ग्रन्थ या कर्मकाण्ड या प्रतीक के स्रोत को ईश्वर में निहित मान कर उपलब्ध कर ली जाती है। तान्त्रिक धर्म-ग्रन्थों में हमें अक्सर एक गुरु मिलता है जो अपने अनुयायी को जप, मन्त्र और कर्मकाण्ड समझाते हुए आग्रह करता है कि उसने यह सब गुरुओं की एक परम्परा से सीखा, जिन्होंने इसे अगस्त्य ऋषि से सीखा, जिन्होंने इसे वन के एक प्रेत नन्दी से सीखा, जिसने शिव और शक्ति (देवता और देवी के तान्त्रिक रूप) के बीच गुप्त संवाद को छिप कर सुना था। इसी तरह *क़ुरान* के भक्त यह मानते हैं कि वह मानवीय स्रोत से नहीं आयी है, क्योंकि वह फ़रिश्ते जिब्रील के माध्यम से पैगम्बर मुहम्मद को दिये गये अल्लाह के सन्देश का लिखित रूप है।

यों, एक धर्म-ग्रन्थ किसी अनैतिहासिक सत्य का ऐतिहासिक अभिलेख बन जाता है और इसलिए पवित्र माना जाता है।

यहूदी-ईसाई-इस्लामी परम्परा में वृत्तान्त पवित्र बन जाते हैं, क्योंकि वे ऐतिहासिक हैं। किसी को भी मूसा, ईसा मसीह और मुहम्मद की ऐतिहासिकता में सन्देह करने की इजाज़त नहीं है। लेकिन उनके अस्तित्व को महज़ सामाजिक-सांस्कृतिक घटनाओं के नतीजे के रूप में नहीं देखा जाता, बल्कि वह एक कालातीत भविष्यवाणी का परिणाम है। अगर कोई अदन का बाग न होता, कोई मूल पाप न होता, ईश्वर-कृपा से पतन न होता, तो मूसा, ईसा मसीह और मुहम्मद पुराकथा की प्रतिष्ठा नहीं पाते। हिन्दू भी पुराकथात्मक वृत्तान्तों को ऐतिहासिकता से मण्डित करते हैं। *रामायण* और *महाभारत* जैसे महाकाव्यों को परम्परागत रूप से इतिहास समझा जाता है। ऐसा इन महाकाव्यों के रचयिताओं को कथानक का हिस्सा बना कर यानी उन्हें कथा के रचनाकारों की बजाय सन्देशवाहक बना कर किया जाता है। वाल्मीकि जिन्होंने *रामायण* लिखी, वन में सीता को अपने आश्रम में शरण देते हैं और व्यास, जिन्होंने *महाभारत* की रचना की, महाकाव्य के नायकों—पाण्डवों—के सगे पितामह हैं। लेकिन राम और कृष्ण दोनों पौराणिक शक्ति सिर्फ इसलिए प्राप्त करते हैं, क्योंकि वे विष्णु के अवतार हैं जो संसार के हर कालचक्र में, हर कल्प में, व्यवस्था पुनर्स्थापित करने के लिए मनुष्यों के बीच अवतरित होते हैं। इस तरह इतिहास जब किसी दैवी योजना के अन्तर्गत रख दिया जाता है तो पवित्र बन जाता है।

किसी पवित्र वृत्तान्त और किसी नीति-कथा, पशु-कथा (जिसमें पशु होते हैं जो मानवीय भावनाएँ व्यक्त करते हैं), इतिहास और साहित्य में अन्तर करना ज़रूरी है। पवित्र वृत्तान्त के भीतर पौराणिक शक्ति जीवन के आदिम और गहन प्रश्नों के उत्तर देने की कोशिश में गूँजती रहती है, जैसे :

- संसार अस्तित्व में कैसे आया?
- यह कैसे नष्ट होगा?
- इस संसार में मनुष्य जाति की क्या भूमिका है?
- संसार में पीड़ा क्यों है?
- मृत्यु के बाद क्या होता है?

मिसाल के लिए, *महाभारत* से ये दो कथाएँ लीजिए, जिनमें वही पात्र हैं।

रेणुका की छतरी

(महाभारत)

जमदग्नि एक योद्धा-ऋषि थे जो धनुष के प्रयोग में बहुत प्रवीण थे।

उनकी पत्नी रेणुका इतनी निष्ठावान थी कि वह हर तीर के पीछे दौड़ कर जाती और धरती पर उसके गिरते ही उसे उठा लाती। लेकिन एक दिन वह एक तीर के पीछे दौड़ी और रात होने तक नहीं लौटी। इस देरी के लिए उसने सूर्य के ताप को दोषी ठहराया। क्रुद्ध हो कर जमदग्नि ने सूर्य पर एक तीर चलाने का फैसला किया। सूर्य ने दया माँगी और एक उपाय सुझाया : सूर्य ने रेणुका को अपने ताप से रक्षा के लिए एक छत्र दिया, जिसे वह अगली बार तीर के पीछे दौड़ते समय प्रयोग कर सकती थी।

रेणुका का विश्वासघात
(महाभारत)

रेणुका इतनी पवित्र थी कि उसमें कच्चे घड़े में पानी भर लाने की शक्ति थी। लेकिन, एक राजा को नदी-तट पर अपनी पत्नियों के साथ प्रणय-क्रीड़ा करते देख कर जब उसके मन में कामुक विचार आये तो उसकी शक्ति जाती रही। उसके पति, जमदग्नि, ने अपने पाँच पुत्रों को आदेश दिया कि वे रेणुका का सिर काट दें। चार ने इनकार कर दिया। पाँचवें पुत्र परशुराम ने, जो विष्णु का अवतार थे, अपना फरसा उठाया और उनकी आज्ञा का पालन किया। अपने पुत्र के इस आज्ञापालन पर प्रसन्न हो कर जमदग्नि ने परशुराम को एक वर माँगने को कहा। परशुराम ने विनती की कि उनकी माता उन्हें वापस मिल जाये। सो, जमदग्नि ने अपनी आध्यात्मिक शक्ति के बल पर रेणुका को पुनर्जीवित कर दिया।

पहली कथा एक नीतिकथा है; वह पाठक को यह जानकारी देती है कि स्थितियों को दोष देने की बजाय उनके अनुकूल रास्ता निकालना चाहिए। इसे छतरी के आविष्कार के एक स्रोत के बारे में एक लघु-कथा के रूप में भी देखा जा सकता है। लेकिन इसमें बाद वाले वृत्तान्त की पौराणिक शक्ति नहीं है, जिसका सम्बन्ध सामाजिक व्यवस्था, वैवाहिक निष्ठा, पितृभक्ति और आज्ञापालन और पितृसत्तात्मक मूल्यों से है। बाद वाला वृत्तान्त परशुराम को ईश्वर के साकार रूप में बदल देता है और एक और वृत्तान्त के लिए प्रेरणा का काम करता है, जो रेणुका को देवी के प्रतिरूप में प्रस्तुत करता है। शायद यही करण है कि विद्वानों के दायरे के बाहर रेणुका के छत्र की कथा के बारे में ज़्यादा लोग नहीं जानते।

रेणुका का सिर
(येल्लम्मा माहात्म्य)

> जब परशुराम ने अपनी माता का वध करने के लिए अपना फरसा उठाया तो रेणुका ने दौड़ कर इस आशा में शूद्रों की एक बस्ती में शरण ली कि उसका ऋषि पुत्र उसके पीछे वहाँ नहीं आयेगा। लेकिन वह उसके पीछे-पीछे आया और उसने अपना फरसा चला कर न सिर्फ अपनी माता का सिर काट दिया, बल्कि एक और स्त्री का भी सिर काट दिया जो इस मातृहत्या को बचाने की कोशिश कर रही थी। जब परशुराम ने अपनी माता को पुनर्जीवित किये जाने का वर माँगा तो जमदग्नि ने उन्हें अभिमन्त्रित जल से भरा एक घड़ा दिया जिसका जल उस स्थान पर डाला जाना था, जहाँ कटा हुआ सिर धड़ से जोड़ा गया था। अपनी उत्तेजना में परशुराम ने शूद्रा स्त्री का सिर अपनी माता के धड़ से जोड़ दिया और अपनी माता के सिर को शूद्रा स्त्री के धड़ से जोड़ दिया। जमदग्नि ने पहला शरीर स्वीकार किया। तब रेणुका के सिर वाला शूद्रा का धड़ वहीं निचली जाति के उन लोगों के बीच छोड़ दिया गया जो येल्लम्मा (जगत माता) के रूप में उसकी पूजा करने लगे।

रेणुका के उच्च-जाति वाले सिर को एक टोकरी या पतीली के सिरे पर जोड़ कर महाराष्ट्र, कर्नाटक और आन्ध्र प्रदेश के ग्रामीण जनों द्वारा पूजा जाता है। पतीली और टोकरी उस सबको स्वीकार कर लेती है जो उसमें रखा जाता है। वह खेत के विपरीत, जहाँ किसान बीज चुनता है, धरती का प्रतिनिधित्व करती है जो किसी भी बीज को स्वीकार कर लेती है। ऐसे विश्वासों ने निस्सन्देह रेणुका-येल्लम्मा की पुजारिनों को वेश्याएँ बनाने की प्रथा को प्रेरित किया होगा। ये पुजारिनें निचली जाति की होती हैं; उन्हें विवाह करने या घर बसाने की इजाज़त नहीं होती और बचपन ही से शिक्षा दी जाती है कि वे किसी भी आदमी की कामुक इच्छाएँ पूरी करें और देवी को चढ़ायी गयी भेंट पर गुज़ारा करें।

रेणुका से सम्बन्धित इन तीनों वृत्तान्तों में से अन्तिम में ही सबसे अधिक पौराणिक शक्ति है। इस वृत्तान्त में पथभ्रष्ट पत्नी और निष्ठावान माँ, उचित दण्ड की क्रूरता और करुणा की नैतिक उलझन, उच्च जाति के हिन्दू की कठोरता और नीची जाति के हिन्दू के लचीलेपन के आपसी तनाव को हल करने की कोशिश की गयी है। रेणुका-येल्लम्मा में स्त्रियाँ पति के दुर्व्यवहार और वैवाहिक दमन से उपजने वाले अपने त्रास और आघात का साकार दर्शन कर सकती हैं। यह कथा

जिन विश्वासों और रीति-रिवाज़ों को प्रेरित करती है, वह सब एक समुदाय को आपस में बाँधे रखता है।

येल्लम्मा की कथा संस्कृत के किसी धर्म-ग्रन्थ में दर्ज नहीं है और हाल ही में नृतत्वशास्त्रियों द्वारा इसका इतिवृत्त तैयार हुआ है। इससे इसका मूल्य कम नहीं होता। सच तो यह है कि सबसे अधिक प्रभावशाली कथाएँ और वृत्तान्त शास्त्रों द्वारा नहीं, बल्कि पीढ़ी-दर-पीढ़ी मौखिक रूप से आगे बढ़ाये जाते हैं। कथा-वाचन एक शक्तिशाली जीवन्त प्रक्रिया है जो लोगों को संसार की एक बेहतर और अधिक गहरी समझ हासिल करने में मदद करती है। परिवार के बड़े-बुज़ुर्ग अनौपचारिक रूप से कहानियाँ सुनाते और उन्हें दोहराते रहते हैं, जबकि दूसरी कथाएँ कर्मकाण्डों, त्योहारों और उत्सवों के दौरान घुमन्तू कथा-वाचकों, नाटक करने वालों और पुरोहितों द्वारा सुनायी जाती हैं। यह वर्णन मनोरंजक होता है, लेकिन सुनने वाले जानते हैं कि जो प्रकट है, उसके पीछे कुछ ऐसा है जो पवित्र है और जो लगभग अचेतन रूप से संसार के बारे में उनकी समझ को प्रभावित करते हुए, बड़ी बारीकी से उनके अस्तित्व का हिस्सा बन जाता है। कभी-कभार ये कहानियाँ लिखित रूप में भी प्राप्त होती हैं। ये लिखित कहानियाँ पवित्र गाथाओं के स्रोत नहीं हैं; वे महज 'जमे हुए' पुनर्वाचन हैं (देखिए तालिका 1)।

पवित्र प्रतीक

कुछ विचार किसी कथा में नहीं रखे जा सकते; प्रतीकों के रूप में ही उनका प्रतिनिधित्व हो सकता है। प्रतीक वास्तविक हो सकते हैं (शंख, फूल, पेड़) या अमूर्त (रेखाओं से बनी आकृतियाँ)। चिह्नों के विपरीत प्रतीकों की अनगिनत व्याख्याएँ हो सकती हैं। यह उन्हें बहुत शक्तिशाली और इस योग्य बना देता है कि वे उन विचारों को दूसरों तक पहुँचा सकें जो शब्दों में बयान नहीं किये जा सकते, जैसे नवगुंजर की यह कथा जो नीचे दी जा रही है।

अर्जुन और नवगुंजर

(महाभारत पर आधारित उड़ीसा की लोककथा)

महाभारत पर आधारित लोककथा के अनुसार, जो उड़ीसा में प्रचलित है, एक बार महान धनुर्धर अर्जुन का सामना ऐसे पशु से हुआ जो नौ पशुओं का मिला-जुला रूप था : उसका सिर मुर्गे का, गर्दन मोर की, पीठ बैल की, कमर सिंह की, पैर हाथी, मनुष्य, हिरन और बाघ के

और पूँछ साँप की थी। पहले तो अर्जुन इस जीव को देख कर आतंकित हो गया और उसने उसे मारने के लिए अपना धनुष उठाया। लेकिन फिर वह इस बात पर मुग्ध हो गया कि न तो वह इस जीव को पहचान पा रहा था, न उसके स्वरूप को समझ ही पा रहा था। वह सभी जानी-बूझी परिभाषाओं के परे था और उसे किसी परम्परागत कोटि में रखना भी असम्भव था।

तालिका 1. हिन्दू धर्म में पवित्र वृत्तान्तों के सामान्य स्त्रोत

धर्म ग्रन्थ	**सामग्री**	**स्त्रोत का अनुमानित काल**
मन्त्र संहिता	वैदिक स्तोत्र जो कभी-कभी वृत्तान्त की पूर्वकल्पना होते हैं	2000-1500 ई.पू.
ब्राह्मण	कर्मकाण्ड सम्बन्धी पुस्तिकाएँ जो कभी-कभी किसी प्रथा-विशेष के लिए कथारूपी व्याख्या प्रस्तुत करती हैं	1000-800 ई.पू.
उपनिषद्	दार्शनिक विमर्श जो अक्सर एक कथात्मक संरचना के भीतर बँधे होते हैं	800-500 ई.पू.
इतिहास (*रामायण, महाभारत*)	दैवी क्रिया-कलाप के ढाँचे के भीतर सम्राटों के महाकाव्य जिनमें देवता और ऋषि भी शामिल होते हैं	300 ई.पू.-300 ई. (संस्कृत संकलन) 1300-2000 ई. (लोक पुनर्वाचन)
पुराण	देवताओं, राजाओं और ऋषियों के इतिवृत्त; कुछ, जो स्थल पुराण कहे जाते हैं, ग्रामीण और स्थानीय हैं और किसी विशेष	500-1500 ई. (संस्कृत संकलन) 1300-2000 ई. (लोक पुनर्वाचन)

आगम	पूजा-स्थल तक सीमित हैं मन्दिरों के ग्रन्थ जिनमें देवी-देवता, मन्दिर और त्योहारों से सम्बन्धित कथाएँ हैं	1000-1700 ई.
तन्त्र	रहस्यवादी सामग्री जिसमें देवी-देवताओं, कर्मकाण्डों और विमर्शों से सम्बन्धित कथाएँ होती हैं	600-1800 ई.
माहात्म्य	संस्कृत और लोक भाषाओं में देवी-देवताओं के चरित	1300-1900 ई.
भक्ति साहित्य	संस्कृत और लोक भाषाओं में भक्ति सम्बन्धी गद्य और पद्य	1300-1700 ई.

वह जीव मानवीय सोच-समझ की सीमा के परे किसी जगह से आया लगता था। अर्जुन को एहसास हो गया कि यह कोई दैत्य या दानव नहीं, दैवी अवतार था। क्योंकि जो मनुष्य के तर्क से असम्भव है, वह दैवी प्रेरणा के लिए सम्भव है। अर्जुन ने अपना धनुष धरती पर फेंक दिया और झुक कर ईश्वर के इस जादुई अवतार को प्रणाम किया।

मोटे तौर पर सभी प्रतीक उर्वरता या तप और वैराग्य के प्रतीकों में बाँटे जा सकते हैं। उर्वरता के प्रतीक संसार में विश्वास जगाने वाले, जीवनदायी विचारों से जुड़े होते हैं और भौतिक-सांसारिक इच्छाओं से सम्बन्धित होते हैं जैसे प्रजनन, सुख, सन्तान पैदा करना और सम्पत्ति व शक्ति प्राप्त करना। तप और वैराग्य वाले प्रतीक संसार का त्याग करने, जीवन को समाप्त करने वाले विचारों से जुड़े होते हैं और उनका सम्बन्ध सत्य, परमानन्द और अमरता जैसे आध्यात्मिक लक्ष्यों से होता है (देखिए तालिका 2)।

प्रेम, प्रणय और काम-भावना का देवता कन्दर्प उर्वरता के प्रतीकों से जुड़ा है। उसका रंग नये, कोमल पत्तों की तरह हरा है और उसका वाहन तोता है। प्रेम के पश्चिमी देवता क्यूपिड (Cupid) की तरह उसके हाथ में भी धनुष और बाण होता है। उसका धनुष ईख यानी गन्ने का होता है और उसके पास पाँच इन्द्रियों को जागृत करने के लिए पाँच तीर होते हैं। उसकी पताका पर मछली का चिह्न होता

है। कन्दर्प को स्त्रष्टा का पुत्र, ब्रह्माण्ड का संरक्षक और सृष्टि का विनाश करने वाले का शत्रु माना जाता है। वह आत्माओं को पुनर्जन्म के चक्र में फँसा लेता है और मोक्ष की राह में एक रुकावट है। जब हिन्दू धर्म में तप और वैराग्य की वृद्धि हुई तो कन्दर्प की पूजा घट गयी। जब तक कामुकता भक्ति से जुड़ी थी, उसे समाज में स्वीकार किया जाता था। नतीजे के तौर पर कन्दर्प के प्रतीक विष्णु और उनके मानवीय अवतार कृष्ण के प्रतीकों में घुल-मिल गये, जो भक्ति के सबसे लोकप्रिय पात्र थे। ईख, मछली जैसे कुण्डल, मोर-पंख, मनमोहक रूप, जंगली फूल, तोते, सखियाँ, मधुर संगीत और चाँदनी रातों को यमुना के तट पर रास-लीला, जो कृष्ण के साथ जुड़ी हुई है, वह कन्दर्प ही की याद दिलाती है। लेकिन कृष्ण में प्रेम के देवता की कामुकता भक्ति से और शारीरिक मिलन से अधिक आध्यात्मिक मिलन की लालसा घुली-मिली है।

तालिका 2. हिन्दू धर्म में उर्वरता या सांसारिकता के सामान्य प्रतीक

प्रतीक का प्रकार	प्रतीक	सम्भाव्य व्याख्या
पशु	हाथी	शक्तिशाली, किसी प्राकृतिक शत्रु के बिना
	मछली	जल का - और इस तरह जीवन का - संकेत देने वाला
	तोता	इसकी चोंच लाल और शरीर हरा होता है, जो उर्वरता के रंग प्रदर्शित करता है; काम के देवता, कन्दर्प का वाहन
	साँप	अपनी केंचुल बदलता है, धरती की तरह अपनी उर्वरता को नियमित समय पर फिर से नया करता है
	स्त्री	हर महीने अनचाहे ही अपना (लाल) बीज गिराती है
वनस्पति	केला	इसकी खेती करने की ज़रूरत नहीं है; पौधे के हर भाग का आर्थिक उपयोग हो सकता है
	पान का पत्ता	विश्राम के समय चबाया जाता है; फुर्सत और यौन आकर्षण का संकेत देता है
	नारियल	खेती करने की ज़रूरत नहीं पड़ती; पौधे के हर भाग

		का आर्थिक उपयोग हो सकता है
	घास	उखाड़े जाने पर फिर उग आती है
	आम का पत्ता	उस पेड़ का पत्ता जो सबसे मीठा फल देता है; कन्दर्प का श्रृंगार
	गेंदे का फूल	हर पंखुड़ी में पौधे का बीज होता है; कन्दर्प का श्रृंगार
	ईख या गन्ना	मीठे रस वाला; कन्दर्प के धनुष की डण्डी
	हल्दी	कीटाणु-नाशक और घाव को सड़ने से बचाने वाली; नकारात्मक तत्वों को दूर रखने वाली
खनिज	शंख	जल का, यानी जीवन का सूचक
	सिन्दूर/रोली	रक्त यानी उर्वरता का सूचक
	शुक्र	ज्योतिष में उर्वरता, नारीत्व और रचनात्मकता से सम्बद्ध
	जल	नीचे को प्रवाहित होता है - यह सूचित करते हुए कि वह धरती से बँधा है; जहाँ जाता है जीवन देता है
बनावटी/ कृत्रिम	कपड़ा	मनुष्यों द्वारा बुना गया
	दर्पण	बाहरी प्रसाधन-युक्त सौन्दर्य को प्रतिबिम्बित करता है
	घड़ा या टोकरी	भोजन, पानी या सम्पत्ति का बर्तन
अमूर्त	वृत्त या चक्र	अधिकांश प्राकृतिक वस्तुओं का स्वाभाविक आकार
	पंच कोण वाला त्रिकोण	शुक्र का सूचक
	हरा रंग	सँजोयी गयी ऊर्जा; नये अंकुरों का रंग
	सीधी क्षैतिज रेखा	धरती और जल की सूचक
	लाल रंग	सम्भावित ऊर्जा; रक्त और मासिक धर्म का रंग
	षट्कोणी त्रिकोण	ऊपर और नीचे को उन्मुख त्रिकोणों का मेल जो पुरुष और स्त्री के प्रजनन अंगों के सूचक हैं (देखिए चित्र 1.0)

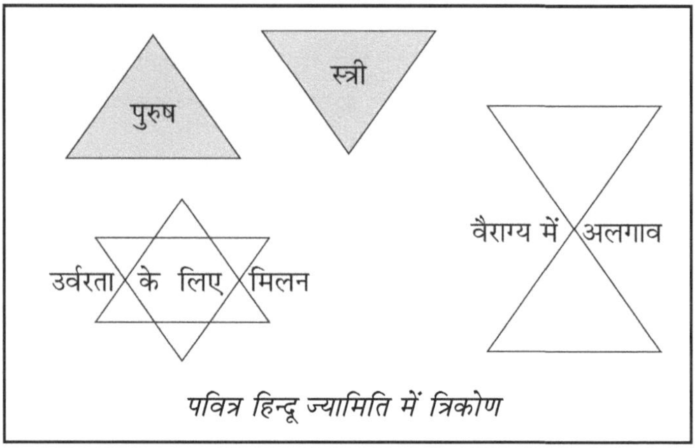

(चित्र 1.1)

आमतौर पर उर्वरता के प्रतीक जल से, जल से जुड़ी वस्तुओं से (शंख, नारियल) और उन सारी चीज़ों से जुड़े होते हैं जो जल्दी-जल्दी पुनर्जीवित होती हैं (घास, साँप)। रंग-बिरंगी, चमकदार (तोता) और मीठी (ईख, शहद) चीज़ें भी उर्वरता के प्रतीकों का काम देती हैं। इसके विपरीत, वैराग्य के प्रतीक आग (राख) से, दीर्घ-जीवन से (कछुआ, बरगद का पेड़) और शुद्धता और सहजता से जुड़े होते हैं।

अलबत्ता, कुछ प्रतीक, जैसे कमल का फूल इस तरह की खानेबन्दी में नहीं अँटते। सांसारिक व्यक्ति के लिए कमल का फूल ऊर्जा का सबसे विशुद्ध और आकर्षक रूपान्तरण है; आध्यात्मिक व्यक्ति के लिए वह अस्तित्व की दलदल से मुक्ति की अभिव्यक्ति है (देखिए तालिका 3)।

भागवत पुराण की एक कथा में मार्कण्डेय ऋषि को एक दृश्य या सपना दिखायी देता है। इस दृश्य में काले बादल आकाश पर छाये हुए हैं। मूसलाधार वर्षा हो रही है। नदियों ने अपने तट तोड़ दिये हैं। समुद्र में भयानक लहरें उठ रही हैं। सागर में बाढ़ आ गयी है। आतंकित होकर मार्कण्डेय ऋषि बरगद के एक पेड़ का आसरा लेते हैं। उन्मत्त लहरों की गोद में एक पत्ते पर उनकी नज़र पड़ती है। उस पत्ते पर उन्होंने सूर्य जैसे प्रकाश वाला एक सुन्दर बालक देखा जो अपने पैर का अँगूठा चूसते हुए आनन्द से बच्चों सरीखे स्वर निकाल रहा था। बालक ने अपनी साँस के साथ मार्कण्डेय ऋषि को अपने शरीर के अन्दर खींच लिया। अन्दर उन्होंने एक बिल्कुल नया संसार देखा : स्वर्गलोक में देवता, पाताल लोक में दैत्य और दानव तथा पृथ्वी पर पेड़-पौधे, पशु, वनदेवियाँ, अप्सराएँ, बौने और भीमकाय जीव। अन्दर सब कुछ उतना ही पूरा और निर्दोष था जितना वह बाहर अधूरा और त्रुटिपूर्ण

था। बालक ने साँस बाहर को छोड़ी और मार्कण्डेय ऋषि ने एक बार फिर अपने को उसी दुर्दान्त प्रलय के बीच पाया।

तालिका 3. हिन्दू धर्म में वैराग्य या अध्यात्म के सामान्य प्रतीक

प्रतीक का प्रकार	प्रतीक	सम्भाव्य व्याख्या
पशु	साँड / वृषभ	अकेला रहता है, एकाकी, पालतू नहीं बनाया जा सकता
	पुरुष	अपने वीर्य को सँजो सकता है
	हंस	विश्वास है कि दूध को पानी से अलग कर सकता है; पानी उसके पंखों पर नहीं चिपकता
	कछुआ	अपने सिर और शरीर को अपने खोल के अन्दर खींच कर छिपा सकता है; दीर्घजीवी होता है
वनस्पति	बरगद	लम्बा जीवन; घनी छाया देता है
	धतूरा	जंगली तौर पर उगता है; ज़हरीला होता है
	भाँग	जंगली तौर पर उगती है; नशीली होती है
	पीपल	लम्बा जीवन; घनी छाया
	रुद्राक्ष	जंगली पेड़ का बीज; इसकी खेती नहीं हो सकती
	चन्दन	पानी उड़ जाता है और रंग पीछे छोड़ जाता है
खनिज	राख	आग से नष्ट होने के बाद भी नष्ट नहीं होती
	आग	ऊपर को उठती है
	बृहस्पति	तर्क–बुद्धि से सम्बद्ध
	मंगल	ऊर्जा और सक्रियता से सम्बद्ध
कृत्रिम	पशुओं की खालें और पेड़ की छाल	प्राकृतिक वस्त्र; मनुष्य द्वारा बुना नहीं
	नारियल या कपाल	प्राकृतिक कटोरा; मनुष्य द्वारा निर्मित या बुना नहीं
	डण्डा	सत्ता का प्रतीक

अमूर्त	वर्ग	अनुशासन, संयम, व्यवस्था, नैतिकता, आचार, कृत्रिम संरचना
	त्रिकोण जो अलग हों पर सिरों पर मिले हों	पुरुष (ऊपर को उन्मुख त्रिकोण) और स्त्री (नीचे को उन्मुख त्रिकोण) अंगों का अलगाव
	लम्बाकार रेखा	तना हुआ; साधुता और अनुशासन का सूचक
	श्वेत रंग	शुद्धता; वीर्य का रंग

इस बार मार्कण्डेय ऋषि ने बरगद के पत्ते पर लेटे उस बालक के कारण भय से नहीं, बल्कि आस्था और विश्वास के साथ उस दुर्दान्त प्रलय का सामना किया। इस छवि में परिवर्तन (जल), स्थायित्व (बरगद का पत्ता) और प्रजनन (बालक) के प्रतीक शामिल हैं। यह कथा और यह छवि भक्त को यह स्वीकार करने में मदद करती है कि हालाँकि परिवर्तन अवश्यम्भावी है, सब कुछ अन्ततः पुनर्जीवित होता है और एक पहलू हमेशा स्थायी रहता है और वह है ईश्वर की कृपा।

हिन्दू धर्म में सबसे महत्त्वपूर्ण प्रतीक-योजना पुरुष और स्त्री की है। अधिकतर कथाओं में पुरुष आध्यात्मिक वास्तविकता का प्रतिनिधित्व करता है और स्त्री भौतिक वास्तविकता का। पुरुष पारलौकिक प्रयासों का द्योतक है; स्त्री सांसारिक भावनाओं का। सांसारिकता स्त्री के बिना असम्भव है; वैराग्य स्त्री की अनुपस्थिति की माँग करता है। पुरुष आत्मा है, स्त्री शरीर। पुरुष कारण है, स्त्री उसका प्रकट रूप। पुरुष स्वत्व यानी निजी स्वरूप, शुद्ध बोध और हमारे अस्तित्व की सच्ची पहचान है। स्त्री ऊर्जा है, वह साँचा जिसमें अस्तित्व उलझा हुआ है। चूँकि पुरुष आत्म-रूप है, वह भोग करने वाला है, विषय है जो जीवन का अनुभव करता है और स्त्री वह वस्तु है जिसका अनुभव जीवन में किया जाता है। स्त्री अपने अस्तित्व के लिए पुरुष पर निर्भर है। पुरुष अपनी पहचान के लिए स्त्री पर निर्भर है। वह स्त्री को रचता है, उसका पोषण करता है और उसका विनाश करता है। स्त्री उसे खुद को पालने, बढ़ाने, लिप्त और तुष्ट होने और अपने को प्राप्त करने के योग्य बनाती है। जैसे पुरुष और स्त्री एक-दूसरे को पूरा करते हैं, वैसे ही आध्यात्मिक और सांसारिक वास्तविकताएँ एक-दूसरे की पूरक हैं। इसीलिए, जब ईश्वर की बात आती है तो हिन्दू लोग पुरुष या स्त्री नहीं, बल्कि पुरुष और स्त्री, दोनों रूप चुनते हैं। हिन्दू मन्दिरों में इसीलिए देवता हमेशा देवियों के साथ सम्बद्ध मिलते हैं। विष्णु के मन्दिरों में हमें लक्ष्मी, कृष्ण के मन्दिरों में राधा, राम के मन्दिरों में सीता और शिव के मन्दिरों में शक्ति मिलती है। एक के बिना किसी का भी अस्तित्व

नहीं है। तमिल मन्दिरों की कथाओं से ली गयी यह कथा पुरुष और स्त्री की जोड़ी के अविच्छिन्न रूप को दर्शाती है।

अर्द्धनारीश्वर (तमिल मन्दिरों की कथा)

भृंगी ऋषि अपनी भक्ति दर्शाने के लिए शिव की परिक्रमा करना चाहते थे। शक्ति ने उन्हें यह कहते हुए रोक दिया, 'तुम्हें हम दोनों की परिक्रमा करनी होगी, क्योंकि हममें से कोई भी दूसरे के बिना अधूरा है।' लेकिन भृंगी ने सिर्फ शिव की परिक्रमा का संकल्प कर रखा था। इसे विफल करने के लिए शक्ति शिव की गोद में उनकी बायीं जंघा पर जा बैठीं। भृंगी ने अपनी परिक्रमा पूरी करने के लिए मधुमक्खी का रूप लेकर उनके बीच से उड़ कर निकलने की कोशिश की। तब पार्वती ने अपनी देह को शिव के शरीर से इस तरह मिला दिया कि वे शिव का बायाँ पक्ष बन गयीं। तब से शिव अर्द्ध–नारी कहलाने लगे। तब भृंगी ने एक कीड़े का रूप धर कर दोनों के बीच से छेद करके निकलने की कोशिश की।

भृंगी के हठ से खीझ कर गौरी ने कहा, 'अगर तुम सिर्फ उन्हीं को चाहते हो तो तुम अपने शरीर के उस सारे अंश से रहित हो जाओ जो मनुष्य को स्त्री से मिलता है।' तत्काल भृंगी ऋषि हड्डियों का ढाँचा रह गये और अपने शरीर का सारा माँस और रक्त खो बैठे। वे धरती पर गिर पड़े और खड़े होने के योग्य भी नहीं रहे। शिव को उन पर दया आयी और उन्होंने भृंगी ऋषि को तीसरी टाँग दे दी, जिससे वे तिपाई की तरह सीधे खड़े हो सकें। इस तरह भृंगी ऋषि को देवता और देवी के इस पूरक सम्बन्ध का ज्ञान हो गया और उन्होंने शक्ति से क्षमा माँग ली।

पुरुष और स्त्री की यह प्रतीक–योजना निस्सन्देह लिंग–भेद की राजनीति में फँसी हुई है, जिसमें पुरुष कारण और चेतना है और स्त्री पदार्थ और प्रत्यक्ष रूप है। यह बात पुरुषत्व और नारीत्व के बारे में हिन्दू रवैये के बारे में बहुत कुछ कहती है कि पुरुष स्थिरता और आत्मा की अपरिवर्तनशील प्रकृति का प्रतिनिधि है और स्त्री उतार–चढ़ाव और भौतिक संरचना के निरन्तर परिवर्तनशील स्वभाव की प्रतिनिधि है। लेकिन यह पूर्वाग्रह तो खुद भाषा में निहित है। प्रतीक के पीछे के विचार को सचमुच समझने के लिए हमें शरीर और जीवविज्ञान के दायरे से ऊपर उठना होगा। तभी देवता और देवी के बीच जो अन्तर है वह व्यक्ति और चारों ओर के संसार के बीच संघर्ष में रूपान्तरित होगा। तभी परमात्मा के विराट संसार और आत्मा के सूक्ष्म संसार का मेल हो सकेगा (देखिए तालिका 4)।

स्त्रियाँ और उर्वरता के प्रतीक विवाह, जन्म और फसल की कटाई जैसे घरेलू कर्मकाण्डों में एक महत्त्वपूर्ण भूमिका निभाते हैं। दहलीजों और चौखटों पर मछली,

तालिका 4. हिन्दू प्रतीक-योजना में पुरुष और स्त्री के विभिन्न अर्थ

पुरुष	स्त्री
संस्कृति	प्रकृति
व्यक्ति	परिवेश
शुद्ध चेतना	ऊर्जा का साँचा
द्रष्टा / देखने वाला	दृश्य
आत्मा	शरीर और मन
आध्यात्मिक सत्य	भौतिक यथार्थ
जो देश-काल के परे है	जो देश-काल में बँधा है
विषय	वस्तु

शंख और बिन्दु लाल रंग से चित्रित किये जाते हैं। चावलों की ढेरी पर जल से भरे घड़े रखे जाते हैं जिनके मुँह पर नारियल रखे होते हैं। आम के हरे-हरे पत्ते और गेंदे के फूल,चौखट के ऊपर लटकाये जाते हैं। दरवाज़े के ठीक बाहर सफेद और रंगीन चूरे से अल्पना चित्रित की जाती है। घर में मीठे पकवान बनाये जाते हैं। मेहमानों को केला पेश किया जाता है। विवाहित स्त्रियों को घर आने का न्यौता दिया जाता है और उन्हें फूल, सुगन्ध, उपहार और सिर पर लगाने के लिए सिन्दूर की भेंट दी जाती है। बिना पत्नी के कोई पुरुष गृहस्थ नहीं हो सकता और बिना पति के कोई स्त्री गृहिणी नहीं हो सकती। सिर्फ पति-पत्नी ही, घर के स्तम्भों के रूप में उर्वरता के कर्मकाण्डों में हिस्सा ले सकते हैं।

सीता की स्वर्ण प्रतिमा

(उत्तर रामायण)

जब रावण को मारने और अपनी पत्नी सीता का उद्धार करने के बाद राम अयोध्या लौटे, तो उनका राज्याभिषेक हुआ। लेकिन राम की प्रजा सीता को अपनी रानी के रूप में नहीं चाहती थी, क्योंकि उसकी प्रतिष्ठा पर दाग लग गया था। प्रजा की इच्छाओं का पालन करते हुए राम ने सीता को त्याग दिया।

राजा के रूप में राम को अनेक कर्मकाण्ड करने पड़ते थे, लेकिन उन सभी में उनकी पत्नी का उपस्थित होना ज़रूरी था। राम ने फिर से विवाह करने से इनकार कर दिया था; उनकी प्रजा ने अपनी रानी को

ठुकराया था, मगर राम ने अपनी पत्नी को नहीं ठुकराया था। सो, एक बीच का रास्ता निकाला गया : जब राम को कोई कर्मकाण्ड सम्पन्न करना होता तब सोने से बनी सीता की एक प्रतिमा उनके बगल में रख दी जाती।

वैराग्य की प्रथाएँ अकेले सम्पन्न की जाती हैं, जिनसे ध्यान, संयम, प्रायश्चित और आत्म-परीक्षा जुड़ी होती है। ऐसी प्रथा के लिए जोड़े की ज़रूरत नहीं पड़ती। इसलिए साधु और भिक्षु अपने शरीर पर राख मलते हैं, भगवा या सफेद रंग के अनसिले कपड़े पहनते हैं, मनकों की मालाएँ धारण करते हैं और या तो जटाएँ बढ़ा लेते हैं या फिर सिर मुँडा लेते हैं। वे ऐसा कुछ नहीं करते जो उन्हें स्त्रियों के लिए आकर्षक बनाये या सामान्य जन-जीवन में जगह दिलाये। तान्त्रिकों के कर्मकाण्डों में स्त्री शामिल होती है, लेकिन वह सिर्फ लक्ष्य तक पहुँचने के साधन या माध्यम का काम ही करती है। गृहस्थ जीवन के कर्मकाण्डों में पुरुष और स्त्री एक-दूसरे के साथ मिल कर काम करते हैं; साधुओं और मठवासियों के कर्मकाण्डों में वे एक-दूसरे की मदद के साथ या उसके बिना अकेले-अकेले काम करते हैं।

सबरीमलाई, केरल के पर्वत पर की जाने वाली तीर्थयात्रा तपस्वियों की प्रथा है, हालाँकि वह कभी-कभी बहुत सांसारिक उद्देश्यों से सम्पन्न की जाती है। चालीस दिन तक तीर्थ-सेवी को काले कपड़े पहनने पड़ते हैं, दिन में एक बार भोजन करना होता है, ठण्डे पानी से नहाना पड़ता है, नंगे पैर चलना पड़ता है और ब्रह्मचर्य का पालन करना पड़ता है। और फिर वनों के बीच से एक कठिन यात्रा करके ब्रह्मचारी बालक देवता अयप्पा के दर्शनों को जाना होता है जिनका निवास एक पर्वत के ऊपर है। तीर्थ-स्थान में किसी स्त्री को जाने की अनुमति नहीं है। अयप्पा हिन्दू धर्म के उन गिने-चुने देवताओं में से हैं जिनकी कोई संगिनी नहीं है।

हाथी के सिर वाले गणेश और वानर हनुमान को बहुत-सी परम्पराओं में ब्रह्मचारी देवता माना गया है, लेकिन स्त्रियाँ भी उनकी पूजा करती हैं। ये देवता सीमावर्ती देवता हैं—सांसारिक और आध्यात्मिक क्षेत्रों पर रहने वाले। दोनों देवी के द्वारपालों का काम करते हैं (देखिए तालिका 5)।

पवित्र अनुष्ठान

अनुष्ठान या कर्मकाण्ड ऐसी संयोजित क्रियाएँ होती हैं जिनके माध्यम से आस्तिक ब्रह्माण्ड के साथ सम्पर्क साधता है। ऐसा विश्वास किया जाता है कि इस कार्य में

तालिका 5. उर्वरता के अनुष्ठानों और तपस्वियों के कर्मकाण्डों की तुलना

उर्वरता के अनुष्ठान	तपस्वियों के कर्मकाण्ड
उद्देश्य है प्रकृति की प्रचुरता को काबू में करना	उद्देश्य है प्रकृति के नियन्त्रण से मुक्त होना
सारे अनुष्ठान प्रतीक रूप से भौतिक इच्छाओं को ब्रह्माण्ड तक सम्प्रेषित करते हैं	सभी प्रथाएँ तपस्वी को प्रकृति के तरीकों से दूर करती हैं
सभी कर्मकाण्ड काम (फूल, घास, चन्दन, धूप समर्पित करके) या हिंसा (रक्त बलियों, नारियल तोड़ कर, चढ़ावे में भोजन चढ़ा कर और उसे खा कर) को प्रतीक रूप में प्रस्तुत करते हैं	सभी प्रथाएँ यौन-विरोधी (ब्रह्मचर्य अपना कर और रंगीन या वस्त्रों, सुगन्धों, चन्दन, फूलों और आभूषणों का त्याग करके; शरीर पर राख मल कर) और अहिंसात्मक हैं (उपवास और शाकाहार द्वारा)
यह समझते हैं कि काम और हिंसा जीवन-चक्र को गतिशील रखने वाले मूल सिद्धान्त हैं	काम और हिंसा से घृणा करते हैं, क्योंकि वे जीवों को पुनर्जन्म के अन्तहीन चक्र में बाँधे रखती हैं
अन्तिम गन्तव्य स्वर्ग है जहाँ सांसारिक सुख पल भर के लिए भी नहीं रुकते और जहाँ शरीर अमर है	अन्तिम लक्ष्य शरीर और धरती से मुक्ति, ईश्वर से मिलन और सार्वभौमिक चेतना में लीन हो जाना है
शाश्वत सांसारिक सुख खोजते हैं	शाश्वत आध्यात्मिक आनन्द खोजते हैं
इहलौकिक	पारलौकिक

संसार को या तो वस्तुगत रूप में बदलने की शक्ति होती है (देवताओं की मदद से परिस्थितियों को अपने पक्ष में करके) या फिर व्यक्तिपरक ढंग से (चेतना में परिवर्तन लाकर ताकि वास्तविकता बदल जाये) (देखिये तालिका 6)।

कर्मकाण्ड कथा और प्रतीक को इकट्ठा करते हैं। ईसाई धर्म में बप्तिस्मा का कर्मकाण्ड या खतना करने के यहूदी-इस्लामी अनुष्ठान का अर्थ तभी निकलता है जब हम *बाइबल* के इस विमर्श से परिचित हों कि मनुष्य पाप में जन्म लेता है और पाप ही में जीवन जीता है जब तक कि याहवेह (Yahweh) से उसका पवित्र समागम नहीं होता। देहरी पर पैरों के उलटे निशान बनाने की हिन्दू प्रथा का अर्थ तब तक समझ नहीं आयेगा जब तक समृद्धि की देवी लक्ष्मी की जानकारी न हो जिसके घर में प्रवेश करने की कामना की जाती है।

लक्ष्मी के प्रतीक

(उड़ीसा की लोककथा)

> पुरी नगर में रहने वाली एक गरीब औरत ने एक शाम अपने घर की सफाई की, देहरी पर चावल के आटे से पवित्र प्रतीक अंकित किये, घर में धूप और अगरबत्ती जलायी और आँगन में एक दीया रख दिया। इस सबसे आकर्षित होकर देवी लक्ष्मी उस औरत के घर में आयीं और देखते-ही-देखते उस औरत की किस्मत बदल गयी। धन-दौलत फट पड़ी। उसकी गायें पहले से ज़्यादा दूध देने लगीं। उसके खेतों में अधिक फसल पैदा होने लगी। घर में हमेशा भोजन रहता, कपड़ों की कोई कमी न रही और जितना ज़रूरी था उससे ज़्यादा पैसा रहने लगा। लेकिन फिर उसने घर की उपेक्षा करनी शुरू कर दी। देहरी से अल्पना मिट गयी, घर गन्दा रहने लगा, दीपक जलने बन्द हो गये, धूप और अगरबत्ती भी नहीं जलायी जाने लगी। लक्ष्मी को बहुत बुरा लगा। वह उस औरत का घर छोड़ कर चली गयीं और दुर्भाग्य लौट आया।

अक्सर कोई कर्मकाण्ड या अनुष्ठान अलग-अलग किस्म के कर्मकाण्डों का मेल होता है। मिसाल के लिए, व्रत एक आम घरेलू कर्मकाण्ड है, जिसे आम तौर पर घर में औरतें घर में स्वास्थ्य और सुख बनाये रखने के लिए बिना पुरोहितों के हस्तक्षेप के सम्पन्न करती हैं। यह कर्मकाण्ड—

- सांसर्गिक यानी सम्पर्क पर आधारित है, जिसमें किसी ऐसी वस्तु से सम्पर्क निहित है जो इच्छित गुण से युक्त है, जैसे बरगद या पीपल का पेड़ जो

तालिका 6. अनुष्ठानों के सामान्य प्रकार

कर्मकाण्ड के प्रकार	उद्देश्य	उदाहरण
सांसर्गिक	वस्तुओं के माध्यम से कोई इच्छित गुण को सम्प्रेषित करना	देवता को चढ़ाई गयी भेंट (भोजन, सम्पर्क पर आधारित कपड़ा, फूल, जड़ी-बूटी, चन्दन, भस्म) को इकट्ठा करना
आह्वानमूलक	किसी दिव्य विभूति का आह्वान करना, उसकी पूजा-उपासना करना, प्रशंसा करना और इच्छाओं को पूरा करने के लिए उससे आग्रह करना	पूजा, जप-जाप, भजन और कीर्तन
सामाजिक	जीवन के एक चरण से दूसरे चरण में प्रवेश में सहायता करना	संस्कार जैसे जन्म, विवाह, अन्त्येष्टि
सहानुभूतिपूर्ण	पर्यावरण में जो करना ज़रूरी है उसे बार-बार करना या रचना	परिवार की सुख-समृद्धि के लिए घर में उर्वरता के प्रतीकों को रखना
व्यवहारपरक	ब्रह्माण्ड को कुछ देना और बदले में कुछ माँगना; पुण्य कमाना	हवन—अग्निकुण्ड में देवताओं को आहुति देना; बलि—पशुओं या नारियल और कद्दू जैसे फलों की बलि चढ़ाना; दान और दक्षिणा—दान करना और पुरोहितों को भेंट-उपहार देना; तपस्या—आत्म-निग्रह, तप, प्रायश्चित

लम्बे जीवन का प्रतीक है या पूरा चाँद जो पुरुषत्व का प्रतीक है।

- आह्वानमूलक है, जिसमें किसी विशेष देवता की प्रशंसा में गीत गाना या ऐसी कथा का वाचन करना निहित है जो उस देवता की महानता का वर्णन करे।
- सामाजिक है, जिसमें सिर्फ विवाहित या अविवाहित स्त्रियाँ ही भाग ले सकती हैं जो इकट्ठी होकर प्रथा में एक-दूसरे का साथ देती हैं।
- सहानुभूतिपरक है, जिसमें घर के अन्दर और आसपास उर्वरता के प्रतीक रखे जाते हैं।
- व्यवहार सम्बन्धी है, जिसमें उपवास, भोजन का विधि-निषेध, रात्रि-जागरण और दान-धर्म के कार्य निहित हैं।

1970 के दशक में लोकप्रिय सिनेमा के माध्यम से हिन्दुओं में सन्तोषी-माँ का प्रचार हुआ, जो तब तक पश्चिमी भारत के एक छोटे-से समुदाय में ही जानी जाती थीं। फिल्म बहुत सफल रही और इन देवी को पूरी आस्था के साथ आम हिन्दुओं के देव-मण्डल में शामिल कर लिया गया। हर जगह औरतें सन्तोषी-माता के व्रत रखतीं, जिसमें शुक्रवार को एक बार गुड़ और चने का भोजन करना होता और हर कीमत पर खट्टी चीजों से परहेज बरता जाता। देवी की महानता की कथा पढ़ कर सुनायी जाती। इतनी आसानी से इन देवी को शामिल कर लिया जाना इसलिए सम्भव हुआ, क्योंकि इन देवी को सन्तुष्ट करने के लिए किये जाने वाले व्रत के साथ जो कर्मकाण्ड जुड़ा था, उसमें ऐसे प्रतीक शामिल थे जो लम्बे समय से उर्वरता के साथ सम्बद्ध थे। मीठे भोजन, चने और शुक्रवार का सम्बन्ध हमेशा से लक्ष्मी के साथ रहा है, जबकि खट्टे भोजन का सम्बन्ध दुर्भाग्य की देवी अलक्ष्मी के साथ। देवी के माहात्म्य को बताने वाली कथा को पढ़ना आम तौर पर उन कर्मकाण्डों का हिस्सा रहा है जो व्रत के साथ किये जाते हैं।

कुछ अनुष्ठानों में कर्मकाण्ड देवताओं से अधिक प्रभावशाली होता है; इसलिए उनमें इच्छानुसार परिणाम प्राप्त करने के लिए उन्हें बस यान्त्रिक रूप से करना ज़रूरी होता है (जैसा कि यज्ञ के नाम से प्रचलित हवन में होता है)। दूसरे मामलों में कर्मकाण्ड महज देवताओं से सम्पर्क साधने का माध्यम होता है; कर्मकाण्ड से अधिक इरादे का महत्त्व होता है (जैसा कि पूजा के नाम से प्रचलित उत्तर-वैदिक कर्मकाण्ड में देखा जाता है, जिसमें देवी या देवता को फूल, सुगन्ध, धूप-अगरबत्ती, भेंट और भोजन अर्पित करके उनकी उपासना की जाती है)। पहली तरह के कर्मकाण्ड में अनुष्ठान की शुद्धता नैतिक शुद्धता से अधिक महत्त्व रखती है। दूसरी तरह के कर्मकाण्ड में नैतिक शुद्धता अनुष्ठान की शुद्धता से।

पुराकथा का कार्य

पौराणिक कथा किसी जन-समुदाय के लिए एक विश्व-दृष्टि निर्मित करती है। दुनिया को देखने का एक नज़रिया पेश करती है। वह ऐसे दर्पण का काम करती है, जिसके माध्यम से जीवन व्यवस्थित होता है। दूसरे शब्दों में वह एक ऐसा नमूना या प्रतिमान निर्मित करती है, जिससे प्रकट रूप से अव्यवस्थित जगत एक समुचित और व्यवस्थित रूप ग्रहण करता है। हर संस्कृति की अपनी-अपनी पवित्र कथाएँ, प्रतीक और कर्मकाण्ड होते हैं जिनसे लोगों के मन-मस्तिष्क को एक खास साँचे में ढाला जाता है और उन्हें दुनिया को एक खास तरीके से देखने का ढंग सिखाया जाता है। इस तरह हर संस्कृति खुद को दूसरी संस्कृतियों से अपने निजी साँचे और नमूने के बल पर अलग करती है।

नमूने के साथ आदर्श का भी विचार आता है : क्या सही है, क्या गलत है, क्या अच्छा है, क्या बुरा है। यह भेद भौतिक जगत में जो चाहिए और जो नहीं चाहिए, उसके बीच श्रेणियाँ बनाता है। इसके अलावा, नमूने यानी प्रतिमान के साथ सम्भावना भी आती है, आध्यात्मिक क्षितिज का एक स्वरूप भी कल्पित होता है।

दो अत्यन्त सामान्य नमूने या प्रतिमान हैं—रैखिक और चक्राकार। सीधी रेखा वाले नमूने में एक जीवन होता है जिसके बाद अन्तहीन मरणोपरान्त स्थिति होती है। चक्राकार नमूने में जीवन और मृत्यु लगातार एक-दूसरे का पीछा करते रहते हैं। मिस्त्रियों के लिए मरणोपरान्त स्थिति ओसिरिस (Osiris) का क्षेत्र था, यूनानियों के लिए स्वर्गिक भूमि, वाइकिंग (Vikings) जाति के लिए अस्गार्ड (Asgard) का सभागार था, मेसोपोटामिया के लोगों के लिए वह 'धूल का क्षेत्र' था जिसका जिक्र *गिल्गमेश* (Gilgamesh) नामक महाकाव्य में किया गया था, ईसाइयों के लिए वह 'पैराडाइज' यानी स्वर्ग है और मुसलमानों के लिए अल्लाह का निवास, जन्नत है। जो आदमी यह विश्वास करता है कि एक ही जीवन है और एक ही मौका, उसका रवैया निश्चय ही उस आदमी से भिन्न होगा जो मानता है कि हर जीव के पिछले जन्म और अगले जन्म होते हैं। ईसाई धर्म-प्रचारक के लिए, जो यह विश्वास करता है कि जीवन एकमात्र मौका है जिसमें 'उद्धार' हो सकता है, यह स्वाभाविक है कि वह अपने अभियान में देर न करे। लेकिन किसी बौद्ध के लिए जो यह विश्वास करता है कि अपना उद्धार करने के लिए हमेशा एक और जीवन होगा और एक जैन मतावलम्बी के लिए जो विश्वास करता है कि घटनाएँ पूर्वनिश्चित होती हैं, इस तरह की जल्दबाजी ज़्यादा मतलब नहीं रखती।

एक जीवन और एक अन्तहीन मरणोपरान्त स्थिति का रैखिक नमूना यहूदी

और ईसाई धर्मों और इस्लाम के अलावा अनेक पश्चिमी संस्कृतियों में मिलता है जिनमें मिस्त्र, स्कैण्डिनेविया, मेसोपोटामिया, यूनान, रोम और फारस की संस्कृतियाँ शामिल हैं। चक्राकार नमूने ने भारत, चीन और जापान जैसी पूर्वी संस्कृतियों को प्रभावित किया है और वह हिन्दू, बौद्ध और जैन चिन्तन-धाराओं का आधार है (देखिए तालिका 7)।

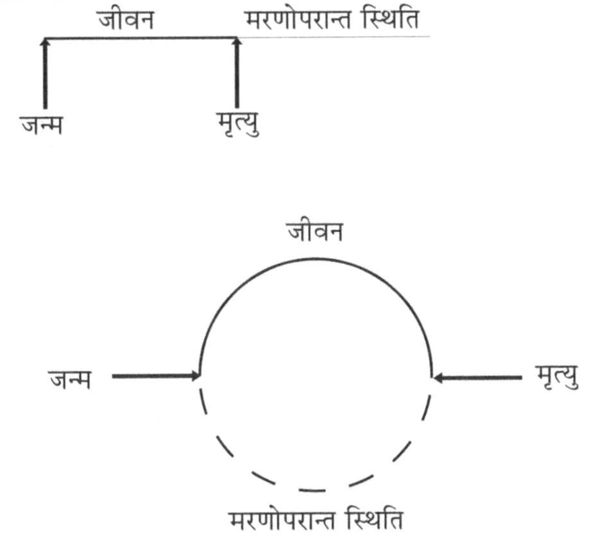

रैखिक और चक्राकार प्रतिमान

(चित्र 1.2)

रैखिक और चक्राकार—दुनिया को देखने के दोनों नज़रियों में इहलोक का जीवन अधूरा है। लेकिन दोनों मामलों में कारण अलग-अलग हैं। रैखिक दृष्टिकोण से जीवन अपूर्ण इसलिए है, क्योंकि देवताओं की ऐसी ही इच्छा है (यूनानी, असीरियाई-बैबिलोनियाई), क्योंकि मनुष्यों ने ईश्वर की अवज्ञा की (यहूदी, ईसाई, इस्लामी), क्योंकि एक दुष्ट तत्व ने प्रदूषित किया (मानीवादी, जरथुस्त्रवादी) (Manichaean), या मनुष्य जाति अनचाहे ही एक विराट ब्रह्माण्डीय संघर्ष की भागीदार है (नोर्स, मिस्त्री [Norse, Egyptian])। चक्राकार दृष्टिकोण से जीवन अपूर्ण है, क्योंकि नश्वरता समय का एक कार्य है (सकारात्मक रवैया) या इसलिए कि मौजूदा घटनाएँ पिछले कर्मों का सीधा परिणाम हैं (अस्तित्ववादी रवैया)। रैखिक नमूने पर चलने वाली कुछ संस्कृतियों में—प्रमुख रूप से यहूदी-ईसाई-इस्लामी और

जरथुस्त्रवादी (Zoroastrian) संस्कृतियों में—जो सम्भावना प्रस्तुत की जाती है वह ईश्वर की इच्छा का पालन करते हुए और शैतान से लड़ते हुए आदिम पूर्णता और शुद्धता की ओर वापसी की है। एशियाई परम्पराओं में जो सम्भावना प्रस्तुत की जाती है वह दोहरी है : पुनर्जन्म के अन्तहीन चक्र को तोड़ना या उस पर नियन्त्रण पाना और सार रूप में ईश्वर में लीन हो जाना (देखिए चित्र 1.2)।

हिन्दू लोग चक्राकार नमूने के अन्तर्गत आते हैं। संसार कहा जाने वाला यह नमूना भौतिक जगत है, मृत्यु और पुनर्जन्म की दुनिया। यह जगत पाँच इन्द्रियों से अनुभव किया जाता है और मन द्वारा इसका विश्लेषण होता है। सार रूप में यह ऊर्जा के सिवा और कुछ नहीं है। उस पर अर्थ और मूल्य मन द्वारा थोपा गया है जिसे अहंकार, स्मृतियों, पूर्वाग्रहों और इच्छाओं ने भ्रमित कर रखा है। संसार में कुछ भी स्थिर नहीं है, असम्भव नहीं है और कुछ भी अपने आप नहीं होता। हर घटना अतीत की एक निरपेक्ष प्रतिक्रिया है। यह कर्म का सिद्धान्त है जो संसार को चलाता है। इस नमूने के स्रष्टा ब्रह्मा हैं, इसलिए संसार को ब्रह्माण्ड भी कहते हैं, यानी 'ब्रह्मा का दायरा।'

कथाओं में ब्रह्मा की सृष्टि शतरूपा (सौ रूपों वाली) नामक स्त्री का परिणाम

तालिका 7. विश्व-दृष्टियों की तुलना

	यहूदी-ईसाई-इस्लामी	हिन्दू-बौद्ध-जैन
नमूना या प्रतिमान (निर्मित विश्व दृष्टि)	जीवन एक जीवन काल का होता है और उसकी समस्याएँ दैवी नियम भंग करने का परिणाम होती हैं	मृत्यु के बाद पुनर्जन्म होता है और जीवन में सब कुछ परिवर्तनशील है; हर परिवर्तन पिछले कर्मों का परिणाम है
पूर्णता (भौतिक-सांसारिक अर्थों में)	किसी पैगम्बर द्वारा उद्घाटित दैवी नियम का पालन	उन नियमों का पालन जो ब्रह्माण्ड की लय और सामाजिक व्यवस्था सुनिश्चित करते हैं
सम्भावना (आध्यात्मिक अर्थों में)	आदिम पूर्णता की तरफ लौटना	पुनर्जन्म के चक्र से मुक्त होना या उस पर नियन्त्रण और अधिकार प्राप्त करना

है। नाम और स्त्री रूप यह सूचित करता है कि वह भौतिक वास्तविकता का साकार रूप है। वह केवल ब्रह्मा का 'अवलोकन' है। चूँकि देखने का कोई अस्तित्व देखने वाले से अलग नहीं होता, ब्रह्मा शतरूपा के सर्जक और जनक हैं। वे ही विषय हैं जो जीवन का अनुभव करते हैं; शतरूपा वह विषयगत घटना यानी वस्तु है जिसका अनुभव जीवन में किया जाता है। शतरूपा का अस्तित्व महज इसलिए है ताकि वह ब्रह्मा को इस प्रश्न का उत्तर खोजने में सहायता दे सके कि 'मैं कौन हूँ?' जब प्रश्न का उत्तर मिल जाता है तो देखने की और दृश्य की ज़रूरत नहीं रहती। देखने वाला आत्म-लीन हो जाता है। वह आँखें बन्द कर लेता है और सो जाता है। ब्रह्माण्ड विलीन हो जाता है। यह प्रलय है।

प्रलय वह ब्रह्माण्डीय निष्क्रियता है जो तब घटित होती है जब पदार्थ प्रकट नहीं होता। इसका मतलब यह नहीं है कि प्रलय के दौरान पदार्थ का अस्तित्व नहीं होता। हिन्दू धर्म में सृष्टि शून्य से नहीं उपजती, जैसा कि *बाइबल* के नमूने में होता है। जब आत्मा अपने में लीन होती है, पदार्थ का अवलोकन या दर्शन नहीं होता। हिन्दू दार्शनिक परम्परा में चीज़ों का अस्तित्व तभी होता है, जब उन्हें देखा जाता है। इसलिए अनदेखी भौतिक वास्तविकता अनिर्मित ही रहती है। सृष्टि तभी उपजती है जब ब्रह्मा अवलोकन करते हैं। ब्रह्मा इस प्रश्न के उत्तर के लिए अवलोकन करते हैं कि 'मैं कौन हूँ?' यह प्रश्न ठीक उसी समय पैदा होता है जब उन्हें अपना बोध, अपनी चेतना होती है। जैसे हमें गहरी, बिना सपने की नींद में अपने अस्तित्व का बोध नहीं होता, वैसे ही ब्रह्माण्ड को प्रलय के दौरान अपना बोध नहीं होता। यह बोधरहित स्थिति अनस्तित्व है। फिर आत्मा जागती है। चेतना गतिशील होती है। प्रश्न फिर से उभरता है। उत्तर की खोज फिर शुरू होती है और भौतिक वास्तविकता एक बार फिर ब्रह्मा की पुत्री के रूप में अपने को प्रकट करती है।

जैसे मरे हुए लोग फिर से पैदा होते हैं, जैसे सोये हुए लोग जागते हैं, वैसे ही प्रलय के बाद ब्रह्माण्ड फिर से जीवित हो उठता है। ब्रह्माण्ड के एक जीवन-चक्र को कल्प कहते हैं जो चार युगों से बना होता है जो ब्रह्माण्ड के बचपन, यौवन, प्रौढ़ता और बुढ़ापे के प्रतिनिधि हैं। सभी भौतिक वस्तुओं की तरह ब्रह्माण्ड को भी काल के आगे समर्पण करना और रूपान्तरित होना पड़ता है देखिए (तालिका ४)।

राम की अँगूठी

(रामायण पर आधारित लोककथा)

पहले से निश्चित घड़ी पर राम की मृत्यु का समय आ गया, लेकिन यम उनके नगर में प्रवेश नहीं कर पा रहे थे, क्योंकि नगर की रक्षा

तालिका 8. ब्रह्माण्ड के एक जीवन-चक्र के चार युग

	भाग	युग	ब्रह्माण्ड की अवस्था	प्रजनन क्रिया	सम्पत्ति प्राप्त करने के साधन	धर्म के वृषभ के चरण
कल्प	प्रथम	कृत	बचपन	चिन्तन	दान	चार
	द्वितीय	द्वापर	यौवन	स्पर्श	बल	तीन
	तृतीय	त्रेता	प्रौढ़ता	सम्भोग	छल	दो
	चतुर्थ	कलि	वृद्धावस्था	विकृति	शोषण	एक
प्रलय			मृत्यु	अस्तित्व-हीनता		

महाप्रतापी वानर हनुमान कर रहे थे। हनुमान का ध्यान हटाने और प्रकृति को अपना कार्य करने की छूट देने के लिए राम ने अपनी अँगूठी धरती में एक दरार में गिरा दी और हनुमान से कहा कि अँगूठी ले आयें। यह दरार हनुमान को पाताल लोक में ले गयी जहाँ उन्हें राम की अँगूठी के अनगिनत नमूने मिले। पाताल लोक के रक्षक ने बताया,'जब भी एक अँगूठी यहाँ गिरती है, एक वानर उसके पीछे-पीछे आता है और हमें पता चल जाता है कि राम की मृत्यु का समय आ गया। ऐसी अँगूठियाँ ऊपर से जहाँ तक मेरी स्मृति जाती है तब से गिरती रही हैं और भविष्य में भी गिरती रहेंगी। जब तक जीवन का पहिया घूमता है, पुराने संसार मरते हैं और नये संसारों का पुनर्जन्म होता रहता है।'

न सिर्फ जीवन का चक्र बिना रुके लगातार घूमता रहता है, बल्कि हर परिक्रमा पिछली परिक्रमा के अनगिनत प्रतिरूप होती है। संसार की विशालता निम्नलिखित कथा में बतायी गयी है :

इन्द्र का महल

(ब्रह्मवैवर्त पुराण)

इन्द्र ने अपने वास्तुशिल्पी विश्वकर्मा से कहा कि वह उनके लिए ऐसा महल बना दें जो देवताओं के राजा की उनकी हैसियत के अनुकूल हो। हर बार जब विश्वकर्मा निर्माण पूरा करते, इन्द्र का अनुरोध होता

कि महल को और भव्य बनाया जाये। उन्हें कुछ भी सन्तुष्ट नहीं कर पा रहा था। विश्वकर्मा ने ब्रह्मा से मदद की गुहार लगायी। ब्रह्मा ने विष्णु का आह्वान किया, जो बालक का रूप धर कर इन्द्र के पास गये। इन्द्र ने अपने महल में अपने मेहमान का स्वागत किया और आने का उद्देश्य पूछा। 'यह देखना था कि आपका महल आपसे पहले वाले इन्द्र से बेहतर है या नहीं,' बालक ने उत्तर दिया। 'मुझसे पहले वाले इन्द्र के महल से? क्या मैं ही एकमात्र इन्द्र नहीं हूँ?' इन्द्र ने चकरा कर पूछा। बालक ने जवाब दिया, 'बिल्कुल नहीं। आपसे पहले बहुत-से इन्द्र हो चुके हैं और आपके बाद भी बहुत-से इन्द्र होंगे। सच तो यह है कि इस समय भी अनगिनत समानान्तर संसारों में अनगिनत इन्द्र मौजूद हैं। कहा जा सकता है कि आप इन्द्रों के समुद्र-तट पर केवल एक कण हैं। जब आप एक बार पलक झपकते हैं, एक मनुष्य मरता है। जब ब्रह्मा एक बार पलक झपकते हैं तब एक इन्द्र मरता है। जब विष्णु एक बार पलक झपकते हैं, एक ब्रह्मा का अन्त होता है। जब शिव एक बार पलक झपकते हैं, एक विष्णु की मृत्यु होती है।'

ब्रह्माण्ड की इस विराट योजना में अपनी नगण्यता से इन्द्र में विनम्रता जन्मी, उन्होंने अपने महल को और अधिक भव्य बनाने का प्रयास छोड़ दिया। वे जान गये कि चाहे वे कितना ही प्रयास करें, कोई-न-कोई उनसे बेहतर ज़रूर होगा। अगर उनसे पहले भी इन्द्र थे, अगर उनके बाद भी इन्द्र होने वाले थे, अगर वर्तमान समय में अनगिनत इन्द्र मौजूद थे तो फिर उनके बारे में अनोखा क्या था? वे वास्तव में कौन थे? इन्द्र तब जीवन के प्रति सम्वेदनशील हो गये और अपनी असली पहचान को खोजने के प्रयास में जुट गये।

जो नमूना या प्रतिमान अन्तहीन, असीम और अनन्त रूप से दोहराया जाने वाला हो, वह किसी भी घटना के महत्त्व को कम कर देता है। कुछ भी अनोखा नहीं रह जाता। जो कुछ हुआ है, वह पहले भी हो चुका है और बाद में भी होता रहेगा। सभी घटनाएँ पहले से बदी होती हैं। उन्हें नियन्त्रित करने या बदलने की कोशिश करने का कोई मतलब नहीं है। उन्हें तोलना-परखना भी मूर्खतापूर्ण है, क्योंकि जो कुछ ब्रह्मा के नमूने में घटित होता है, वह दैवी योजना के हिसाब से और अतीत की प्रतिक्रिया के रूप में होता है। इसलिए कुछ भी अस्वाभाविक, अपवित्र-अपावन और अमंगल या बुरा नहीं है। हर बात का एक कारण है और

अन्तिम कारण ईश्वर है। इस तरह मूल्य निर्धारण मनुष्यों का काम है, न तो प्रकृति द्वारा निर्देशित है, न ईश्वर द्वारा। प्रकृति में नैतिकता और आचार-विचार की कोई जगह नहीं है। पशु और पेड़-पौधे जीवित रहने के लिए जोड़ा बनाते और हत्या करते हैं। कोई प्रेम या घृणा नहीं होती, बस जीवनदायी और जीवन हरने वाली प्रक्रियाओं की बुनावट होती है। यौन-क्रिया और हिंसा प्रकृति के चक्र को गतिशील रखती है। इसका सबसे अच्छा उदाहरण हमें छिन्नमस्तिका के रूप में मिलता है — वह सिर-कटी देवी जो अपने संगी के साथ सम्भोग करते हुए या एक सम्भोगरत जोड़े पर बैठी हुई (जहाँ स्त्री पुरुष के ऊपर है) अपना ही रक्त पीती है।

छिन्नमस्तिका का स्त्री रूप यह सूचित करता है कि वह उस दृश्य की सचित्र प्रतिनिधि है जो जीवन में अनुभव किया जाता है। सम्भोग में स्त्री का ऊपर होना यह सूचित करता है कि भौतिक वास्तविकता आध्यात्मिक वास्तविकता से जीवन-शक्ति खींच रही है। विषय की जागरूकता और सक्रियता के बिना वस्तु का अस्तित्व सम्भव नहीं है। पुरुष के पास सृजन करने की शक्ति है, स्त्री के पास पालने और पोसने की ताकत है। छिन्नमस्तिका की हिंसा (सिर को काटना) रक्षा करने वाला (जो खड्ग से सूचित होता है) और पोषण करने वाला (जो कटी हुई गर्दन से फूटती रक्त की धारा को पीने से सूचित होता है) कार्य है। यौन-क्रिया आत्म-प्रसार को घटित करती है और हिंसा आत्म-रक्षा को सुनिश्चित करती है। देवी की छवि खुल्लम-खुल्ला कामुक और हिंसा-भरी है। काम-क्रीड़ा और हिंसा की क्रिया, दोनों में उसकी नग्नता और लज्जाहीनता प्रकृति में यौन-क्रिया और हिंसा के निरपेक्ष स्वभाव को द्योतित करती है, जहाँ उद्देश्य सिर्फ एक है—जीवन को जारी रखना।

जहाँ ब्रह्मा प्रतिमान या नमूना रचते हैं, वहीं देवी नमूना हैं। छिन्नमस्तिका के रूप में देवी ब्रह्मा के नमूने को उसके सारे कच्चे अपरिष्कृत रूप में दर्शाती हैं। छिन्नमस्तिका में प्रकृति की समग्रता, खुली, बेलगाम कामुकता और हिंसा का प्रदर्शन अभिभूत करने वाला है। औसत हिन्दू लोग देवी को ललिता-त्रिपुरसुन्दरी के रूप में देखना पसन्द करते हैं जो अधिक सौम्य और माता-सरीखी है और अपने हाथों में सुन्दरता और उर्वरता के प्रतीक लिये रहती है। ललिता-त्रिपुरसुन्दरी देवी का वह रूप है जिसे सब स्वीकार कर सकते हैं। इससे संकेत मिलता है कि हर नमूने में कुछ चीज़ें मन को भाने वाली होती हैं, कुछ नहीं होतीं।

सबसे सुन्दर देवी ललिता-त्रिपुरसुन्दरी, छिन्नमस्तिका ही की तरह, ब्रह्मा के नमूने को उसकी समग्रता में प्रस्तुत करती हैं। ललिता का मतलब होता है सुन्दर, लजीली, मनोहर। देवी जगमगाती हुई वधू के परिधान में दिखती हैं जो अभी घरेलू नहीं बनीं। वह शिव, विष्णु, ब्रह्मा और इन्द्र समेत ईश्वर के विभिन्न रूपों पर आसीन

हो कर अपनी स्वतन्त्रता दर्शाती हैं। वह अक्सर तोते, फूलों और ईख के साथ चित्रित की जाती हैं, जो सब-के-सब जीवनदायी प्रक्रियाओं के सूचक हैं।

ब्रह्मा के संसार में क्या स्वीकार-योग्य है, क्या नहीं, क्या उचित है, क्या नहीं और क्या वांछनीय है, क्या नहीं—एक आदर्श के लिए आकांक्षा पैदा करता है। नैतिकता, आचार-व्यवहार, नियम, विधियाँ और निर्देश जीवन में 'पूर्णता' को स्थापित करने के लिए बनाये जाते हैं। इस तरह एक संस्कृति जन्म लेती है। संस्कृति मूल्य-निर्धारण पर—ऊँचे/नीचे, बेहतर/खराब, सुन्दर/कुरूप, सही/गलत, पवित्र/अपावन, उचित/अनुचित, शुभ/अशुभ के विचारों पर—टिकी होती है। नमूने में वह हिस्सा ही समाज में स्वीकार किया जाता है जो वांछनीय होता है, बाकी त्याग दिया जाता है।

प्रकृति को वश में करने और समाज का निर्माण करने की यह खोज कर्मकाण्डों में व्यक्त होती है जो देवी को वस्त्र, प्रसाधन सामग्री और कंगन और नथ जैसे आभूषण अर्पित करते हैं। भक्त देवी को उसके पूर्ण रूप में नहीं, बल्कि एक छोटे संक्षिप्त रूप में देखना चाहता है। समाज में रहने वाला व्यक्ति भाग्य की देवी लक्ष्मी को चाहता है, दुर्भाग्य की देवी अलक्ष्मी को नहीं। वह खेतों की प्रकाशमान देवी गौरी को चाहता है, वन की साँवली देवी काली को नहीं।

चित्रकला में वृत्त या चक्र ब्रह्मा के नमूने का प्रतिनिधित्व करने के लिए इस्तेमाल होता है, क्योंकि वह एक बुलबुले से लेकर ग्रह और तारे तक, हर चीज़ द्वारा सहज भाव से ग्रहण किये गये रूप को दर्शाता है। उसका कोई आधार, मूल, पक्ष या कोण नहीं होता; वह समग्रता का भाव जगाता है और प्रकृति की तरह सब कुछ अपने में समा लेने वाला जान पड़ता है। पूर्णता के विचारों पर आधारित संस्कृति को वृत्त के अन्दर वर्ग बना कर सूचित किया जाता है। तीखे कोण उस मूल्य-निर्धारण को व्यक्त करते हैं जो प्रकृति में नहीं होता। जो कुछ वर्ग के भीतर होता है, वह सामाजिक रूप से उचित होता है, जबकि वह सब जो वर्ग के बाहर होता है, वह सामाजिक रूप से अनुचित होता है। बाहर काम और हिंसा बेलगाम होती है। अन्दर काम और हिंसा धर्म के नियम से अनुशासित होती है (देखिए चित्र 1.3)।

यहूदी-ईसाई-इस्लामी नमूने में ईश्वर के कानून पर चलना और ईश्वर की अधीनता स्वीकार करना पूर्णता का प्रतिनिधित्व करता है। हिन्दू नमूने में जहाँ दुनिया हर समय परिवर्तनशील अवस्था में देखी जाती है, पूर्णता उन कार्यों से आती है जो जीवन को स्थिरता प्रदान करते हैं। ऐसे कार्यों को सुनिश्चित करने वाले नियमों को धर्म-सम्मत कहा जाता है। संसार का पालक विष्णु संसार में धर्म को स्थापित करता है और बनाये रखता है। धर्म प्रकृति में लय और संस्कृति में व्यवस्था लाता है। धर्म का निर्विवाद पालन दुर्घटनाओं को होने से रोकता है। सभी परिवर्तनों का पता

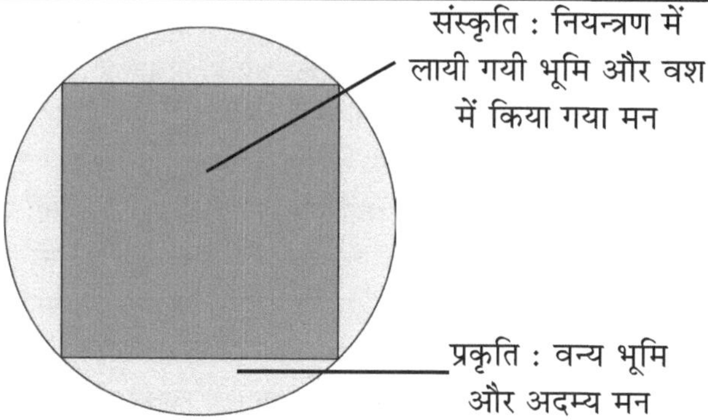

प्रकृति का वृत्त और संस्कृति का वर्ग

(चित्र 1.3)

पहले से चल जाता है और जीवन अधिक स्थिर हो जाता है। अप्रत्याशित घटनाएँ अधर्म का संकेत देती हैं, जैसा कि उत्तर रामायण की इस कथा से लक्षित होता है।

शम्बूक का वध

(उत्तर रामायण)

राम पूरी निष्ठा से धर्म का पालन करते थे। इसलिए उनके राज्य में सब कुछ समुचित ढंग से होता था। लेकिन एक दिन एक लड़का अपने पिता के सामने मर गया। पिता ने, जो उच्च जाति का ब्राह्मण था, राम पर राज्य में धर्म के पालन न करने का आरोप लगाया। राम ने ऋषियों की सलाह ली, जिन्होंने राम को बताया कि शम्बूक नामक नीची जाति के एक शूद्र ने तप करना शुरू कर दिया है।

ऋषियों ने समझाया, 'किसी पुरुष की तरह संसार की भी चार अवस्थाएँ होती हैं—बचपन, यौवन, प्रौढ़ता और बुढ़ापा। संसार के बचपन में सिर्फ पुरोहित वर्ग के ब्राह्मण ऋषि बन कर तप कर सकते हैं। संसार के यौवन में क्षत्रिय भी ऐसा कर सकते हैं। संसार की प्रौढ़ अवस्था में शूद्रों को छोड़ कर बाकी सभी तप कर सकते हैं, और सिर्फ संसार के बुढ़ापे में ही, उसके अन्त से पहले के युग में, शूद्र भी तप में दूसरों का साथ दे सकते हैं। वर्तमान युग संसार का यौवन काल है। शम्बूक ने ऋषि के आचार-व्यवहार अपनाकर धर्म के नियम को भंग किया है। इससे ब्रह्माण्ड में जो अव्यवस्था पैदा हुई है, उसके कारण उस ब्राह्मण-पुत्र की मृत्यु हुई है।'

राम तत्काल वन में गये और उन्होंने शम्बूक का सिर काट दिया। धर्म फिर से स्थापित हो गया। प्रकृति की पूर्वनिश्चित लय वापस आ गयी।

संस्कृति में व्यवस्था वर्ण-आश्रम-धर्म की स्थापना से बनाये रखी जाती थी, जिसमें हर व्यक्ति से यह अपेक्षा होती कि वह अपने कर्तव्य (धर्म) का पालन करे, जो समाज में उसके स्थान (वर्ण) और जीवन में उसकी अवस्था (आश्रम) से तय होता था। स्त्रियों के लिए सिर्फ एक ही धर्म था : विवाह से पहले पिता की आज्ञा का पालन, विवाह के बाद पति की आज्ञा का और विधवा होने पर पुत्र की आज्ञा का। जब धर्म का पूरी तरह पालन होता है, तब प्रकृति की लय-ताल पहले से मालूम होती है और संस्कृति में कोई दुर्घटना या संयोग नहीं घटित होते (देखिए तालिकाएँ 9 और 10)।

तालिका 9. वर्ण : समाज में स्थान

वर्ण	समाज का अंग	कार्य-क्षेत्र
ब्राह्मण	सिर	अध्यात्म
क्षत्रिय	बाँहें	शासन
शूद्र	पैर	सेवा
वैश्य	धड़	अर्थ-व्यवस्था

तालिका 10. आश्रम : जीवन की अवस्थाएँ

आश्रम	उद्देश्य	कार्य
ब्रह्मचर्य	समाज के लिए तैयारी	शिक्षा
गृहस्थ	समाज का अंग	अर्जित करना
वानप्रस्थ	समाज से अवकाश लेना	बाँटना
संन्यास	समाज से वैराग्य	त्याग

जब भी धर्म पर संकट पैदा होता है, विष्णु मनुष्य या पशु के रूप में अवतरित हो कर व्यवस्था कायम करते हैं। नीचे एक कल्प के दौरान विष्णु के अवतारों की सूची दी जा रही है। लेकिन कोई सर्वमान्य सूची नहीं है, अलग-अलग धर्म-ग्रन्थों में अलग-अलग सूचियाँ मिलती हैं। उदाहरण के लिए, दक्षिण भारत के बहुत-से चित्रों में बुद्ध को अवतारों की सूची में शामिल नहीं किया गया है (देखिए तालिका 11)।

पौराणिक कथा वास्तविकता नहीं, बल्कि उत्कृष्टता और पूर्णता दर्शाती है।

तालिका 11. विष्णु के दस अवतार

अवतार	वर्णन	युग	विकास-क्रम
मत्स्य	जीवन के बीज को प्रलय की बाढ़ से बचाने वाली मछली	जब पुराना संसार समाप्त होता है	मछली
कूर्म	वह कछुआ जो देवों और असुरों को नश्वरता के प्राकृतिक नियम को चुनौती देने वाले स्रष्टा से भौतिक अस्तित्व के आश्चर्यजनक पदार्थों को मथ कर निकालने के योग्य बनाता है	जब नया संसार रूप ले रहा होता है	जल और थल, दोनों का जीव
वराह	वह नर-शूकर जो पृथ्वी को समुद्र तल से ऊपर उठाता है	जब नया संसार रूप ले रहा होता है	बाँहों से रहित चार टाँगों वाला पशु
नरसिंह	वह पुरुष-सिंह जो उस असुर का वध करता है जो मृत्यु से बच कर ब्रह्माण्ड की लय को भंग करता है	जब नया संसार रूप ले रहा होता है	आधा पशु, आधा मनुष्य
वामन	वह पुरोहित जो दान लेने के अपने सामाजिक अधिकार के बल पर पृथ्वी को देवों के लिए असुरों से जीत लेता है	सांसारिक जीवन के पहले चरण का उषा-काल; वर्ण-आश्रम-धर्म स्थापित; राजा दान देते हैं चाहे इससे शक्ति छिन जाये	उच्च जाति का बौना (विकृत) पुरुष जो उच्च जाति के मूल्यों का पालन करता है

परशुराम	वह ऋषि जो एक भ्रष्ट राजा का वध करने के लिए अपनी सामाजिक भूमिका को त्याग देता है	सांसारिक जीवन के पहले चरण का अन्त; जाति के नियमों का भंग होना; राजा चोरी करने लगते हैं	सामाजिक व्यवस्था स्थापित करने के लिए सबसे ऊँची जाति को छोड़ कर दूसरी सबसे ऊँची जाति को अपनाता है
राम	वह राजकुमार जो व्यक्तिगत सुख की कीमत पर सामाजिक नियमों का पालन करता है	दूसरे चरण का अन्त; यौन-विकृति का आरम्भ; स्त्रियाँ पतित होती हैं और राजा बलात्कारी बनते हैं	दूसरी सबसे ऊँची जाति के मूल्यों का पालन करता है; राक्षसों पर विजय प्राप्त करता है; ऋषियों का समर्थन करता है; स्त्रियों का आदर करता है;
कृष्ण	कुलीन व्यक्ति का पुत्र जिसका पालन-पोषण गोपालक के रूप में हुआ, जो सारथी बनता है और सामाजिक नियमों को भंग करके सुख और न्याय की स्थापना करता है	संसार के तीसरे चरण का अन्त; जाति के नियम भंग किये जाते हैं	निचली जाति की प्रथाएँ अपनाता है; सांसारिक जीवन को वैराग्य के साथ जीने का समर्थन करता है
बुद्ध	वह नास्तिक जो वर्ण और आश्रम के सिद्धान्तों को चुनौती देता है और मोक्ष का मार्ग खोलता है	संसार का चौथा चरण; वर्ण-आश्रम-धर्म का त्याग	अपनी जाति और परिवार का त्याग करता है सांसारिक जीवन की नश्वरता के बोध को बढ़ावा देता है
कल्कि	वह घुड़सवार जो प्रलय की बाढ़ को लाता है	जब संसार बूढ़ा हो कर मरने वाला होता है	कोई जाति नहीं

पौराणिक कथा में ही हमें आदर्श योद्धा, आदर्श गुरु, आदर्श पत्नी और आदर्श पुत्र मिलते हैं और काल्पनिक आदर्शलोक यूटोपिया (Utopia), कैमेलॉट (Camelot), अदन (Eden), स्वप्नकाल और स्वर्ण-युग सिर्फ कथाओं में ही मिलते हैं। स्वाभाविक रूप से, उत्कृष्टता और पूर्णता ऐसी चीज़ें हैं, जिनका अस्तित्व कभी वर्तमान समय में नहीं होता। वह हमेशा 'थी' या 'होगी।' अदन का बाग था; यरुशलम होगा। आने वाले यूटोपिया अर्थात आदर्शलोक में विश्वास वर्तमान संकट से निपटने में सहायता देता है। इस तरह उस देश में, जिसका वादा ईश्वर ने कर रखा था, यहूदियों के विश्वास ने उन्हें सदियों तक कष्ट सहने में मदद दी, जबकि सन्त जॉन के उद्घाटनों ने रोम के अत्याचारों का सामना करने वाले ईसाइयों की उम्मीदें कायम रखीं। हिन्दुओं के लिए राम और उनका राम-राज्य पूर्णता का प्रतीक है। राम ऐसे आदर्श पुत्र हैं जो बिना प्रश्न किये अपने पिता की आज्ञा का पालन करते हैं, आदर्श भाई हैं जो निस्स्वार्थ भाव से राज्य का त्याग कर देते हैं, आदर्श पति हैं जो सदा निष्ठावान रहते हैं, आदर्श योद्धा हैं जो अपने शत्रु का आदर करते हैं, आदर्श स्वामी हैं जो अपने सेवकों के साथ बराबरी का बर्ताव करते हैं और आदर्श राजा हैं जो अपनी प्रजा के लिए निजी सुख की बलि दे देते हैं। इसीलिए उनका महाकाव्य *रामायण* हिन्दू घरों में पढ़ा जाता है, *महाभारत* के विपरीत जिसमें नैतिकता और आचार-व्यवहार काफी अस्पष्ट हैं (देखिए तालिका 12)।

तालिका 12. रामायण और महाभारत महाकाव्यों की तुलना

रामायण	महाभारत
राम की कथा आदर्शवादियों को आकर्षित करती है	कृष्ण की कथा यथार्थवादियों को आकर्षित करती है
पात्रों को आसानी से नायकों और खलनायकों में विभाजित किया जा सकता है	पात्र एकपक्षीय चित्रण का विरोध करते हैं
असभ्य लोगों के बीच एक सभ्य समाज के निर्माण का इरादा रखती है	अराजक सभ्य समाज में व्यवस्था बहाल करने का इरादा रखती है
कथा-वस्तु और शैली परिष्कृत	कथा-वस्तु और शैली अनगढ़ और अपरिष्कृत
पहले के युग का सन्दर्भ देती है जब संसार अधिक व्यवस्थित था	बाद के युग का सन्दर्भ देती है जब संसार अव्यवस्था की सीमा पर था
सामाजिक और व्यक्तियों के आपसी मूल्य स्पष्ट रूप से परिभाषित हैं	सामाजिक और व्यक्तियों के आपसी मूल्य अधिक अस्पष्ट हैं

चूँकि हिन्दू प्रतिमान चक्राकार है और हर चीज़ बदलती है, इसलिए पूर्णता के विचार भी समय के साथ बदलते हैं। नतीजे के तौर पर हर युग के लिए एक अलग 'पूर्ण पुरुष' या पुरुषोत्तम होता है। राम दूसरे युग के पुरुषोत्तम हैं, जबकि कृष्ण तीसरे युग के। राम के लिए जो धर्म है, वह कृष्ण के लिए नहीं है। इस तरह विष्णु के दो अवतारों के व्यक्तित्व काफी अलग-अलग हैं। राम धीरोदात्त हैं, कृष्ण धीरललित हैं। राम सीधे और स्पष्टवादी हैं, कृष्ण छलिया हैं। राम एकपत्नीव्रत में विश्वास करते हैं, कृष्ण की बहुत-सी पत्नियाँ हैं। राम राजसी हैं, कृष्ण चित्ताकर्षक हैं, मन को मोह लेने वाले हैं। राम हर हाल में नियमों का पालन करते हैं, कृष्ण नियमों को नये सिरे से परिभाषित करते हैं। राम परिपाटी का पालन करने वाले हैं, कृष्ण परिपाटियों को मनमाने ढंग से बदल देते हैं। राम खरेपन का साकार रूप हैं, कृष्ण में क्रीड़ा भाव है, खेल भावना है।

चित्रकला में राम और कृष्ण के युगों को उसी वृत्त के भीतर वर्गों से प्रस्तुत किया जाता है, लेकिन उन वर्गों के कोण नहीं मिलते क्योंकि जो राम के युग में उचित है वह ज़रूरी नहीं कि कृष्ण के युग में उचित हो। लेकिन उचित हों या अनुचित, सभी चीज़ें ब्रह्मा के ब्रह्माण्ड के भीतर स्थित हैं (देखिए चित्र 1.4)।

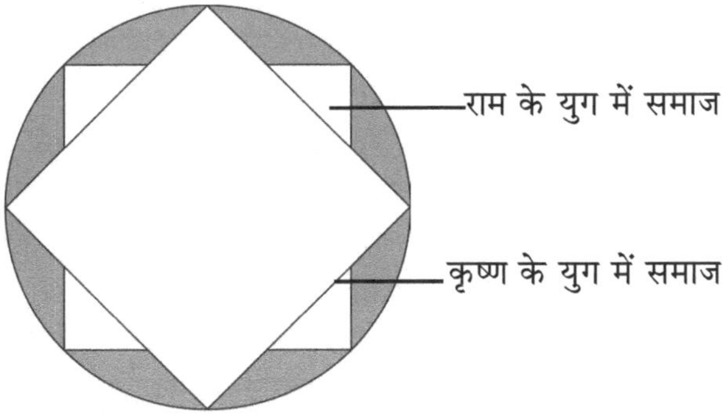

प्रकृति के चक्र के भीतर समय के साथ संस्कृति में परिवर्तन

(चित्र 1.4)

चूँकि पूर्णता हमेशा पहुँच से बाहर रहती है और समय के साथ बदलती है, इसलिए लगातार ऐसी चीज़ की खोज जारी रहती है जो स्थिर और स्थायी हो और देश-काल से अप्रभावित रहे। इस तरह जो प्रतिमान या नमूना पूर्णता के विचारों को जन्म देता है, वह सम्भावनाओं के लिए रास्ते भी खोलता है। मस्तिष्क क्षितिज के पार के संसारों और मृत्यु के बाद के जीवन की ओर देखता है। स्वर्ग की

जगमगाती कल्पनाएँ लोगों को मन्त्र-मुग्ध किये रहती हैं। जीवन अनुभव से सिद्ध होने वाली प्रक्रिया से आगे बढ़ जाता है। जन्म और मृत्यु अस्तित्व को अब सीमित नहीं करते। समागम (ईश्वर या परमात्मा से सम्पर्क), मोक्ष (ईश्वर या परमात्मा द्वारा उद्धार) और मुक्ति (ईश्वर या परमात्मा में लीन होने की स्वतन्त्रता) के विचार जन्म लेते हैं।

रैखिक यानी सीधी रेखा वाले नमूने को कभी-कभी त्रिकोणात्मक नमूना भी कहते हैं, क्योंकि अपूर्ण जीवन पूर्णता से पतित हो जाने का नतीजा है और जो सम्भावना प्रस्तुत की जाती है, वह लौटने की है—आदिम निष्पाप और शुद्ध स्थिति की पुनर्स्थापना। चक्राकार नमूने में जो सम्भावना पेश की जाती है, वह जन्म-मृत्यु के अनवरत क्रम से छुटकारा है। बौद्ध इसे 'निर्वाण', जैन इसे 'कैवल्य' और हिन्दू इसे 'मोक्ष' कहते हैं।

मोक्ष की सम्भावना शिव प्रस्तुत करते हैं : ब्रह्मा के साँचे को तोड़ना और यों उससे मुक्त होना। मुक्ति तब मिलती है जब ब्रह्मा के प्रश्न—मैं कौन हूँ?—का उत्तर दे दिया जाता है। फिर इन्द्रियाँ मस्तिष्क को मुग्ध नहीं रखतीं; सारी संरचनाएँ चूर-चूर हो जाती हैं; बोध या अनुभव काल, देश, अहंकार, सहज ज्ञान, वृत्तियों स्मृति और पूर्व-धारणाओं की बेड़ियों से मुक्त हो जाता है; और फिर आत्म-लीनता की स्थिति होती है, क्रिया-प्रतिक्रिया की इच्छा समाप्त हो जाती है। आत्म-बोध को प्राप्त जीव को वस्तु-जगत से किसी भी तरह के लेन-देन की ज़रूरत नहीं रहती। जन्म और मृत्यु अर्थहीन अवधारणाएँ बन जाती हैं। जीव 'सत', 'चित्त' और 'आनन्द' के अनुभवों में लीन हो जाता है। दूसरे शब्दों में शिव जिस सम्भावना को प्रस्तुत करते हैं, वह सिर्फ आवागमन के चक्र से मुक्ति ही नहीं है; वह स्वयं ईश्वर या परमात्मा से मिलन और उससे एक हो जाना है।

शिव ठीक उस समय प्रकट होते हैं जब ब्रह्मा पुत्री की सृष्टि करते हैं। पुत्री का जन्म ब्रह्मा को अपना सच्चा स्वरूप पहचानने में मदद करने के लिए हुआ है। बजाय अपना सच्चा स्वरूप पहचानने के ब्रह्मा इस पुत्री से इतना मोहित हो जाते हैं कि वे उसका पीछा करते हैं और उस पर अधिकार जमाने की कोशिश करते हैं। यह अनाचार-भरा आवेग आत्म-बोध के मार्ग से आत्म-भोग के मार्ग में रूपान्तरण है, यानी जब मस्तिष्क शाश्वत, सच्ची पहचान (आत्मा) से नश्वर, झूठी पहचान (अहंकार) की ओर उन्मुख होता है। शिव ब्रह्मा के विचलन की आक्रोश-भरी प्रतिक्रिया के रूप में प्रकट होते हैं और उसे सुधारने की कोशिश करते हैं।

ब्रह्मा का शिरोच्छेद

(शिव पुराण)

ब्रह्मा ने अपनी रची पहली स्त्री, अपनी पुत्री को देखा और काम-भावना से ग्रस्त हो गये। पुत्री ने आदर के साथ अपने स्त्रष्टा की परिक्रमा की। उसके सुन्दर रूप पर लगातार दृष्टि टिकाये रखने की इच्छा से ब्रह्मा ने चारों दिशाओं की ओर उन्मुख चार सिर उगा लिये। अपने पिता की इस निरंकुश कामुकता से चिढ़ कर वह ऊपर आकाश में उठ गयी, ब्रह्मा ने अपने चार सिरों के ऊपर एक पाँचवाँ सिर भी उगा लिया और अपनी कामुकता व्यक्त की। ब्रह्मा के मानस-पुत्रों ने अपने पिता का यह दुराचरण देख कर चीत्कार किया। इस चीत्कार से रुद्र प्रकट हुआ जिसने अपने हाथों के तीखे नाखूनों से ब्रह्मा का पाँचवाँ और सबसे अधिक कामुक सिर नोच लिया। इस तरह ब्रह्मा को हिंसा से वश में किया गया।

शिव ब्रह्मा की सृष्टि का विरोध करते हैं, विष्णु ब्रह्मा की सृष्टि को बनाये रखते हैं। प्रकट रूप से विरोधी होते हुए भी शिव और विष्णु, दोनों मोक्ष ही को अन्तिम लक्ष्य मानते हैं। फर्क यह है कि शिव ब्रह्मा के बनाये साँचे से वैराग्य ले कर मोक्ष खोजते हैं, विष्णु साँचे के भीतर रह कर मोक्ष की खोज करते हैं।

अक्सर जो चीज़ इस लोक में पूर्णता प्रस्तुत करती है वह सम्भावना को मरने के बाद सम्भव बना देती है। इस तरह अल्लाह के आदेशों का पालन मुसलमान को धरती पर दैवी कृपा सुनिश्चित करता है और मरने के बाद जन्नत की अनन्तता का वादा करता है। इसी तरह धर्म का पालन हिन्दू को जीवन के दौरान सुख-शान्ति का आश्वासन देता है और मरने के बाद आवागमन के चक्र से मुक्ति और परमात्मा से मिलन प्रस्तावित करता है। विष्णु का धर्म सांसारिक कर्तव्यों को पूरा करने में अनुशासन की माँग करता है। इस तरीके से भोगों में आसक्त होने से बच कर आत्म-बोध की तरफ यात्रा जारी रहती है। साँचा या प्रतिमान बना रहता है, पूर्णता प्राप्त होती है और सम्भावना सफल होती है।

महाभारत में कहा गया है कि जैसे ही पाण्डवों की ओर से अर्जुन युद्ध करने के लिए अपनी सेना को लेकर मैदान में पहुँचा, वह साहस खो बैठा और एक नैतिक संकट से ग्रस्त होकर उसने अपना धनुष नीचे रख दिया। वह धरती के एक टुकड़े के लिए अपने ही सगे-सम्बन्धी कौरवों को मारने के लिए खुद को तैयार नहीं कर पा रहा था। उसके सारथी कृष्ण ने उसे उन घटनाओं की याद दिलायी जिनकी वजह से इस युद्ध की नौबत आयी थी और उसे प्रेरित करने की कोशिश की। लेकिन अर्जुन असहमत

ही रहा। अन्त में, अर्जुन को होश में लाने के लिए कृष्ण ने उसके सामने संसार का सच्चा स्वभाव प्रकट किया। जैसे-जैसे *भगवद्गीता* के नाम से प्रसिद्ध यह प्रवचन आगे बढ़ा, अर्जुन ने दिव्य शक्ति का परम रूप देखा। यह रूप भव्य था जिसमें अनगिनत सिर और धड़ सृष्टि के जल और विनाश की लपटें प्रवाहित कर रहे थे और क्रूर काल के आतंक को अपने में समोये हुए थे। मित्र-शत्रु, सगे-सम्बन्धी, अच्छे-बुरे—सब परमात्मा के मुँह से निकलते और उसके दाँतों में पीसे जाते। अर्जुन को आभास हो गया कि वास्तविकता की उसकी समझ पूर्वाग्रहों से निर्मित थी; उसके अहंकार, स्वार्थ, अनुभवों और आकांक्षाओं पर निर्भर थी; वह सत्य नहीं थी। यह बोध हो जाने पर कि जीवन का रहस्य मनुष्य के मस्तिष्क की समझ से बाहर है, अर्जुन ने अपने को सभी तरह के फैसलों से खींच कर दैवी शक्ति के एक उपकरण के रूप में समर्पित कर दिया; उसके सामने जो काम था, उस पर ध्यान केन्द्रित किया, अपना धनुष उठाया और कृष्ण से अनुरोध किया कि वे उसे युद्ध में ले चलें। इस तरह कृष्ण ने अर्जुन को दिखाया कि वह परम शक्ति पर ध्यान केन्द्रित रखते हुए, जीवन संग्राम में अनासक्त होकर भाग ले।

यह परम शक्ति या दिव्यता, जो सार रूप में सत-चित्त-आनन्द यानी सत्य, चेतना और परम सुख है, चित्र में बिन्दु से प्रस्तुत की जाती है—वह बिना किसी आकार या पहलू का तत्व जो सारी ज्यामिति का आधार है। चूँकि बिन्दु का कोई आकार नहीं होता, वह अस्तित्व के सभी धरातलों में मौजूद रहता है। बिन्दु के बिना गोला नहीं बनाया जा सकता। दो बिन्दुओं के बिना एक रेखा नहीं खींची जा सकती और वर्ग नहीं बन सकता। मोक्ष का मतलब है उस केन्द्र को खोजना जो चक्र के गोल-गोल घूमने और वर्ग के बार-बार बनाये जाने के बावजूद स्थिर रहता है। विष्णु का मार्ग है चक्र के साथ घूमते हुए केन्द्र में स्थिर रहना। शिव का रास्ता है चक्र से पीछे हट

(चित्र 1.5)

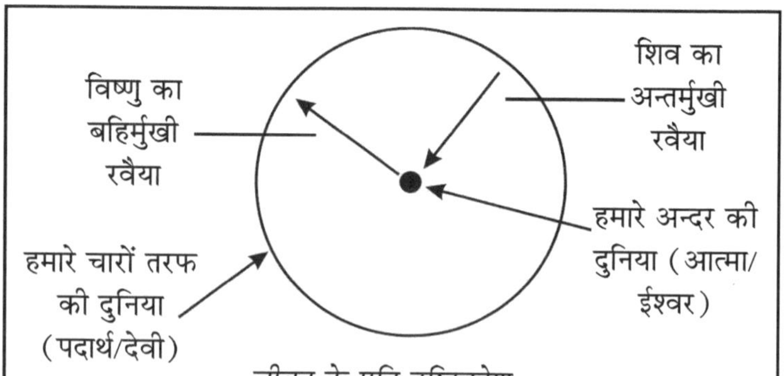

जीवन के प्रति दृष्टिकोण

कर केन्द्र की तरफ आ जाना। विष्णु का मार्ग सामान्य और बाहरी है और प्रवृत्ति–मार्ग कहलाता है। शिव का मार्ग गुप्त है और निवृत्ति–मार्ग कहलाता है (देखिए चित्र 1.5)।

शिव और विष्णु के दोनों मार्ग जो एक–दूसरे के उलट हैं, चित्रों, छवियों, बिम्बों, कथाओं और कर्मकाण्डों में प्रकट रूप से देखे जा सकते हैं। शिव ब्रह्मा के पाँचवें कपाल को अपने पात्र या कटोरे के रूप में लिये रहते हैं, जबकि दूसरी तरफ विष्णु ब्रह्मा को कमल के उस फूल पर शरण देते हैं जो उनकी नाभि से उगता है। अपनी तीसरी आँख की ज्वाला से शिव प्रेम के देवता, कन्दर्प को भस्म कर देते हैं जब कन्दर्प उनके हृदय में वासना जगाने की कोशिश करता है, विष्णु प्रेम के देवता के प्रतीकों को अपने रूप में शामिल करके उसे फिर से जीवित कर देते हैं। जहाँ विष्णु स्थान की धुरी—मेरु पर्वत—और काल के सर्प—आदि शेष—को इस्तेमाल करके सृष्टि से जीवन की अद्‌भुत वस्तुएँ मथ कर निकालते हैं, शिव मेरु और शेष को इस्तेमाल करके आकाश में असुरों के तीन नगर नष्ट कर देते हैं जो ब्रह्माण्ड, संसार और व्यक्ति के तीन रूपों का प्रतिनिधित्व करते हैं (देखिए तालिका 13)।

तालिका 13. विश्व को नकारने वाले शिव और विश्व को स्वीकारने वाले विष्णु की तुलना

	शिव	विष्णु
निवास	हिमालय के पर्वतों, अंधेरी गुफाओं, देवदार के वनों और श्मशानों में ध्यान लगाते हैं	उपवनों में नाचते हैं या क्षीरसागर पर लेटे रहते हैं
आभूषण	साँप और रुद्राक्ष की मालाएँ	स्वर्ण, रत्न, मोती और हार
संसार के प्रति रवैया	न अवतरित होते हैं, न हिस्सा लेते हैं	संसार में व्यवस्था लाने के लिए अनेक रूपों में अवतरित होते हैं
चरित्र	कठोर तपस्वी और सरल, निश्चिन्त	राजसी, प्रेमी, योद्धा जो चतुर और नटखट हैं
प्रसाधन	राख	चन्दन
नृत्य	सौम्य और एकाकी	आकर्षक और मोहक, स्त्रियों से घिरे हुए वे अपनी बाँसुरी से बुलाते हैं

पेय	विष और मादक पदार्थ	दूध, दही और अमृत
कर्णफूल	दायें कान में पुरुष का और बायें कान में स्त्री का कर्णफूल	कामदेव के सूचक मछली के आकार के कर्णफूल
पुष्प	रंगहीन, गन्धहीन विषैला धतूरा	खिला हुआ, सुगन्धित पराग-युक्त चम्पक
वस्त्र	हाथी, बाघ और हिरण की खाल	पीला रेशम
केश	लम्बे, उलझे, जटा रूप	घुँघराले, तेल से रचे हुए
छवि	तपस्वी शिव (कैलेण्डर कला, बीसवीं सदी)	विष्णु (कैलेण्डर कला, बीसवीं सदी)
मस्तक के बीच में	तीसरी आँख, जो भेद न करने का भाव प्रकट करती हुई, न बायें देखती है, न दायें	लाल रंग का चिह्न जो भौतिक वास्तविकता को स्वीकार करने का सूचक है
पत्ता	गन्धरहित बेल का पत्ता	सुगन्धित तुलसी
वाद्य	अनधिकार प्रवेश करने वाले को भगाने के लिए डमरू	लोगों को लुभाने के लिए बाँसुरी या दुष्टों को चेतावनी देने के लिए शंख
संगिनी के साथ सम्बन्ध	आग्रह करके विवाह करने के लिए मनाना पड़ा	अनेक प्रेमिकाएँ, पत्नियाँ और संगिनियाँ हैं
पवित्र चिह्न	आड़ा जो निष्क्रियता का सूचक है	सीधा खड़ा जो सक्रियता सूचक है
अस्त्र	त्रिशूल	खड्ग, धनुष, गदा और चक्र

शिव को इसलिए संहारक कहा जाता है क्योंकि संसार से उनका वैराग्य विनाश करने वाला है; क्योंकि जब आध्यात्मिक वास्तविकता भौतिक सत्य को मानना बन्द कर देगी, जब ईश्वर अपनी आँखें बन्द कर लेंगे तो देवी विलीन हो जायेगी। तब ऊर्जा थम जायेगी, यानी प्रलय होगी। इसलिए ब्रह्मा देवी का आह्वान करते हैं और उनसे विनती करते हैं कि वह शिव से विवाह करें। यहाँ तक कि विष्णु भी मोहिनी का रूप धर कर शिव को मोहित करके यह सुनिश्चित करते हैं कि वे तपस्वी से गृहस्थ बनें।

शिव को एक और कारण से संहारक कहा जाता है। उनके तप के दो रूप हैं : वैदिक और तान्त्रिक। वैदिक रूप में वे समाज से पीछे हट जाते हैं। तान्त्रिक रूप में वे समाज के हर नियम पर प्रश्न उठाते हैं। पहले रूप में वे एकाकी तपस्वी हैं। दूसरे में वे भीषण मूर्तिभंजक हैं जिनसे सामान्य परम्परागत समाज भयभीत रहता है। वैदिक मार्ग को दक्षिणाचार कहा जाता है और तान्त्रिक मार्ग को वामाचार कहते हैं। वैदिक मार्ग के विपरीत तान्त्रिक मार्ग में देवी के आकर्षण से बचने या उसकी निरंकुशता को वश में करने से कोई परहेज़ नहीं है। संसार त्यागने या उसके साथ अपने सम्बन्धों को अनुशासित करने की बजाय, हम हर उस चीज़ का सामना करते हैं जिसे गृहस्थ दबाने की और तपस्वी त्यागने की कोशिश करता है। सारे निषेध ठुकरा दिये जाते हैं; सारे नियम छोड़ दिये जाते हैं। काम और हिंसा को पूरे मन से स्वीकार कर लिया जाता है। भाव और इन्द्रियाँ उत्तेजित की जाती हैं। शरीर को अभ्यास, अनुष्ठानों और जप से इस योग्य बनाया जाता है कि वह इन उत्तेजनाओं को सहे और चेतना के गहनतम स्तरों तक उतरे। अन्त में, काफी प्रयत्न के बाद प्रतिमान का मायाजाल और पूर्णता की स्वतन्त्रता और मनमानापन प्रकट होता है। इस तरह मस्तिष्क प्रबुद्ध हो जाता है।

प्रबुद्ध होने के साथ-साथ साँचे को रचने और विखण्डित करने की शक्ति आती है। हम स्रष्टा, पालक और संहारक के साथ एक हो जाते हैं। हम सिद्ध बन जाते हैं। हम नाथ बन जाते हैं। हम ईश्वर या परमात्मा बन जाते हैं। (देखिए तालिका 14)।

यह विचार कि पूर्णता और सम्भावना की हमारी धारणाएँ पौराणिक कथाओं पर रचे गये साँचों और प्रतिमानों का परिणाम हैं, संकेत देता है कि इन धारणाओं के बारे में कुछ भी सच्चा या प्राकृतिक नहीं है—कि सही और गलत, पूर्ण और अपूर्ण, स्वर्ग और नरक, इहलोक और परलोक, अच्छे और बुरे के बारे में हमारे विचार कृत्रिम यानी बनावटी हैं और शायद किसी रणनीति की उपज हैं। ये विचार या तो सचेत रूप से रचे गये होंगे या निजी और सामूहिक मस्तिष्कों के अचेत उद्‌गार हो सकते हैं, लेकिन अन्ततः वे रचे गये ही रहते हैं। और पौराणिक कथा जो निर्मित

तालिका 14. आध्यात्मिक सम्भावना के प्रति हिन्दुओं का रवैया

वैदिक मार्ग		तान्त्रिक मार्ग
विष्णु का मार्ग	शिव का मार्ग	
इन्द्रियों पर संयम	इन्द्रियों का समावेशन	इन्द्रियों का उत्तेजन
सामंजस्य कारक	प्रबुद्ध करने वाला	शक्ति देने वाला
समाज में अनुशासित हिस्सेदारी	समाज में कोई हिस्सेदारी नहीं	सभी सामाजिक नियमों और पारम्परिक नैतिकता का त्याग
लक्ष्मी के रूप में देवी विनम्रता के साथ विष्णु की सेवा करती हैं	गौरी के रूप में देवी शिव को गृहस्थ बनाने की कोशिश करती हैं	छिन्नमस्तिका के रूप में देवी पूरी निरंकुशता के साथ अपने कामुक और उग्र स्वभाव को दर्शाती हैं
देवी प्रकृति है, जिसे वशीभूत किया जाना है	देवी माया है, एक भ्रम जिसे सुलझाया जाना है	देवी शक्ति है, शुद्ध शक्ति

करती है, उसे तर्क विखण्डित और फिर से निर्मित कर सकता है। इससे पूर्णता की हमारी धारणाएँ ऐतिहासिक बन जाती हैं और उनकी व्याख्या की जा सकती है, वे बदल सकती हैं। ऐसे तर्क बहुत बेचैनी पैदा कर सकते हैं और आस्था की बुनियाद को ही हिला सकते हैं, क्योंकि हर सत्य और हर मानदण्ड प्रसंग–आधारित बन जाता है। जीवन में कुछ भी पक्का और पूर्ण नहीं रहता। हमारे विश्व–दृष्टिकोण सुविधाजनक अनुमान या कल्पनाएँ बन जाते हैं। लेकिन, पौराणिक कथा के बिना अनिवार्य रूप से जीना शायद सम्भव नहीं है। पौराणिक कथा से रहित स्थिति भी एक कल्पना ही है—तार्किक मस्तिष्क द्वारा रची गयी पौराणिक कथा है।

विज्ञान मनुष्यों को 'कैसे' का उत्तर दे सकता है, पर 'क्यों' का नहीं। सूर्य क्यों उगता है ? दुनिया में पीड़ा क्यों है ? हम सब क्यों मरते हैं ? इन सवालों के जवाब पुराकथा ही में मिल सकते हैं। विज्ञान में नहीं, पुराकथा में ही मानवीय अस्तित्व

के सबसे गूढ़ प्रश्नों के उत्तर मिल सकते हैं। मैं कौन हूँ? जीवन का मुझे क्या करना है? मनुष्य में जो पशु-तत्व है, उसमें कामुकता, हिंसा, आत्म-रक्षा और प्रजनन की सहज भावना है। मनुष्यों में जो वैज्ञानिक हैं, वे उन्हें दुनिया को समझने में मदद देते हैं। लेकिन यह पुरा-कथा निर्माता है जो इस सबको बोधगम्य बनाता है। तार्किकता अन्तत: मनुष्यों को जैविक और रासायनिक अस्तित्व बना देती है, जिनके व्यक्तित्व काल के पात्र में बेमतलब ढंग से फेंक दिये जाते हैं। पौराणिक कथा उनके व्यक्तित्वों को पहचान, उद्देश्य और अर्थ प्रदान करती है जिससे मनुष्य अपनी वास्तविकता का बोध कर सकते हैं।

पुराकथा निर्माण से निपटना

पुराकथा सभ्यता का एक अनिवार्य अंग है, हालाँकि वह तर्कशास्त्री में काफी खीझ पैदा करती है। हर संस्कृति की एक पौराणिक कथा होती है। संस्कृति के बिना पुराकथा नहीं हो सकती। जब भी पुरातत्वशास्त्री मनुष्यों के रहने की किसी जगह की खुदाई करते हैं, वे अनिवार्य रूप से ऐसी वस्तुओं और स्मारकों को उजागर करते हैं जो न तो सिर्फ उपयोग के काम की हैं, न सिर्फ कलात्मक हैं। इनमें कर्मकाण्ड से जुड़ी वस्तुएँ और इमारतें होती हैं जैसे तावीज, जन्तर, बलि की वेदियाँ, मन्दिर या मकबरे। किसी बाहरी व्यक्ति के लिए इस सबका बहुत मतलब नहीं होता, लेकिन अन्दर के आदमी के लिए यह सब आस्था की गहन प्रणालियों की अभिव्यक्तियाँ हैं जो उसे जीवन की वास्तविकता से निपटने में मदद करती हैं। तार्किक व्याख्याएँ पूरी तरह उस समय और शक्ति को उचित नहीं ठहरा पातीं जो पत्थर युग के गुफा-चित्रों, कांस्य युग के कब्रिस्तानों, वीनस की प्रागैतिहासिक पुतलियों और मूर्तियों, मिस्र की ममियों (Egyptian mummies), ऐज्टेक पिरामिडों (Aztec pyramids), इंग्लैण्ड के स्टोनहेंज़ (Stonehenge), अमेरिका के सर्प टीले और ऑस्ट्रेलिया की चट्टानी कला पर खर्च की गयी होगी। उनके रहस्य और भव्यता का उत्तर अक्सर पुराकथा में ही मिलता है।

पुराकथा-निर्माण सभ्य जीवन का एक अनिवार्य अंग है। पौराणिक कथाओं के माध्यम से मनुष्य संसार की अपनी समझदारी बनाते और दूसरों तक पहुँचाते हैं। यह समझदारी इसलिए आवश्यक है ताकि लोग प्रकृति के साथ परस्पर क्रिया-प्रतिक्रिया सम्पन्न कर सकें, उसकी सम्पदा को नियन्त्रित कर सकें, उसके मनमानेपन को बर्दाश्त कर सकें और ऐसी संस्कृति स्थापित कर सकें जहाँ समुदाय फल-फूल सके। पौराणिक कथा के बिना कोई संस्कृति नहीं हो सकती, क्योंकि पौराणिक कथा

के बिना जीवन की कोई समझदारी नहीं हो सकती।

सभ्यता को भ्रम की एक स्थिति चाहिए होती है। हमें यह विश्वास करने की ज़रूरत पड़ती है कि संस्कृति के अस्तित्व के पीछे कोई कारण है, कि इतिहास की एक दिशा होती है, कि हर घटना का अर्थ होता है और हर व्यक्ति का एक मूल्य होता है। पुराकथा यह भ्रम उपलब्ध कराती है। आधुनिक राष्ट्रवादी विमर्श को मिसाल के तौर पर लिया जा सकता है। फिर एक तूफान या बाढ़ या भूचाल आता है और सब कुछ मिट्टी में मिल जाता है। बाढ़ राज्य और गणतन्त्र को डुबो देती है। जब प्रकृति प्रहार करती है तब कुछ भी नहीं बच पाता। जब पृथ्वी आग उगलती है तो ब्राह्मण और बैल दोनों जल जाते हैं।

प्रकृति की वास्तविकता, निरपेक्षता और अस्पष्टता से ताल-मेल बैठाने के लिए लोग पुराकथाओं की तरफ मुड़ते हैं। पुराकथा निर्माण के माध्यम से निरपेक्ष घटनाओं के नैतिक और आचरण सम्बन्धी कारण निकलते हैं और बिना चेहरे वाला पर्यावरण एक व्यक्तित्व ग्रहण करता है। प्रकृति माँ प्रकृति बन जाती है। आकाश एक पिता का निवास बन जाता है। एक शैतान रोग और मृत्यु लाता है। अगर रहस्य का चेहरा हो तो किसी-न-किसी तरह उससे निपटना, ताल-मेल बैठाना आसान हो जाता है।

हमारे अन्दर और चारों ओर विद्यमान प्रकृति अन्तिम वास्तविकता है। हम प्रकृति से बच नहीं सकते। हम असहाय हैं। प्रकृति में हमें पालने और नष्ट करने की जो विलक्षण क्षमता है, उसके आगे हम निरपेक्षता और सहनशीलता की एक विनम्र और लज्जित करने वाली स्थिति में पहुँच जाते हैं, प्रकृति नामक सत्य से निपटने के तीन उपाय हैं : लड़ो, भागो या जड़ हो जाओ। बचे रहने के लिए इनमें से कम-से-कम एक आवश्यक है।

जो लड़ता है, वह प्रकृति को ऐसी शक्ति के रूप में कल्पित करता है जिसके साथ जोड़-तोड़ किया जा सकता है, जिसे नियन्त्रित किया या जीता जा सकता है (हम चीज़ों को अपने अनुसार ढाल सकते हैं)। वह जो भाग जाता है, प्रकृति को एक मोहक भ्रम या मायाजाल के रूप में देखता है जो मनुष्यों को वास्तविकता से, चीजों की सच्ची योजना से दूर ले जाता है (हमें खुद को इस भ्रम से परे खींच लेना होता है)। जो जड़ हो जाता है, वह प्रकृति को या तो एक निरपेक्ष शक्ति के रूप में कल्पित करता है, जिसकी अपनी एक सोच है, दिमाग है (हमें महज़ उसके बहाव के साथ-साथ जाना होता है) या फिर ऐसी शक्ति के रूप में जो किसी अति-मानवीय सत्ता के नियन्त्रण में है (हमें प्रार्थना या विनती करनी पड़ती है कि घटनाएँ हमारे पक्ष में हों)। इस सबको कल्पित करना या देखना पुराकथा निर्माण है। कोई नहीं जानता कि यह प्रक्रिया सचेत है या अचेतन ढंग से होती है। लेकिन यह

संवेदनशील जीव को जीवन से निपटने, ताल-मेल बैठाने के योग्य बनाती है; वह हमें मनुष्य बनाती है (देखिए तालिका 15)।

तालिका 15. प्रकृति की चुनौतियों पर तीन प्रतिक्रियाएँ

प्रकृति पर प्रतिक्रिया	प्रतिक्रिया की प्रकृति	विश्वास	कर्मकाण्ड
संघर्ष	गुप्त या मनोगत	प्रकृति के साथ जोड़-तोड़ किया जा सकता है, उसे नियन्त्रित किया या जीता जा सकता है	जाप, जादू-टोना, मन्त्र, बलि और तावीज; कर्मकाण्ड देवताओं से अधिक शक्तिशाली हैं और बुद्धि या भावना से अधिक महत्त्वपूर्ण हैं
पलायन या भाग जाना	रहस्यवादी	प्रकृति के क्लेशों के परे एक सौम्य, अधिक ऊँची वास्तविकता बोध किये जाने की प्रतीक्षा कर रही है	ध्यान, तप, वैराग्य, वास्तविकता से सम्पर्क खो देने के लिए इन्द्रियों के साथ छेड़छाड़; कर्मकाण्डों के रहस्य को समझने या आत्मसात करने की ज़रूरत; कर्मकाण्ड बुद्धि से नीचे है
जड़ हो जाना	उपासना या सन्तुष्ट करना	सभी घटनाएँ—अच्छी या बुरी—किसी ऊँची शक्ति की इच्छा का परिणाम हैं, जो या तो निरपेक्ष है और इसलिए उससे विनती नहीं की जा सकती या जिसका व्यक्तित्व है जिसकी उपासना की जा सकती है, जिसे सन्तुष्ट किया जा सकता है	प्रतिज्ञाएँ, प्रार्थनाएँ, भेंटें, तपस्या, प्रायश्चित, मन्दिर; कर्मकाण्ड प्रेम, निष्ठा या भक्ति की अभिव्यक्ति हैं और भावना से नीचे हैं

अपने लम्बे इतिहास में हिन्दू धर्म पर अलग-अलग मात्राओं में संघर्ष करने, भाग जाने और जड़ हो जाने की प्रतिक्रियाओं का असर रहा है।

1800 से 800 ई.पू. के बीच यज्ञ कहे जाने वाले कर्मकाण्डों की तरफ झुकाव था जो ब्रह्माण्ड की शक्तियों से लड़ने की कोशिश करते थे।

800 ई.पू. और 800 ई. के बीच दार्शनिकों ने ब्रह्माण्ड की सच्ची प्रकृति के बारे में अनुमान लगाये, विचार-विमर्श किये। उन्होंने निष्कर्ष निकाला कि अनुभव सिद्ध वास्तविकता भ्रम थी और उन्होंने उससे भागने की कोशिश की।

800 ई. से झुकाव ईश्वरवाद की तरफ है—जड़ होकर एक उच्चतर शक्ति की इच्छा के आगे समर्पण; इस उच्चतर शक्ति को अक्सर मन्दिरों में रूप और आकार देकर प्रतिष्ठित किया जाता है (देखिए तालिका 16)।

ये युग हालाँकि काल-क्रम से दिये गये हैं, लेकिन अपने में बन्द खाने नहीं हैं। तीनों युगों में कर्मकाण्ड, चिन्तन और उपासना हिन्दू धर्म का अंग रहे हैं, लेकिन उनका आपेक्षिक महत्त्व समय के साथ बदलता रहा है। मिसाल के लिए, वैदिक यज्ञ आज भले ही हिन्दू धर्म का आधार न हों, जैसे कि वे तीन हज़ार साल पहले थे, लेकिन वे अब भी हवनों के एक संक्षिप्त रूप में सम्पन्न किये जाते हैं। भक्ति के विचार को ईस्वी सन् की आरम्भिक सदियों में पाया जा सकता है, खास तौर पर दक्षिण भारत में। चिन्तन आज भी आधुनिक कर्मकाण्डों और उपासना और भक्ति के कार्यों को निर्देशित करता रहता है।

हनुमान एक लोकप्रिय हिन्दू देवता हैं जिनकी शक्ति, बुद्धि, अनुशासन और भक्ति का वर्णन *रामायण* में विस्तार से किया गया है। जिस व्यक्ति के स्वभाव में 'संघर्ष' होगा, उसके लिए हनुमान वे देवता हैं जो उसे किसी ग्रह के बुरे असर से बचायेंगे। भाग जाने वाले स्वभाव के व्यक्ति के लिए हनुमान विनम्रता का चरम उदाहरण हैं, जिन्होंने ब्रह्मचर्य और सेवा-भाव अपना कर अपनी कामुक और हिंसात्मक प्रेरणाओं को अनुशासित कर लिया है। जिस व्यक्ति का स्वभाव जड़ हो जाने का है, उसके लिए वानर हनुमान भक्ति का साकार रूप हैं जो सांसारिक समस्याओं को हल करेंगे और भक्त को ईश्वर तक ले जायेंगे।

निष्कर्ष

संस्कृति में पुराकथा की भूमिका कितनी महत्त्वपूर्ण है, इसे एक ऐसी दुनिया की कल्पना करके ही सबसे अच्छी तरह समझा जा सकता है, जिसमें कोई पुराकथा न हो। ऐसी दुनिया में कुछ भी पवित्र नहीं है, हमारे घर और हमारे शरीर भी नहीं।

तालिका 16. हिन्दू धर्म की तीन अवस्थाओं की तुलना

	कर्मकाण्ड	ज्ञान काण्ड	उपासना काण्ड
काल	1800–800 ई.पू.	800 ई.पू.–800 ई.	800 ई. – वर्तमान
ऐतिहासिक चरण	बौद्ध धर्म के उदय से पहले वैदिक युग	बौद्ध धर्म के प्रभुत्व काल में	उपमहाद्वीप में बौद्ध धर्म के घटने के बाद और इस्लाम और यूरोपीय औपनिवेशिक शक्तियों के आने के बाद
आन्तरिक उथल-पुथल	ब्राह्मणवादी (वैदिक) रूढ़िवादिता का उदय जो आम मनुष्य के प्रति उदासीन है और जो जाति प्रथा की बुनियाद रखती है	वैदिक कर्मकाण्ड के विरुद्ध बेचैनी जो उपनिषदों के अनुमानों में प्रकट होती है; ब्राह्मणवाद विरोधी (बौद्ध और जैन) श्रमणों का उदय जिनकी आश्रमवादी परम्पराएँ सबके लिए खुली हैं; लोगों में तन्त्र और योग की बढ़ती लोकप्रियता	ब्राह्मणवादी दायरे में लोक विश्वासों, तान्त्रिक प्रथाओं और योग के रहस्यवाद का समा लिया जाना; वैदिक धर्म-शास्त्र का निश्चित रूप धारण करना; इस्लामी और ईसाई विश्वासों का बढ़ता प्रभाव
बाहरी प्रभाव	भारोपीय प्रवास/हमले	फारसियों, यूनानियों, पार्थियावासियों, हूणों, शकों और गूजरों द्वारा उत्तर-पश्चिम से हमले, अभियान और प्रवास	मध्य एशिया से होकर इस्लामी हमला जो उत्तर में दिल्ली सल्तनत और मुगल बादशाहत और दक्षिण में बादामी और शाही राज्य कायम करता है; जिसके बाद समुद्र

			के रास्ते यूरोपीय औपनिवेशिकता का आगमन और अंग्रेज़ी राज की स्थापना
राजनीतिक स्थिति	जातीय गणतन्त्रों या जनपदों का उदय	साम्राज्यों का उदय : उत्तर में मौर्य और गुप्त; दक्षिण में वाकाटक, चालुक्य, राष्ट्रकूट, पल्लव, कदम्ब, गंग और पाण्ड्य	अनेक हिन्दू राज्यों में विखण्डन (उत्तर में राजपूत; पूर्व में पाल, सेन और गंग; पश्चिम में चालुक्य, यादव और मराठा; दक्षिण में काकतीय, होयसल, विजयनगर, चोल, पाण्ड्य और चेर; मध्य भारत में परमार और चन्देल) जो लगातार आपस में युद्ध करते रहते हैं जब तक कि वे पहले मुस्लिम साम्राज्यों और बाद में अंग्रेज़ी राज द्वारा अधीन नहीं बना लिये जाते।
प्रमुख धर्म-ग्रन्थ	वैदिक संहिताएँ (ऋचाओं के संकलन), ब्राह्मण ग्रन्थ (यज्ञ करने की विधियाँ)	वैदिक, आरण्यक-उपनिषद, सूत्र, शास्त्र इतिहास	पुराण (देवताओं, राजाओं और ऋषियों के वृत्तान्त), आगम (मन्दिरों के पाठ), तन्त्र और अनगिनत लोक वृत्तान्त और साहित्य; भाष्य (दर्शन और रहस्यवाद पर टीकाएँ)
प्रमुख चिन्तन	यज्ञ के कर्मकाण्ड द्वारा मनुष्य ब्रह्माण्ड	सांसारिक वस्तुएँ दुःख को जन्म देती हैं	सर्वोच्च दैवी शक्ति, जो ब्रह्माण्ड में व्याप्त है, जो

	के साथ सामंजस्य स्थापित करते हैं और सभी सांसारिक आवश्यकताएँ पूरी हो सकती हैं	क्योंकि वे नश्वर हैं; भौतिक वस्तुओं की इच्छा मनुष्य को आवागमन के अन्तहीन चक्र में फँसा देती है; अपने को दुःख और पुनर्जन्म से मुक्त करने के लिए मनुष्य को अपने मस्तिष्क को अनुशासित, इन्द्रियों को नियन्त्रित, सभी भौतिक वस्तुओं की नश्वरता का ज्ञान प्राप्त करना चाहिए और अन्ततः उन्हें त्याग देना चाहिए	सभी चीज़ों का कारण है और जो सांसारिक नियमों से स्वाधीन है, उसका एक व्यक्तित्व है; उसकी कृपा से मनुष्य नियति के आदेश को वश में कर सकता है और भौतिक और आध्यात्मिक सन्तोष प्राप्त कर सकता है
प्राथमिक धार्मिक गतिविधि	यज्ञ, संस्कार	तप	पूजा, व्रत और बलि
विश्वासों की अभिव्यक्ति	यान्त्रिक	बौद्धिक	भावना प्रधान
प्रथाओं और विश्वासों की प्रकृति	कर्मकाण्ड प्रधान	रहस्यमय	भक्ति प्रधान
रवैया	बेहतर भौतिक जीवन के लिए संघर्ष	बेहतर आध्यात्मिक क्षेत्र की ओर पलायन	दैवी कृपा पाने के लिए जड़ हो जाना

हर चीज़ अपवित्र है, जिसका अतिक्रमण हो सकता है। कोई पवित्र नदी नहीं है, न कोई देश या लोक जिसका वादा किया गया है, न चुने गये लोग। कुछ भी निषिद्ध नहीं है : पिता अपने बच्चों को खा सकते हैं; माँएँ अपने पुत्रों के साथ सम्भोग कर सकती हैं। कोई अन्तिम सत्य नहीं है; हर चीज़ अस्थायी और अल्पकालिक है। कोई पूर्ण समाज नहीं है; हर चीज़ उस नज़रिये और मानदण्ड के हिसाब से सापेक्ष है जिसे चुना जाये। पाप जैसी कोई चीज़ नहीं है, मरणोपरान्त कुछ नहीं है, न कोई पुनर्जन्म, न कोई उद्धार, न कोई मुक्ति। सही काम करने के लिए कोई प्रेरणा नहीं है—पाने के लिए कोई स्वर्ग नहीं है। संकट के समय सहारे के लिए कोई सिद्धान्त नहीं है, सुख के क्षणों में आभार प्रकट करने के लिए कोई फ़रिश्ता नहीं है। पुराकथा के बिना किसी किस्म के संस्कारों का अस्तित्व नहीं है, जीवन के क्षणों को चिह्नित करने के लिए कोई निशान नहीं है, भावनात्मक संकटों से उबरने के लिए कोई कर्म-काण्ड या अनुष्ठान नहीं हैं।

पुराकथा हमें काल के पात्र में फेंके गये जैव-रासायनिक पदार्थों के स्तर तक उतारे जाने से (जैसा कि विज्ञान कभी-कभी करता है) रोकती है। पुराकथा इस संसार में हमें एक भूमिका प्रदान करती है। हम एक विराट योजना में खिलाड़ियों का दर्ज़ा हासिल कर लेते हैं। इस संचार के गहन स्वभाव को देखते हुए, पुराकथा को पीढ़ी-दर-पीढ़ी आगे बढ़ाते हुए उसके साथ स्वाभाविक रूप से बहुत श्रद्धा का बर्ताव किया जाता है। अकारण नहीं है कि उसे तोड़ने या भंग करने का कोई भी प्रयास आक्रोश पैदा करता है।

प्रश्न करने वाले दिमाग से बचना मुश्किल है। विश्वास या आस्था, जो आज भी लोकप्रिय है, अधिकांश लोगों के लिए आखिरी सहारा होती है, जब तर्क विफल हो जाते हैं। ऐसी दुनिया में, लोकप्रिय मान्यता के विपरीत, पुराकथा का वैज्ञानिक अध्ययन ज़रूरी नहीं कि पवित्र को नष्ट करे, वह उसे वास्तव में बढ़ाने का काम कर सकता है।

पुराकथा का अध्ययन हमें अपनी दुनिया और खुद अपने बारे में और अधिक जानने में मदद कर सकता है। वह हमें सिखाता है कि हमारे पुरखों और समकालीनों ने उस अनुभव को अर्थ प्रदान किया है, जिसे हम जीवन कहते हैं, कैसे उन्होंने जीवन द्वारा पेश की गयीं चुनौतियों के उत्तर दिये हैं, कैसे उन्होंने उन संघर्षों से तालमेल बैठाया है जो अस्तित्व का हिस्सा हैं। दूसरे लोगों के विश्वासों को स्वीकार करना और उनका आदर करना आसान हो जाता है। हम सीखते हैं कि दुनिया अलग-अलग लोगों के लिए अलग है; कि अन्ततः पुराकथा और ज्ञान, अकेले दम या मिल कर जीवन को एक सार्थक अनुभव बनाते हैं। और यह ठीक ही है।

अध्याय 2

पुराकथालोक : पुराकथाओं की तुलना

अलग-अलग संस्कृतियाँ दुनिया को अलग-अलग ढंग से समझती हैं। इनमें से हरेक अपनी समझ अगली पीढ़ी को कथाओं, प्रतीकों और कर्मकाण्डों के माध्यम से सौंपती है। सौंपने की यह क्रिया एक पुराकथालोक का निर्माण करती है—पुराकथाओं की एक कल्पित दुनिया जिसमें ऐसे जीव रहते हैं जो एक जन-समुदाय के अनुभूत सत्यों और वास्तविकताओं को दर्शाते और अभिनीत करते हैं और जिनके साथ मनुष्य प्रतीकों और कर्मकाण्डों के माध्यम से सम्पर्क साध सकते हैं। मिस्त्रियों का पुराकथालोक ओसिरिस, आइसिस और होरस से आबाद है जो एक मरणोपरान्त राज्य कायम करते हैं। यूनानियों का पुराकथालोक ओलिम्पिया पर्वत पर रहने वाले देवताओं का राज्य है जो टाइटनों को पराजित करने के बाद ब्रह्माण्ड पर नियन्त्रण हासिल करते हैं और हमेशा मनुष्यों की महत्त्वाकांक्षाओं को लेकर आशंकित रहते हैं। चीनी पुराकथालोक में एक स्वर्ग है जिसमें वह पूर्णता है जिसका पृथ्वी पर अभाव है। इसका श्रेय जेड सम्राट के निर्दोष अधिकारी-तन्त्र को जाता है। यहूदी-ईसाई-इस्लामी पुराकथावृत्त में सर्वशक्तिमान याहवेह, उसके फ़रिश्ते और पैगम्बर हैं जो मनुष्यों को साँप यानि शैतान के प्रलोभनों पर हावी होने में मदद करते हैं। हिन्दू पुराकथालोक के भीतर एक दैवी सिद्धान्त है जो असंख्य तरीकों से प्रकट होता है ताकि ब्रह्माण्ड का सृजन, पालन और विनाश करते हुए सबको अपने-अपने वास्तविक स्वरूप को खोजने में मदद दे सके।

यह गौर करना दिलचस्प है कि ईसाई पुराकथालोक में जिसे बुरा समझा जाता है, वह अक्सर हिन्दू पुराकथालोक में उर्वरता के संस्कारों से जुड़ा होता है। जिसे ईसाई पुराकथालोक में पवित्र माना जाता है, वह हिन्दू पुराकथालोक में साधुओं-संन्यासियों-तपस्वियों से सम्बद्ध रहता है। मिसाल के लिए—

- लाल लिबास जिसे हिन्दू वधुएँ पहनती हैं, ईसाइयत में 'स्कार्लेट वीमेन' यानि अनैतिक औरतों के साथ जुड़े हैं।

- ईसाई पुराकथावृत्त में सफेद कपड़े, जो कौमार्य और पवित्रता द्योतित करते हैं, हिन्दू पुराकथालोक में आध्यात्मिकता और पारलौकिकता से सम्बद्ध हैं; सिर्फ पुरोहितों, संन्यासियों और विधवाओं के लिए इन्हें पहनना ज़रूरी है; और ये घरेलू अनुष्ठानों का हिस्सा नहीं बनते।
- पौरुष का प्रतीक बकरा जो हिन्दू देवी को बलि चढ़ाया जाता है, *बाइबल* की विश्व-दृष्टि में शैतान का प्रतीक है।
- हिन्दू धर्म की योगिनियाँ जो देवी की सेविकाएँ हैं और निरंकुश कामुक जीव होती हैं, ईसाई पुराकथालोक के हिसाब से डायनों की सभा की याद दिलाती हैं।
- पाँच कोण वाला तारा भाग्य और समृद्धि की देवी लक्ष्मी और असुरों के गुरु शुक्राचार्य का और हिन्दू ज्योतिष-शास्त्र में शुक्र ग्रह, सम्पत्ति, उर्वरता, रचनात्मकता और काम-शक्ति का प्रतीक है, लेकिन ईसाइयत में शैतान का निशान माना जाता है।
- हिन्दू देवी काली जो प्रकृति की निरंकुशता और उसकी निरपेक्ष जीवनदायी काम-प्रक्रियाओं और जीवन-हरने वाली हिंसात्मक प्रक्रियाओं का साकार रूप है, अक्सर पश्चिमी साहित्य में 'साँवली रक्त पीने वाली' बतायी जाती हैं और जादू-टोने से सम्बद्ध मानी जाती हैं।
- सर्प जो हिन्दू धर्म में धरती की उर्वरता और गुप्त ज्ञान से सम्बद्ध है, *बाइबल* की परम्परा में शैतान का साकार रूप माना जाता है।

हो सकता है कि ये अन्तर इसलिए पैदा हुए हों, क्योंकि ईसाई धर्म में कामुकता 'मूल पाप' की एक उपज मानी गयी है, जबकि हिन्दू धर्म में काम प्रकृति का एक अनिवार्य अंग है जिसे संस्कृति से अनुशासित करने की ज़रूरत है।

इस अध्याय में हम देखेंगे कि कैसे हिन्दू पुराकथालोक के पात्र और कथानक प्रकट रूप से दूसरे पुराकथालोकों की कथा-वस्तु से मिलते हुए भी वास्तव में काफी भिन्न हैं।

स्वस्तिक एक शक्तिशाली प्रतीक है। जिसके बिल्कुल अलग-अलग अर्थ हो सकते हैं, जो इस पर निर्भर है कि उसे किस पुराकथालोक के सन्दर्भ में देखा जा रहा है। पश्चिमी लोगों के लिए स्वस्तिक हिटलर और यहूदियों के नरसंहार का प्रतीक है। हिन्दुओं के लिए वह मंगल की भावना और उर्वरता से जुड़ा है। किसी को स्वस्तिक के स्रोत का नहीं पता, लेकिन आर्य जाति के बारे में नाज़ियों के प्रभावशाली विमर्श के कारण हम उसे आमतौर पर प्राचीन भारोपीय (Indo-European) सौर परम्पराओं से जोड़ लेते हैं। हिन्दुओं का विश्वास है कि स्वस्तिक शब्द 'सु-अस्ति' से आता है

जिसका मतलब है 'अच्छा हो।' अन्दर की रेखाएँ प्रकाश की किरणों और चार प्रमुख दिशाओं को सूचित करती हैं। बाहर की रेखाओं का घड़ी की सुइयों की दिशा में उन्मुख होना समय की लय का द्योतक है। बाहरी रेखाएँ मरने के बाद की चार सम्भावनाओं का भी संकेत देती हैं जो मनुष्यों के लिए बदी हैं—वनस्पति, पशु, दैवी और राक्षसी (जन्म लेना)। अन्दर और बाहर की रेखाओं द्वारा जो स्थान बनाया जाता है, उसमें रखे गये बिन्दु ब्रह्माण्डीय जीवन-चक्र के चार युगों में उपस्थित दिव्य आत्मा का प्रतीक हैं। युद्ध के बाद के नाज़ी-विरोधी विमर्श से प्रभावित होने की वजह से हिन्दुओं में हिन्दू स्वस्तिक को हिटलर के स्वस्तिक से अलग करने की गहरी प्रवृत्ति है। हिटलर का स्वस्तिक काला और घड़ी की सुइयों की उलटी दिशा में उन्मुख बताया जाता है, जबकि हिन्दुओं का स्वस्तिक लाल रंग का होता है और घड़ी की सुइयों की दिशा में उन्मुख होता है। जहाँ काला रंग और घड़ी की सुइयों की उलटी दिशा में उन्मुख होना हिन्दुओं की नज़र में अशुभ है, यह यहूदी-ईसाई हिसाब से 'बुरा' नहीं माना जाता। इसे शैतान की पूजा से नहीं जोड़ा जाता, बल्कि तन्त्र, वामाचार, रहस्य-साधना और उन लोगों से जोड़ा जाता है जो विश्वास करते हैं कि नैतिक नियमों के पालन की तुलना में आस्था और दैवी कृपा ही मुक्ति का मार्ग है, जो हालाँकि मुख्य विचारधारा का अंग नहीं है, पर काफी हद तक हिन्दू धर्म के निकट है (देखिए चित्र 2.1)।

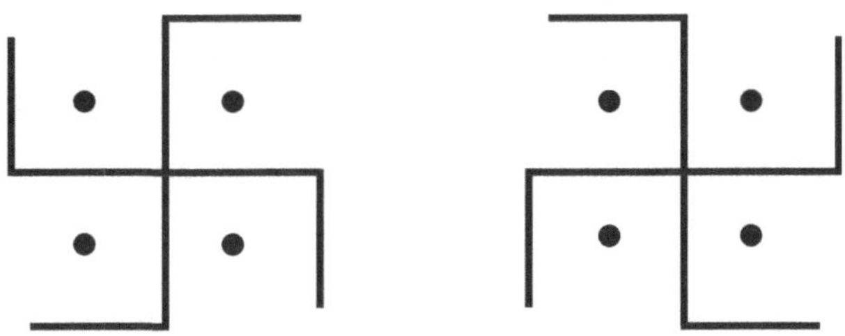

पारम्परिक वैदिक स्वस्तिक
घड़ी की सुइयों की दिशा
में उन्मुख

तान्त्रिक स्वस्तिक
घड़ी की सुइयों की दिशा के
विपरीत उन्मुख

हिन्दू स्वस्तिक (आमतौर पर लाल रंग में बने)

(चित्र 2.1)

पुराकथालोक में गलतफहमी तब पैदा होती है जब एक पुराकथालोक में उपजे शब्द दूसरे पुराकथालोक की घटनाओं को समझाने के लिए इस्तेमाल किये जाते

हैं। निम्नलिखित तालिका उस अन्तर को स्पष्ट करती है जो सन्दर्भ पर निर्भर करते हुए, अंग्रेज़ी के किसी शब्द का हो सकता है (तालिका 17)।

तालिका 17. अंग्रेज़ी शब्दों के अर्थ जब वे अलग-अलग सन्दर्भों में इस्तेमाल किये जायें

शब्द	यहूदी-ईसाई-इस्लामी मानदण्ड के अनुसार अर्थ	हिन्दू मानदण्ड के अनुसार अर्थ
शैतान/असुर	दुष्ट आत्मा या जीव जो ईश्वर का विरोध करता है	भव्य, पाताल नगरियों में रहने वाला जीव जो देवताओं से लड़ता है और पुनर्जीवन के रहस्य का स्वामी है
ईश्वर	सृष्टि का रचयिता जिसने मनुष्यों को उनके उल्लंघनों के कारण स्वर्ग से निष्कासित किया; जो अपने नियमों को अपने पैगम्बर या पुत्र के माध्यम से उद्घाटित करता है; जो मनुष्यों को वापस स्वर्ग में बुला लेगा अगर वे उसके नियमों का पालन करेंगे और / या उसके पुत्र को अपने उद्धारक के रूप में स्वीकार करेंगे	अन्तिम दैवी सत्य, एक ही साथ अप्रकट और प्रकट, आध्यात्मिक (पुरुष के प्रतीक रूप में) और भौतिक (स्त्री के प्रतीक रूप में) वास्तविकता का मूल; जो अनन्त असीम ब्रह्माण्ड में हर चीज़ को साकार करता है और जो नियति के आदेश को बदल सकता है
देवता	विधर्मियों और मूर्ति-पूजकों द्वारा पूजे गये झूठे देवी-देवता	दिव्य विभूतियाँ जो धरती पर या आकाश में रहती हैं, असुरों से लड़ती हैं और जिन्होंने अमृत पिया है
स्वर्ग	ईश्वर का राज्य और उद्धार की गयी आत्माओं का अन्तिम लक्ष्य	जगमगाते क्षेत्र जो धरती के ऊपर हैं और जिनमें ऋषि और देवता रहते हैं; जिन्होंने अच्छे कर्म किये हैं, उनके अस्थायी निवास
पाप	दैवी नियम का उल्लंघन	अप्रिय प्रतिक्रिया पैदा करने वाले कार्य

शब्द किसी अवधारणा को दूसरों तक पहुँचाने के लिए रचे जाते हैं। चूँकि अलग-अलग संस्कृतियाँ दुनिया को अलग-अलग नज़रिये से देखती हैं और अपने जीवन में होने वाली घटनाओं को बताने-समझाने के लिए उनके पास अलग-अलग अवधारणाएँ होती हैं, हर पुराकथालोक के पास अपनी-अपनी अनोखी शब्दावली होती है। कुछ विचार—जैसे सूरज, चाँद, भोजन, पानी और भूख—सभी संस्कृतियों में समान हो सकते हैं, लेकिन दूसरे विचार—जैसे पुनर्जन्म, पाप और मोक्ष—नहीं भी हो सकते। मिसाल के लिए, ईश्वर से अनुबन्ध या करार उन सब को स्वीकार्य है जो यहूदी-ईसाई-इस्लामी विश्वदृष्टि का अनुसरण करते हैं और इसे कर्मकाण्ड के रूप में खतने और बप्तिस्मा द्वारा प्रकट किया जाता है। लेकिन यह विचार सार्वभौमिक नहीं है। हिन्दुओं का ईश्वर से कोई करार नहीं होता। ऐसी कोई रस्म नहीं है जो उन्हें 'समूह में लाये' यानी उस धर्म के मानने वाले समूह का हिस्सा बनाये। कोई हिन्दू बन नहीं सकता; जन्म ही से हिन्दू हो सकता है।

निम्नलिखित तालिका में भारतीय मूल के ऐसे शब्द शामिल हैं जिनका अर्थ सिर्फ हिन्दू (और बौद्ध या जैन मानदण्डों में भी) होता है, लेकिन ईसाई मानदण्ड में इनका कोई पर्याय नहीं होता (देखिए तालिका 18)।

तालिका 18. भारतीय मूल के शब्द जिनका कोई यहूदी-ईसाई-इस्लामी पर्याय नहीं है

शब्द	अर्थ
कैवल्य	मुक्तावस्था; सर्वज्ञता; जन्म-मृत्यु के भौतिक चक्र से मुक्ति
कर्म	कार्य जिनके परिणाम इस या अगले जीवन में व्यक्ति को भुगतने पड़ते हैं; अच्छे और बुरे कर्म का निर्णय बाद में किया गया फैसला है जो इस बात पर निर्भर है कि नतीजा अच्छा था या बुरा
लोक	पैरों के ऊपर के क्षेत्र जो प्रकाशित हैं
मोक्ष	संसार से मुक्ति; कैवल्य में प्रवेश
नरक	यम द्वारा शासित धरती के नीचे का क्षेत्र, जहाँ वे, जिन्होंने बुरे कर्म जमा किये हैं, पीड़ा सहते हैं
पाप	बुरा कर्म जिसका नतीजा बुरा होता है
पाताल	पैरों के नीचे के क्षेत्र जो प्रकाश से रहित हैं और असुरों और साँपों के निवास हैं

पुण्य	अच्छा कर्म जिसका नतीजा अच्छा होता है
ऋषि	वे जो वैदिक ज्ञान से सम्पन्न हैं और इस तरह ब्रह्माण्ड के रहस्य से परिचित हैं
संसार	कर्म पर आधारित मस्तिष्क और पदार्थ का जगत जो निरन्तर रूपान्तरित होता रहता है; इन्द्रियों द्वारा अनुभूत और प्रत्यक्ष जगत; पुनर्जन्म का चक्र
स्वर्ग	देवों का आकाशीय लोक जहाँ भौतिक जगत के सबसे अच्छे हिस्से मौजूद हैं
योग	मुक्ति का साधन; मानसिक नियन्त्रण

ईश्वर की अवधारणा

आइए दो शब्दों पर विचार करें—ईश्वर (God) और देवता (gods)। अंग्रेज़ी में इनमें से एक शब्द बड़े अक्षर से शुरू होता है, एकवचन है और एक सर्वशक्तिमान, सर्वव्यापी, सर्वज्ञ सत्ता के विचार को प्रस्तुत करता है जो एकेश्वरवादी धर्मों में श्रद्धा-भक्ति का पात्र है। दूसरा शब्द छोटे अक्षर से शुरू होता है, बहुवचन में इस्तेमाल होता है और इसका अभिप्राय ऐसी दिव्य विभूतियाँ हैं, जिन्हें एकेश्वरवादी झूठी करार देते हैं। याहवेह ईश्वर (God) है। अल्लाह ईश्वर (God) है। लेकिन यूनानियों का जिउस, रोमनिवासियों का जूपिटर, मिस्रियों का होरस, वाइकिंग लोगों का ओडिन, आर्यों का इन्द्र—ये सब देवता (gods) हैं—साकार प्राकृतिक शक्तियाँ जिनसे मूर्तिपूजक भयभीत रहते हैं; जो कवियों द्वारा कल्पित भावनाओं के लिए रूपक हैं और पुरोहितों द्वारा रची गयी कल्पना की उपज हैं।

हिन्दुओं के यहाँ ईश्वर (Gods) और देवता (gods) भी हैं। अलग-अलग दृष्टिकोण के अनुसार हिन्दू धर्म की निम्नलिखित धारणाएँ हो सकती हैं—

- एकेश्वरवादी—एक ईश्वर में आस्था के साथ जो ईश्वर (God) है
- बहु ईश्वरवादी—विभिन्न शक्तियों वाले बहुत से ईश्वरों में आस्था के साथ जो ईश्वर के विभिन्न प्रकट रूप हो भी सकते हैं और नहीं भी हो सकते
- सर्वेश्वरवादी—यह विश्वास करते हुए कि ईश्वर सब कुछ है और सब कुछ ईश्वर है
- सर्वेश्वरवादी—यह विश्वास करते हुए कि ईश्वर प्रकृति के हर पहलू में समाया हुआ है, लेकिन इसके बावजूद उससे अलग है
- जीववादी—यह विश्वास करते हुए कि वनस्पति, पशु और खनिज जगत में हर चीज़ की अपनी दिव्य विभूति है

- अनीश्वरवादी—यह विश्वास करते हुए कि ईश्वर की समझ कभी अनुभवजन्य नहीं हो सकती
- एकैकाधिदेववादी—एक देवता या ईश्वर के एक विशेष साकार रूप में विश्वास के साथ लेकिन अन्य देवताओं या ईश्वर के अन्य प्रकट रूपों की वैधता को स्वीकार करते हुए
- देववादी—यह विश्वास करते हुए कि ईश्वर का अस्तित्व है और दुनिया को रचता भी है लेकिन रोज़मर्रा के मामलों में हिस्सेदारी नहीं करता
- ईश्वरवादी—यह विश्वास करते हुए कि ईश्वर का अस्तित्व है

दैवी सिद्धान्त—दैवी रूप

परम्परागत रूप से हिन्दू ईश्वर और देवी के अपने विचार को इस तरह समझाते हैं : दिव्यता को परिभाषाओं, वर्णनों और गुणों या विशेषताओं में बाँधना सम्भव नहीं है। यह निरपेक्ष दिव्य सिद्धान्त उपनिषदों में ब्रह्म, योग में पुरुष और तन्त्र में शिव के नाम से जाना जाता है। सदियों से ज्ञानी इस दिव्य सिद्धान्त को नाम और रूप वाली एक विभूति, एक सत्ता के रूप में कल्पित करते आये हैं। लेकिन नाम और रूप मनुष्य की कल्पना की उपज नहीं हैं; वे ऐसे नाम और रूप हैं जिन्हें स्वयं इस दिव्य सिद्धान्त ने व्यक्त किया है।

दिव्य सत्ता का रूप पुरुष का भी हो सकता है और स्त्री का भी। स्त्री-रूपी देवी माया, प्रकृति या शक्ति के रूप में जानी जाती है और सभी भौतिक पदार्थों का प्रतिनिधित्व करती है। हिन्दू धर्म में भौतिक का अर्थ होता है 'वह जो समय के साथ बदलता है' और इसमें विचार और सम्वेदना जैसी मानसिक प्रक्रियाएँ शामिल होती हैं। पुरुष रूप, ईश्वर, सभी आध्यात्मिक चीज़ों का प्रतिनिधित्व करता है यानी 'वह जो समय के साथ स्थिर रहता है।' पुरुष रूप की कल्पना ब्रह्मा, विष्णु और शिव के रूप में की गयी है जो रचते, पालते और विनाश करते हैं। स्त्री रूप को सरस्वती, लक्ष्मी और दुर्गा के रूप में भी कल्पित किया गया है जो ज्ञान, समृद्धि और शक्ति का साकार रूप हैं। पुरुष रूप क्रियाशील हैं : वे कार्य करते हैं। स्त्री रूप निष्क्रिय हैं। कार्य उन पर किये जाते हैं।

ब्रह्मा उस साँचे की सृष्टि करते हैं जिसे हम जीवन के रूप में अनुभव करते हैं ताकि हमें अपनी असली पहचान खोजने में मदद मिल सके। विष्णु हमें जीवन में पूर्णता की स्थापना करने में मदद करते हैं ताकि हमारे अन्दर सामंजस्य, लय और व्यवस्था का भाव पैदा हो। शिव हमारे लिए इस साँचे को चुनौती देना, इससे वैराग्य

लेना, इसे समझना, नियन्त्रित करना और अन्ततः इसके परे अपनी असली पहचान खोजना सम्भव बनाते हैं।

हालाँकि देवताओं और देवियों के जन्म की कथाएँ हैं, ये कथाएँ अक्सर सम्प्रदायों से सम्बद्ध हैं। मिसाल के लिए वैष्णव कृतियों में कथाएँ हैं कि कैसे ब्रह्मा और शिव अपने जन्म के लिए विष्णु पर निर्भर हैं, जबकि शाक्त कृतियों में देवी पुरुष त्रयी (ब्रह्मा, विष्णु, शिव) की माता है। शैव धर्म-ग्रन्थों में पुरुष त्रयी शिव के दक्षिण पक्ष से और स्त्री त्रयी शिव के वाम पक्ष से उपजती है। आस्तिकों के लिए इष्ट देवता या देवी स्वयंभू हैं यानी खुद अपनी सृष्टि हैं और कारणरहित हैं। अपने अस्तित्व के लिए उन्हें किसी व्याख्या की आवश्यकता नहीं। वे बस हैं।

चूँकि ईश्वर, शेष ब्रह्माण्ड के विपरीत, स्वयंभू और कारणरहित है, इसलिए प्राकृतिक चट्टानी बनावटों को दिव्य सत्ता के प्रकट रूप मान कर पूजा जाता है। ऐसी ही एक बनावट हिमालय में अमरनाथ की गुफाओं में है और उसे शिव का प्रतीक माना जाता है। हाल के समय में इन चट्टानी बनावटों के ऊपर मनुष्य-रूपी मुखौटे लगाने की प्रवृत्ति दिखायी देती है ताकि वे भक्तों के लिए और सुगम और सुलभ बन सकें।

स्त्रष्टा की सन्तानें

पुरुष दिव्य त्रयी (भगवानों, Gods) और स्त्री दिव्य त्रयी (भगवतियों, Goddesses) से अलग देवता (gods) और देवियाँ (goddesses) स्त्रष्टा ब्रह्मा की सन्तानें और सन्तानों की सन्ततियाँ मानी जाती हैं। वे उन ढेर सारे जीवों में से कुछ हैं जिन्हें या तो ब्रह्मा ने पैदा किया है या ब्रह्मा के मानस-पुत्रों ने, जो ऋषियों के नाम से जाने जाते हैं। इस तरह देवताओं के माता-पिता होते हैं। यह उन्हें जीव बनाता है—जीवित प्राणी—अस्तित्व के साँचे में उलझे हुए और कर्मों के नियम के अधीन, मनुष्यों और असुरों की तरह।

विद्वान आम तौर पर यह स्वीकार करते हैं कि शब्द 'गॉड' (god) जब छोटे अक्षरों में लिखा जाता है तो उसका मतलब देव या देवता होता है, दिव्य विभूतियाँ जिनका आधार वैदिक धर्म-ग्रन्थ हैं, मगर बाद के ईश्वरवाद के चलते उनका महत्व कम करके उन्हें लघु देवता या अवतार के स्तर पर ले आया गया। पुरुष दिव्य त्रयी (भगवानों, Gods) और स्त्री दिव्य त्रयी (भगवतियों, Goddesses) का प्रकट होना वैदिक चिन्तन और तान्त्रिक चिन्तन के मेल के बाद हुआ जो उत्तर वैदिक काल में ईश्वरवाद की लहर पर हावी हो गया था। मन्दिर ईश्वर (यानी Gods और

Goddesses) के लिए बनाये जाते हैं, देवताओं (gods) और देवियों (goddesses) के लिए नहीं। सच तो यह है कि शब्द 'गॉड' स्पष्ट रूप से गलत अनुवाद है; प्रारम्भिक यूरोपीय अनुवादकों को एहसास हुआ कि शब्द देव की वही उत्पत्ति है जो लैटिन शब्द 'दिउस' (Deus) की। लेकिन वे इस पर ध्यान देने में विफल रहे कि जहाँ देवता और देव, दोनों ही देव कहाते थे, भगवान या ईश्वर सिर्फ उन्हीं को कहा जाता था जो सर्वोच्च दैवी सत्ता के साकार रूप थे।

किसी भी जीव की वंशावली काफी जटिल होती है और अलग-अलग धर्म-ग्रन्थों में अलग-अलग वर्णन मिलते हैं। आम तौर पर ईश्वर के प्रथम आविर्भाव यानी प्रकट रूप, ब्रह्मा, जिनके आने को नये कल्प की शुरुआत माना जाता है, पहली स्त्री शतरूपा की सृष्टि करते हैं। वह दक्ष ऋषि से विवाह करती है। मिल कर वे और स्त्रियों को जन्म देते हैं जो ब्रह्मा के अन्य मानस-पुत्रों से विवाह करती हैं। ये ऋषि अपनी पारी में विभिन्न जीवों को जन्म देते हैं जो ब्रह्माण्ड को आबाद करते हैं—इनमें देवता, देवियाँ, असुर, राक्षस, मनुष्य, अप्सराएँ, देवबालाएँ, परियाँ, बौने, प्रेत, दानव, डाकिनियाँ, भूत, पिशाच आदि शामिल हैं। इसीलिए ब्रह्मा और आदिम ऋषियों को प्रजापति कहा गया है (देखिए तालिका 19)।

तालिका 19. हिन्दू ब्रह्माण्ड के निवासी जीव

कोटि	आम पर्याय	अर्थ	कथाओं में आम पात्र
अप्सरा	सुर-सुन्दरी	बाला जो नदियों में रहती है, देवताओं का मनोरंजन करती है और ऋषियों को लुभाती है	मेनका, रम्भा, उर्वशी, गंगा
असुर	दैत्य	भूमि के नीचे रहने वाला जीव; पुनर्जीवित होने की शक्ति से सम्पन्न और धरती के संसाधन अन्दर खींचता है	हयग्रीव, हिरण्याक्ष, हिरण्यकशिपु, प्रह्लाद, बाली, विरोचन, तारक, अन्धक, महिष
देव या देवता	देवता	धरती या आकाश में रहने वाला जीव; धरती के संसाधन बाहर निकालता है	इन्द्र, अग्नि, वायु, सूर्य, चन्द्र

देव या देवता	भूत, पिशाच	निरंकुश और आतंककारी वन में रहने वाली आत्मा	नन्दी, भृंगी, व्याघ्रपद
गन्धर्व	परी	फूलों और सुगन्ध से सम्बद्ध; देवों के संगीतकार	चित्ररथ
किन्नर, किंपुरुष	नराश्व, परी,	धरती पर रहने वाली रहस्यमय आत्मा कभी-कभी संगीत से सम्बद्ध	तुम्बुरु
मानव	मनुष्य	वैदिक आचार-विचार के नियमों का अनुयायी	मनु, राम, कृष्ण, बलराम, पृथु
नाग	सर्प	उर्वरता का रक्षक	वासुकि, कर्कोटक, तक्षक
पिशाच, वेताल, भूत प्रेत	भूत, रक्तपिपासु	मरे हुए लोग जिनके उचित संस्कार नहीं हुए	
पितर	पुरखे, पूर्वज	पुनर्जन्म की प्रतीक्षा में मृतकों के देश में मानव	
राक्षस	दानव, दैत्य	वन के नियमों का पालन करने वाला जीव	रावण, कुम्भकर्ण, विभीषण
ऋषि	मुनि, द्रष्टा	वैदिक ज्ञान जानने वाला जीव	कश्यप, बृहस्पति, शुक्र, वशिष्ठ, विश्वामित्र, अगस्त्य, दुर्वासा, भृगु, कपिल, कर्दम
वानर	बन्दर	जनजाति जिसका प्रतीक बन्दर है	हनुमान, सुग्रीव
यक्ष	बौना	कोश का रक्षक	कुबेर, मणिभद्र

जीव—चाहे वह देवता हो या राक्षस, सर्प या दैत्य—जन्म-मृत्यु के चक्र में बँधा एक जीवित प्राणी होता है और मनुष्यों की तरह उसमें भी मुक्ति की लालसा होती है। दूसरी ओर, भगवती या भगवान जन्म-पुनर्जन्म के चक्र से नहीं बँधे होते। वे अपनी इच्छा से दैवी कृपा की अभिव्यक्ति के रूप में इस चक्र में भाग लेते हैं। देवताओं, असुरों और मनुष्यों के बीच अन्तर अक्सर उनके जीवन की अवधियों से सम्बन्धित होते हैं :

- मनुष्य सौ बरस तक जी सकते हैं, जिसके बाद वे मर कर पुनर्जन्म की प्रतीक्षा कर रहे मृतकों के लोक में जाते हैं।
- एक मनुष्य का जीवन काल देवता (जैसे इन्द्र) की पलक के एक बार झपकने जितना होता है।
- एक देवता का जीवन काल एक भगवान (जैसे शिव या विष्णु) की पलक के एक बार झपकने जितना होता है।
- देवता उतनी देर तक जीवित रहता है जितनी देर तक ब्रह्माण्ड बना रहता है (एक कल्प), क्योंकि उसने अमृत पिया होता है; लेकिन वह प्रलय को नहीं पार करता।
- सर्प अपने यौवन को फिर से नया कर सकते हैं, क्योंकि वे उस दूब पर लोटते हैं जहाँ अमृत गिरा था।
- असुर मर सकते हैं, लेकिन वे फिर से जीवित किये जा सकते हैं, क्योंकि वे मरे हुओं को जीवित करने का रहस्य जानते हैं।

मनुष्य सदाचार, तप, उचित अनुष्ठान और अच्छे कर्मों के योग से देवता बन सकते हैं। देवता और ऋषि सदाचार के पथ से भटक जाने पर मनुष्य बन सकते हैं। कर्मों का विधान असुरों पर भी लागू होता है, क्योंकि वे भी ब्रह्मा की सन्तान हैं। निम्नलिखित कथा बताती है कि कैसे एक मनुष्य हर विपत्ति में सदाचार और धर्म के मार्ग पर चल कर देवता बन सकता है।

हरिश्चन्द्र

(भागवत पुराण)

हरिश्चन्द्र एक सदाचारी राजा थे, जो देवता बनने योग्य थे। उनकी परीक्षा लेने के लिए ऋषि विश्वामित्र ने उनकी राह में रुकावटों का एक सिलसिला पैदा कर दिया। विश्वामित्र ने छल से राजा हरिश्चन्द्र को अपना राज-पाट त्यागने के लिए मजबूर कर दिया। कंगाल हो जाने पर सदाचारी राजा अपनी पत्नी तारामती और पुत्र रोहित के साथ

महल छोड़ कर चले आये। जैसे ही राजा हरिश्चन्द्र नगर से बाहर जाने लगे ऋषि विश्वामित्र ने कहा, 'तुमने मुझे अपने राज-पाट और नगर पर तो अधिकार सौंप दिया है, पर मेरी दक्षिणा कहाँ है? तुम्हारे जैसी प्रतिष्ठा वाले राजा को तो कम-से-कम एक हज़ार स्वर्ण मुद्राएँ देनी चाहिए। ऐसा न करोगे तो संसार के सामने यह प्रकट होगा कि तुम धर्म का पालन नहीं करते।' उचित आचरण का पालन करने के लिए कंगाल राजा हरिश्चन्द्र ने अपने को अपनी पत्नी और बच्चे समेत बेच दिया और ऋषि को स्वर्ण मुद्राएँ दे दीं।

इस तरह हरिश्चन्द्र दास बन कर चाण्डाल का काम करने पर मजबूर हो गये और श्मशान के रखवाले बना दिये गये, जो हिन्दुओं में सबसे नीची जाति होती है। उनकी पत्नी एक पुरोहित की नौकरानी बन गयी। विश्वामित्र को अब भी विश्वास नहीं था कि हरिश्चन्द्र देवता बन सकते हैं, इसलिए उन्होंने राजा हरिश्चन्द्र की एक और परीक्षा ली। उन्होंने हरिश्चन्द्र के बेटे को साँप से डसवा दिया। जब तारामती रोहित के शव को श्मशान लायी तो हरिश्चन्द्र रोने लगे, पर उन्होंने बच्चे को तब तक चिता पर लिटाने से इनकार किया जब तक श्मशान का शुल्क नहीं दिया गया। उनकी पत्नी के पास कुछ भी धन नहीं था। 'तब मुझे अपने वस्त्र दे दो, वरना हमारे बेटे का क्रियाकर्म नहीं हो पायेगा।' तारामती को हरिश्चन्द्र द्वारा नियमों के इस पालन से धक्का लगा, लेकिन उसने अपने पति की आज्ञा का पालन किया। जैसे ही वह अपने वस्त्र उतारने लगी, ब्रह्माण्ड के सभी देवता और ऋषि इस धर्मनिष्ठा पर चकित होकर श्मशान में प्रकट हुए। उन्होंने घोषणा की कि राजा हरिश्चन्द्र देवता बनने योग्य हैं।

निम्नलिखित कथा बताती है कि कैसे एक दुष्कर्म उन लोगों को, जिन्होंने अमरता प्राप्त कर ली है, मर्त्य प्राणी बना देता है।

यशोदा और नन्द का पूर्वजन्म

(पद्म पुराण)

ऋषि कश्यप और उनकी पत्नी अदिति, जो देवताओं की माता थी, एक यज्ञ करना चाहते थे। लेकिन उन्हें कर्मकाण्ड के लिए गाय नहीं मिल रही थी। शुभ घड़ी पास आ रही थी। हताश होकर उन्होंने ऋषि वशिष्ठ

की गाय चुरा ली। इस कार्य के लिए उन्हें जन्म-मरण के बन्धन में बँध कर धरती पर ग्वालों के बीच जन्म लेना पड़ा और साथ ही अपने पुत्र से बिछड़ने का दुःख भी सहना पड़ा, क्योंकि वह उनका नहीं था।

इस तरह कश्यप और अदिति ने ग्वालों के मुखिया नन्द और उनकी पत्नी यशोदा के रूप में फिर से जन्म लिया। उन्होंने विष्णु के अवतार कृष्ण को पाल-पोस कर बड़ा किया। वर्षों बाद कृष्ण के जन्म का सत्य उजागर हुआ; वे यादवों के राजा वासुदेव और उनकी पत्नी देवकी के पुत्र थे। अपने पुत्र को उसके क्रूर मामा कंस से बचाने के लिए कृष्ण को जन्म लेते ही ग्वालों की बस्ती में लाकर यशोदा की नयी जन्मी बेटी से बदल दिया गया था जब सारा गाँव सोया हुआ था। जब नन्द और यशोदा को कृष्ण के असली जन्म का पता चला तब उनके सामने सिवा इसके कोई चारा नहीं था कि वे कृष्ण को उनके असली माता-पिता के पास जाने दें। इस बिछोह से उनके दिल उसी तरह टूट गये जिस तरह गाय के चले जाने से ऋषि वशिष्ठ का दिल टूटा था।

कभी-कभी धर्म के अनुसार किया गया कर्म भी आक्रोश को आमन्त्रित कर सकता है जिससे बुरा नतीजा निकल सकता है। निम्नलिखित कथा में जो असुर हैं, वे अपने पिछले जन्म में देव थे और परिस्थितियों के कारण असुर बने थे। भगवान के हाथों उनकी मृत्यु दण्ड नहीं, मुक्ति है। इस तरह हमें खलनायकों पर नैतिक निर्णय देने से सावधान किया जाता है।

विष्णु के द्वारपाल

(भागवत पुराण)

एक बार ऋषियों का एक समूह विष्णु से भेंट करना चाहता था। जब ऋषि वैकुण्ठ पहुँचे तो जय और विजय नामक द्वारपालों ने उन्हें प्रतीक्षा करने के लिए कहा, क्योंकि विष्णु उस समय विश्राम कर रहे थे। रोके जाने के कारण ऋषि क्रुद्ध हो गये और उन्होंने शाप दिया कि वे द्वारपाल पृथ्वी पर असुरों के रूप में जन्म लें।

जब विष्णु को इस घटना का पता चला तो वे जान गये कि उनके द्वारपालों को यह दण्ड अपने कर्तव्यों का पालन निष्ठा से करने की वजह से भुगतना पड़ा है। उन्होंने अपने द्वारपालों को धरती पर उनके जीवन से मुक्त कराने का आश्वासन दिया। दोनों द्वारपाल हिरण्याक्ष

और हिरण्यकशिपु नामक दो असुरों के रूप में पैदा हुए। हिरण्याक्ष धरती को समुद्र के नीचे खींच ले गया, जिससे विष्णु वराह के रूप में अवतरित होने के लिए विवश हुए। उन्होंने हिरण्याक्ष को अपने दाँतों से मार डाला और पृथ्वी का उद्धार किया। हिरण्यकशिपु अपने ही पुत्र प्रह्लाद को प्रताड़ित करता था, क्योंकि वह विष्णु का भक्त था। तब विष्णु ने नरसिंह का अवतार लेकर हिरण्यकशिपु को मार दिया। इस तरह विष्णु ने दोनों असुरों को मार कर उन्हें वैकुण्ठ में वापस द्वारपालों के अपने काम पर लौटने में मदद की।

यह कथा स्पष्ट रूप से बताती है कि अंग्रेज़ी शब्द 'डीमन' (demon) का जो अर्थ हिन्दू पुराकथाओं में है—असुर—वह ठीक-ठीक वही नहीं है जो ईसाई पुराकथालोक में है। हालाँकि हिन्दू असुर देवताओं का विरोध करते हैं, उनके बीच का संघर्ष अच्छाई और बुराई के बीच लड़ाई नहीं है। ये दोनों असुर—हिरण्याक्ष और हिरण्यकशिपु—विपरीत-भक्ति का उदाहरण पेश करते हैं। भगवान का विरोध करते हुए ये दोनों इतनी बार दिव्य सत्ता को स्मरण करते हैं कि वे स्वर्ग में अपने पद पर लौटने योग्य पुण्य अर्जित कर लेते हैं।

जहाँ कोई नायक भगवान का आह्वान अपनी भक्ति और शील के माध्यम से करता है, खलनायक भगवान का आह्वान अपनी दुष्टता द्वारा करता है। पहले वाले मामले में भगवान कृपा करते हैं; दूसरे मामले में अपने कोप का प्रदर्शन करते हैं। दोनों ही मामलों में भगवान प्रकट होते हैं और भगवान की उपस्थिति मुक्ति प्रदान करती है। इस तरह नायक और खलनायक, दोनों भगवान की कृपा के पात्र बनते हैं। ऐसी विश्वदृष्टि खराब-से-खराब कर्म को भक्ति के कार्य में बदल देती है। भगवान की ओर से मिलने वाला प्रकट दण्ड मुक्ति कारक बन जाता है।

यह दर्शाने के लिए कि खलनायक और असुर भी ईश्वर की कृपा के आकांक्षी हैं, भक्त अक्सर शिव को समर्पित मन्दिरों में राक्षसों के राजा रावण की छवियाँ अंकित करते हैं। रावण के दस सिर और बीस भुजाएँ थीं। अपनी शिव-भक्ति दिखाने के लिए उसने अपने एक सिर, एक भुजा और नाड़ियों से एक वीणा बनायी। उसने इस वीणा को रुद्र-वीणा का नाम दिया और इसके संगीत पर उसने शिव के प्रति अपनी भक्ति प्रकट करने के लिए रुद्र-स्तोत्र के नाम से एक स्तोत्र रचा। प्रसन्न होकर शिव ने उसे एक खड्ग दिया जिसने उसे युद्ध में अजेय बना दिया।

देवता सूर्य, चन्द्र, वायु, जल और प्रकाश, गर्मी, रोगों के उपचार और उर्वरता से जुड़े अन्य तत्वों से सम्बद्ध हैं। हिन्दू पुराकथाओं के आरम्भिक अनुवादक यह

देख कर खुश हुए थे कि हिन्दू देवता ओलिम्पस (Olympus) निवासी यूनानी देवताओं से भिन्न नहीं थे। इस तरह इन्द्र जिउस (Zeus) थे, कामदेव क्यूपिड (Cupid) थे, यम हेडस (Hades), सूर्य हेलिओस (Helios), विश्वकर्मा हेफेस्टस (Hephaestus) और वरुण पोसाइडन (Poseidon) थे।

लेकिन असुर शब्द का अनुवाद देव या देवता शब्दों के अनुवाद जितना आसान नहीं था, खास तौर पर जब आरम्भिक वैदिक पाठों में यह शब्द मित्र और वरुण जैसे उन्नत जीवों का वर्णन करने के लिए इस्तेमाल हुआ था, जो नैतिक नियमों के रक्षक माने जाते थे। कुछ विद्वानों ने असुरों को टाइटन (Titans) के रूप में देखने की कोशिश की—उन दैवी जीवों के रूप में जिन्हें यूनानी देवताओं ने ब्रह्माण्ड के स्वामी बनने के लिए पराजित किया था। दूसरों ने उन्हें दानवों के रूप में देखा जो लगातार स्कैंडिनेवियन देशों के वाइकिंग (Viking) देवताओं के साथ संघर्ष करते थे और जगमगाती और गर्म दुनिया को अँधेरे और ठण्ड से घेरने का संकट प्रस्तुत करते रहते थे। कुछ अन्य विद्वानों ने असुरों को स्कॉटलैण्ड और आयरलैण्ड के फोमोरियों (Fomorians) के रूप में देखा, जो मूल निवासी थे और नये प्रवासियों द्वारा पराजित कर दिये गये थे। चूँकि असुर देवों का विरोध करते थे, जिन्हें देवताओं के रूप में चिह्नित कर लिया गया था, इसलिए असुरों को देवताओं के शत्रु अर्थात 'डीमन' मान लिया गया। यह सही अनुवाद की बजाय एक सुविधाजनक उपाय था। क्योंकि हिन्दू इन असुरों की भी पूजा करते थे।

बहुत-से कर्मकाण्डों में देवों के साथ-साथ असुरों का भी आह्वान किया जाता है। देवता वर्ष के अधिक गर्म, अधिक प्रकाशमान आधे हिस्से—उत्तरायण—के स्वामी हैं, जब सूर्य उत्तर में रहता है। असुर दूसरे, अधिक अँधेरे, अधिक ठण्डे आधे हिस्से—दक्षिणायन—के स्वामी हैं, जब सूर्य दक्षिण में रहता है। इस तरह हिन्दू धर्म में असुर देवताओं के पूरक हैं। हिन्दू यह भी मानते हैं कि जीवन नौ ग्रहों द्वारा भी प्रभावित होता है। दो असुर (राहु, जो ग्रहण का कारक है और केतु, जो धूमकेतुओं के रूप में प्रकट होता है) इन नौ ग्रहों में शामिल हैं। उनके बुरे असर से बचने के लिए प्रार्थनाएँ की जाती हैं। नौ ग्रहों में पाँच देवता—सूर्य, चन्द्र, मंगल, बुध और शनि) और दो ऋषि भी हैं, जिनमें से एक (बृहस्पति) देवों के गुरु हैं और दूसरे (शुक्र) असुरों के।

दिशाओं के रक्षक भी सब-के-सब देवता नहीं हैं। उत्तर दिशा के रक्षक, यक्षों के राजा कुबेर हैं, जो ईसाइयत से पहले की यूरोपीय पुराकथाओं के बौनों और वेतालों की याद कराते हैं। आगे एक चित्र दिया गया है (चित्र 2.2) जो दिशाओं के आठ रक्षकों को दर्शाता है। ध्यान से देखने पर उजागर होता है कि हर रक्षक अपने विपरीत स्थित रक्षक के गुणों को सन्तुलित करता है। इस तरह पूर्व दिशा के रक्षक इन्द्र जो

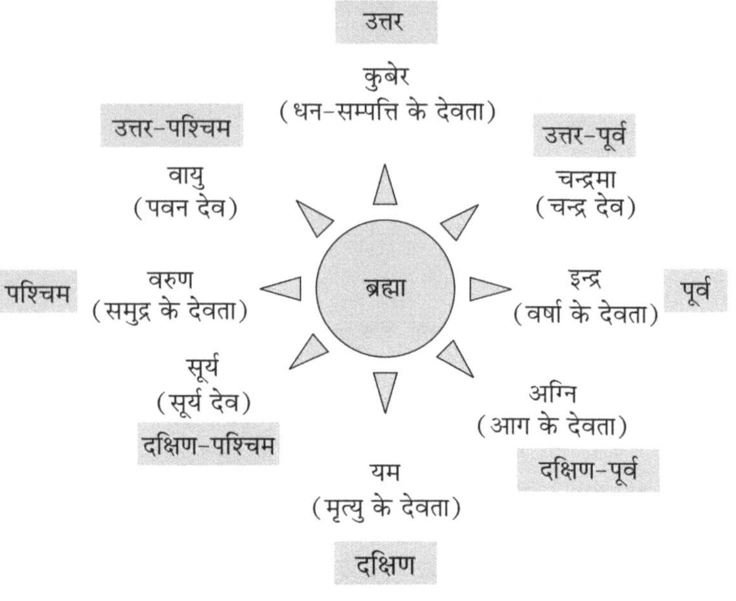

दिशाओं के रक्षक

(चित्र 2.2)

वर्षा और स्वच्छ जल से जुड़े हैं, पश्चिमी दिशा के रक्षक वरुण को सन्तुलित करते हैं जो समुद्र और खारे पानी से सम्बद्ध हैं। उत्तर-पश्चिम के रक्षक वायु देव दक्षिण-पूर्व के रक्षक अग्नि देव को सन्तुलित करते हैं। दक्षिण-पश्चिम के रक्षक सूर्य देव उत्तर-पूर्व के रक्षक चन्द्र देव को सन्तुलित करते हैं। उत्तर के रक्षक कुबेर, जो उर्वरता और जीवन से सम्बद्ध हैं, दक्षिण के रक्षक यम को सन्तुलित करते हैं, जो मृत्यु के देवता हैं।

हिन्दू लोग पशुओं, वनस्पतियों और खनिजों की भी उपासना करते हैं, उन्हें अनुकूल बनाने के लिए सन्तुष्ट करते हैं, कभी इसलिए कि वे मदद करते या नुकसान पहुँचाते हैं और कभी इसलिए कि वे देवी-देवताओं के प्रतीक होते हैं। गायों की पूजा होती है, क्योंकि उनसे दूध और गोबर मिलता है; दूध भोजन के काम आता है और गोबर जलाने के। साँपों की पूजा इसलिए होती है, क्योंकि वे उर्वरता और पुनर्जीवन से जोड़ कर देखे जाते हैं। गायें और साँप दोनों भगवती के पशु रूपी आविर्भाव माने जाते हैं। हंस, गरुड़ और वृषभ जो अलग-थलग और अकेले विचरते हैं, भगवान के पशु रूपी आविर्भाव माने जाते हैं। सुगन्धित तुलसी का पौधा देवी

का वनस्पति रूप समझा जाता है, जबकि बरगद और पीपल के वृक्ष, जो दीर्घ जीवन और स्थायित्व से सम्बद्ध हैं, भगवान के वनस्पति रूप माने जाते हैं। नदियों की पूजा देवियों के रूप में होती है—कभी-कभी लजीली तो कभी-कभी उग्र—क्योंकि वे सदा परिवर्तनशील जीवन का प्रतीक हैं, शरीर को स्वच्छ करती हैं और जहाँ जाती हैं, जीवन लाती हैं। दूसरी तरफ, पर्वत देवताओं के रूप में पूजे जाते हैं, क्योंकि वे स्थिर जान पड़ते हैं, स्थायित्व के प्रतीक हैं, वर्षा लाने वाले बादलों को रोकते हैं और अक्सर नदियों के स्रोत (जनक) होते हैं (देखिए तालिका 20)।

तालिका 20. देवों और देवियों के प्रतीक

	देवता	देवी
पशु	हंस, गरुड़, वृषभ	गाय, सर्प
चित्रात्मक	वर्ग, ऊपर को उन्मुख कोण वाला त्रिकोण	वृत्त, नीचे को उन्मुख कोण वाला त्रिकोण
खनिज	पर्वत	नदियाँ
वनस्पति	बरगद का पेड़, पीपल का पेड़	तुलसी का पौधा

भारत में हर गाँव एक हट्टे-कट्टे रक्षक के साथ जुड़ा रहता है जिसे 'क्षेत्र-पाल' या 'वीर' कहा जाता है। उसका चित्रण किसी दैत्य-सरीखा होता है, लाल-लाल आँखों और बड़े-बड़े दाँतों वाला और रक्त और आँतों का भोजन करने वाला। गाँव का अपना स्वरूप स्वयं ग्राम-देवी का होता है, जो गाँव वालों का पालन-पोषण करती है। हर साल बलि दे कर उसकी ऊर्जा को फिर से पूरा किया जाता है; ऐसा न करने पर वह एक आतंककारी रूप ग्रहण कर लेती है, जो बाढ़ और महामारियों की विपत्ति ले आता है। क्षेत्र-पाल और ग्राम-देवी को भगवान और भगवती का स्थानीय अवतार माना जाता है। क्षेत्र-पाल की पहचान या तो शिव से की जाती है या विष्णु से; देवी को काली या लक्ष्मी से जोड़ा जाता है। देवता रक्षा करते हैं, देवी पालन करती है।

इसी तरह खास-खास समुदायों, बिरादरियों और कबीलों के अलग-अलग देवी-देवता होते हैं। कारीगर देवताओं के शिल्पी, विश्वकर्मा, की पूजा करते हैं। व्यापारी देवताओं के कोषाध्यक्ष, कुबेर, को पूजते हैं। लेखाकार चित्रगुप्त की उपासना

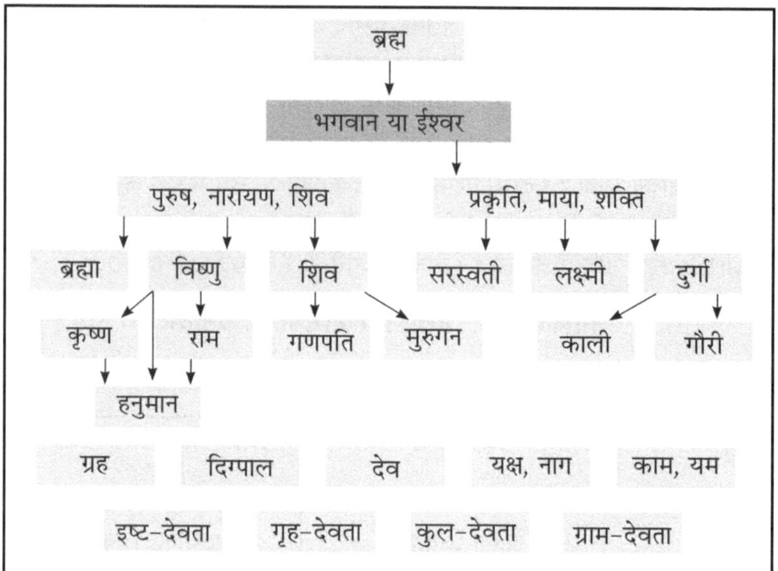

हिन्दू धर्म में देवी-देवताओं की श्रेणियाँ

(चित्र 2.3)

करते हैं, जो मृत्यु के देवता यम के लेखाकार हैं और अपनी बही में अच्छे और बुरे कर्मों का सच्चा हिसाब रखते हैं।

एक ग्राम-देवी, तुलजापुर भवानी देवी का स्थानीय अवतार है जो महाराष्ट्र के एक छोटे-से गाँव तुलजापुर में पूजी जाती हैं। वह योद्धा मराठा समुदाय की जातीय देवी भी हैं और उनके राजा शिवा जी की आराध्य देवी भी। स्थानीय परम्परा के अनुसार तुलजापुर भवानी ने शिवाजी के सपने में आकर उन्हें एक तलवार दी थी, ताकि वे देश के मुस्लिम शासकों का तख्ता पलट सकें। सम्भव है जो हिन्दू महाराष्ट्र में नहीं रहते, वे तुलजापुर भवानी के नाम से परिचित न हों, पर वे उसकी पवित्रता को समझ लेंगे।

इस तरह, हिन्दुओं के पास सिर्फ भगवान ही नहीं, बल्कि देवी-देवताओं का एक पूरा मण्डल है (देखिए चित्र 2.3) :

- निजी देवता
- कुल देवता
- गृह देवता
- ग्राम देवता

- प्राकृतिक आत्माएँ
- जीवनदायी और जीवन हरने वाली प्रक्रियाओं के देवता
- काल और देश के देवता
- पदार्थ (ज्ञान, समृद्धि, शक्ति) को साकार करने वाली देवी और आत्मा (सृष्टि, पोषण, संहार) को साकार करने वाले देव
- निजी देवत्व
- निरपेक्ष दैवी सत्ता

जिन देवताओं की पूजा की जाती है, उनका चुनाव बहुत-से तत्वों पर निर्भर करता है, जैसे परम्परा, वह सम्प्रदाय जिससे वह व्यक्ति जुड़ा है और जीवन के प्रति व्यक्ति का रवैया। ऐसी कोई आस्था-सम्बन्धी प्रथा नहीं है जिसे हिन्दू कहा जा सके। ऐसा कोई देवता नहीं है जो सब हिन्दुओं में समान हो। ईश्वर की एक समान अवधारणा खोजने की कोशिश आमतौर पर हिन्दू धर्म को उत्तरोत्तर अधिक एकेश्वरवादी होती जा रही विश्व व्यवस्था से जोड़ने की आधुनिक ज़रूरत का परिणाम है।

श्रद्धा-भक्ति का पात्र—चाहे वह कुल-देवता हो या सर्वोच्च दैवी सत्ता का साकार रूप—एक मन्दिर में प्रतिष्ठित होता है। मन्दिर भारत भर में जगह-जगह फैले हुए हैं : घरों, दफ़्तरों, दुकानों, खेतों, वनों, सड़क के किनारे, नदियों के तट पर और पहाड़ियों के ऊपर। इनमें से सबसे भव्य मन्दिर दसवीं और पन्द्रहवीं सदी ईस्वी के बीच पुरी (उड़ीसा) और तंजावुर (तमिलनाडु) में पत्थर से बने विशाल मन्दिर हैं।

हिन्दू मन्दिर कोई सामुदायिक प्रार्थना गृह या ऐसी जगह नहीं होता जहाँ आस्थावान इकट्ठा होकर अपने को उन लोगों से अलग बतायें जो विश्वास नहीं करते, जैसा कि यहूदियों के उपासना-गृह या ईसाइयों के गिरजे या मुसलमानों की मस्जिद में होता है। छोटा हो या बड़ा, मन्दिर किसी देवी या देवता का निवास होता है। अक्सर कोई चट्टान मन्दिर का आराध्य देवता होती है जिस पर मुखौटा लगा दिया जाता है या फिर पत्थर या धातु से बनी काफी सजी हुई प्रतिमा होती है। प्रतिमा का अपने आप में कोई महत्त्व नहीं होता जब तक कि उसे बहुत-से विस्तृत अनुष्ठान करके प्रतिष्ठित नहीं किया जाता। देवता के इस मूर्त रूप के दर्शन करने के लिए भक्त मन्दिर में इकट्ठा होते हैं। दर्शन के दौरान भक्त देवी या देवता की कृपा प्राप्त करते हैं और उसे अपने भौतिक जीवन में ले जाते हैं। लगातार दिखते रहने से प्रतिमा की शक्ति क्षीण होती है और उसे कर्मकाण्डों द्वारा फिर से ऊर्जा प्रदान की जाती है। दिव्यता को सँजोये रखने के लिए देवता की प्रतिमा को गर्भ-गृह में रखा जाता है जो अक्सर एक अँधेरा, सँकरा

स्थान होता है और आम जन के लिए खुला नहीं होता। सिर्फ पुजारी और पुरोहित, जो विधिवत पवित्र कर दिये गये हों, गर्भ-गृह में जाकर प्रतिमा को छू सकते हैं, हालाँकि भक्तों के लाभ के लिए वर्ष में एक बार प्रतिमा को गर्भ-गृह से निकाल कर भव्य जुलूस की शक्ल में सड़क पर ले जाया जाता है।

इष्ट देवता या देवी की पवित्र शक्ति को बनाये रखने और आक्रमण करने वाली शक्तियों को बाहर रखने के लिए हिन्दू मन्दिर को ऊँची दीवारें घेरे रहती हैं। फाटक खास तौर पर दक्षिण की ओर और विशाल होते हैं; दैत्यों और दुष्टात्माओं को भगाने, मन्दिर के देवता का महिमा-मण्डन करने और मन्दिर के निर्माता की समृद्धि और शक्ति प्रदर्शित करने के लिए वे पौराणिक प्रतिमाओं से सज्जित होते हैं। मुख्य मन्दिर के इर्द-गिर्द अन्य देवी-देवताओं के छोटे-छोटे मन्दिर होते हैं। इसके अलावा सामुदायिक रसोई-घर, विवाह मण्डप, नृत्य मण्डप और पुजारियों के निवास होते हैं। मन्दिर को स्वयं एक दैवी विमान या रथ के रूप में देखा जाता है जो अमूमन एक वेदी पर बना होता है और कभी-कभी कछुए या कमल की आकृति का होता है। गर्भ-गृह उसके केन्द्र में होता है। दक्षिण भारतीय मन्दिरों में छत (द्रविड़ शैली में) पिरामिड (Pyramid) जैसी होती है, जबकि उत्तर भारत के मन्दिरों में वक्र रेखाओं में बनी (नागर शैली)। इस छत पर एक कलश रखा जाता है और एक पताका फहरायी जाती है। गर्भ-गृह के चारों ओर गलियारा होता है ताकि भक्त परिक्रमा कर सकें। सामने की तरफ खम्भों वाला एक सभागार होता है जहाँ भक्त भगवान के सामने खड़े हो सकें।

मन्दिर के भीतर दर्शन हर दिन सिर्फ पहले से तय समय पर ही हो सकता है और वह भी थोड़ी देर के लिए। दर्शन के दौरान भक्त अपनी श्रद्धा व्यक्त करते हैं, भेंट चढ़ाते हैं, याचना करते हैं और दैवी कृपा की माँग करते हैं। बाद में भक्त सारे बचे हुए चढ़ावे (भोजन, जल, चन्दन, फूल, वस्त्र) को इकट्ठा करते हैं, क्योंकि यह सब दैवी कृपा प्रदान करने वाला होता है। यहाँ तक कि प्रतिमा की आरती करने के लिए जो दीपक होता है उसकी ज्योति की आँच भी सब भक्त लेते हैं जो देवी या देवता के प्रकाश का माध्यम समझी जाती है।

अक्सर मन्दिर की दीवारों पर पुराकथाओं और महाकाव्यों के दृश्य अंकित किये जाते हैं। इनमें पशुओं, पौधों, देवों, दैत्यों, ऋषियों, गणिकाओं, पुरोहितों और योद्धाओं की छवियाँ होती हैं। काम, उग्रता और हिंसा का विशद चित्रण होता है। इस तरह कोशिश की जाती है कि मन्दिर के केन्द्र में जो दैवी सत्ता है, उस से उपजने वाले सब कुछ को चित्रित किया जाये। इस तरह हिन्दू मन्दिर वास्तु-शिल्प के माध्यम से हिन्दू अध्यात्म की अभिव्यक्ति होता है।

मन्दिर की भित्ति-कला यानी दीवारों पर अंकित कला वह सब चित्रित करती है जिसका अस्तित्व ब्रह्माण्ड में है, यहाँ तक कि वे जीव और घटनाएँ भी जो मानवीय कल्पना की सीमा से परे जान पड़ते हैं। हर शिल्प चाहे वह कितना ही लौकिक, हिंसा-भरा, कामुक और अद्‌भुत हो, ईश्वर के रूप में देखा जाता है।

दैत्य और राक्षस

ईसाइयत से पहले यूरोप की कोई भी पौराणिक कथा किसी सर्वशक्तिमान ईश्वर के विचार को अहमियत नहीं देती। उनका पुराकथालोक तरह-तरह के अनगिनत जीवों से आबाद था, जिनमें वे भी शामिल थे जिन्हें हम आज देवता, दैत्य और मनुष्य कहते हैं। यूरोप के धुर उत्तर में रहने वाले स्कैण्डिनेवियाई लोगों के पास एसिर (Aesir), वानिर (Vanir), बौने, दानव, राक्षस, अप्सराएँ और प्रेत थे। यूनानियों के पास ओलिम्पिया पर रहने वाले देवता; टाइटन (Titans); दानव; प्रेत; डाकिनियाँ और अप्सराएँ थीं जिन्हें ओरियड (Oreads), ड्रायड (Dryads) और नेरिड (Nereids) कहते थे और जो गुफाओं, पेड़ों और नदियों में रहती थीं। केल्ट (Celt) लोगों के यहाँ परियाँ, बौने, प्रेत, भूत, ग्रेमलिन (Gremlins), गॉबलिन (Goblins) और लेप्रेकॉन (Leprechauns) थे। ये सब असुरों, गन्धर्वों, अप्सराओं, किन्नरों, किंपुरुषों, विद्याधरों, यक्षों, नागों, राक्षसों और वानरों की याद दिलाते हैं जो हमें हिन्दू पौराणिक कथाओं में मिलते हैं।

मिसाल के लिए यक्ष तोंद वाली वनवासी आत्माएँ हैं जिन्हें पहेलियाँ पसन्द हैं और जो खजानों की रक्षा करते हैं। उनकी नगरी अलकापुरी उत्तर में है। उनका राजा कुबेर देवताओं का कोषाध्यक्ष है। उसके पास एक पालतू नेवला है जो रत्न उगलता है। कुबेर के रथ को मनुष्य खींचते हैं। कुबेर को, जो कंजूस है, जब एक आँख खो देने के बाद उसकी जगह सोने से बनी नकली आँख लगानी पड़ी, तब यह आभास हुआ कि पैसा सब कुछ नहीं खरीद सकता। हिन्दू पुराकथालोक में हर प्रकार की आत्मा या जीव अपने विशेष गुणों से परिभाषित होता है।

प्राचीन पुराकथालोक में जो पात्र हमें मिलते हैं, वे मोटे तौर पर दो हिस्सों में बाँटे जा सकते हैं—वे, जो मनुष्यों के लिए हानिकारक हैं और वे, जो लाभदायक और सहायक हैं। लेकिन यह बँटवारा आसान नहीं है। यक्ष मदद भी पहुँचा सकता है और नुकसान भी। अप्सरा मोहित भी कर सकती है और ज्ञान भी दे सकती है। देवता किसी राक्षस को मुक्त करने के लिए या किसी मनुष्य को दण्ड देने के लिए वध भी कर सकते हैं। जीवन में हर घटना, अच्छी या बुरी, बहुत अच्छी फसल

से लेकर भयंकर आँधी तक, इन जीवों के बीच जटिल क्रिया-प्रतिक्रिया का परिणाम है।

कोई स्पष्ट रूप से परिभाषित भगवान या शैतान हमेशा मौजूद नहीं रहता। जूपिटर (Jupiter) हालाँकि देवताओं का राजा है, मगर उसे मुश्किल से ही याहवेह कहा जा सकता है। उत्तरी यूरोप की परम्परा का छलिया लोकी (Loki) हालाँकि नटखट और दुष्ट है और ज़बर्दस्ती घुसपैठ करने वाला है और अन्ततः अनचाहे ही देवताओं की मृत्यु का सन्देश लाता है, तो भी उसे शैतान के बराबर नहीं ठहराया जा सकता। आयरलैण्ड के फोमोर भय उपजाते थे और उनसे संघर्ष भी होता था, लेकिन उन्हें कभी राक्षसों के रूप में नहीं देखा गया। इसी तरह न तो यूनानियों का क्रोनस (Cronus) जिसे जिउस परास्त करते हैं और न मेसोपोटामिया का तियामत (Tiamat), जिसे मद्रुक (Madruk) नामक देवता पराजित करता है, पूरी तरह दुष्ट और बुरा कहा जा सकता है। इसके बावजूद इन प्राचीन पौराणिक कथाओं को फिर से सुनाते समय सारे संघर्षों को अच्छाई और बुराई के बीच लड़ाइयों के रूप में दिखाया जाता है। इस तरह डिज़्नी की ऐनिमेशन फिल्म 'हरक्युलीज़' (Hercules) पाताल के राजा हेड्स (Hades) को दुष्टात्मा के रूप में चित्रित करती है। यहाँ तक कि जे.आर.आर. टोल्किएन का उपन्यास *लॉर्ड ऑफ़ द रिंग्स* जो उत्तर यूरोपीय पुराकथाओं पर आधारित है, एक सर्वव्यापी दुष्ट शक्ति की तरफ इशारा करता है जिसे उपन्यास के नायकों द्वारा परास्त किया जाना ज़रूरी है। स्पष्ट रूप से यह हर संघर्ष को अच्छाई और बुराई के बीच लड़ाई के रूप में देखने वाली मानीवादी विचारधारा से प्रभावित दुनिया में पुराकथा-निर्माण है।

दिलचस्प बात है कि सबसे प्राचीन यहूदी धर्म-ग्रन्थ बुराई (evil) के विचार से परेशान नहीं दिखते : बुरी चीज़ें तब होती हैं जब याहवेह की अवज्ञा होती है या उसे अनदेखा किया जाता है या झूठे देवताओं द्वारा किनारे कर दिया जाता है। ऐसा विश्वास है कि यहूदी, ईसाई और इस्लामी परम्परा में दुष्टता (evil) का विचार प्राचीन फारस की जरथुस्त्रवादी कथाओं से आया। ये कथाएँ पृथ्वी पर जीवन को भले अहुर मज़्द (Ahura Mazda) और बुरे अंग्र मन्यु (Angra Manyu) के बीच अनन्त संघर्ष के रूप में वर्णित करती हैं। ये विचार यरूशलम में सुलेमान के मन्दिर के ध्वंस के बाद निष्कासन के काल के दौरान बैबिलॉन (Babylon) में लोकप्रिय थे। जरथुस्त्र फारस का वह पैगम्बर था जिसने अपने लोगों को शिक्षित किया कि वे कैसे अपने रोज़मर्रा के जीवन में अंग्र मन्यु की बुराई पर विजय हासिल कर सकते हैं।

जरथुस्त्रवादी, यहूदी, ईसाई और इस्लामी साँचों में यह शब्द 'बुराई' (evil) उन घटनाओं को समझाने के लिए इस्तेमाल होता है जिन्हें दैवी सत्ता से नहीं जोड़ा

जा सकता। जरथुस्त्र के मानने वालों के लिए मृत्यु, रोग, धुआँ, गरीबी और पीड़ा दुष्ट जीव की उपज है जिसने सर्वोच्च ईश्वर अहुर मज़्द की पूर्ण और शुद्ध सृष्टि को दूषित कर दिया। *बाइबल* में अपूर्णता साँप के प्रलोभन में फँस जाने पर आदम और हव्वा के पतन का परिणाम है; यह साँप बाद में शैतान—एक ईर्ष्यालु और पतित फरिश्ते—के रूप में चिह्नित किया जाता है।

ऐसा नहीं है कि जो अवांछित है, उसकी व्याख्या के लिए सभी संस्कृतियों को दुष्टता के विचार की ज़रूरत पड़ती है। ईसाइयत से पहले के यूरोप में यह माना जाता था कि बुरी बातें अमित्रतापूर्ण वनवासी आत्माओं या ईर्ष्यालु देवताओं के कारण होती थीं। प्राचीन मेसोपोटामिया में देवताओं ने मनुष्यों को मरणशील बनाया, ताकि वे उन्हें अपने सेवक बना सकें। सारी विपदाएँ दैवी कोड़ा या अंकुश थीं जिनसे मनुष्यों में आदेशपालन की भावना बनाये रखी जा सके।

हिन्दुत्व में कर्मों का नियम बुरी घटनाओं की व्याख्या करता है। इस नियम के अनुसार हर घटना पिछली घटनाओं की प्रतिक्रिया है। अच्छी घटनाएँ अच्छे कर्मों से अर्जित पुण्य के कारण होती हैं और बुरी घटनाएँ बुरे कर्मों यानी पापों की वजह से। दुष्टता यानी बुराई के लिए कोई जगह नहीं है, इसलिए किसी भारतीय भाषा में इसके लिए कोई पर्याय नहीं है।

हिन्दू कथाएँ लगातार किसी भी घटना के लिए कारण बताती रहती हैं। कुछ भी अपने आप नहीं होता। अच्छी घटनाएँ वरदानों के कारण होती हैं; बुरी बातें शापों की वजह से होती हैं। शाप और वरदान कर्म के विचार को समझाने के लिए उपकरणों का काम करते हैं। शाप और वरदान असुविधाजनक अनुभवों के कारण को बताने के लिए इस्तेमाल किये जाते हैं, यह बताने के लिए कि असुविधाजनक अनुभव क्यों हुए।

राम क्यों निर्वासित हुए

(रामायण)

> दशरथ की प्रिय पत्नी कैकेयी ने युद्ध में उनकी जान बचायी थी। कृतज्ञ होकर दशरथ ने उसकी तीन इच्छाएँ पूरी करने का वचन दिया था। अपने सौतेले बेटे राम के राज्याभिषेक से एक दिन पहले कैकेयी ने दशरथ से अपने तीन वर माँग लिये, 'राम से कहिए कि वह सिंहासन त्याग दे, चौदह साल वन में तपस्वी की तरह रहे और उसकी जगह मेरे बेटे भरत को राजा बनाइये।' दशरथ के पास उसकी इच्छा पूरी करने के अलावा और कोई चारा नहीं था।

जब राम अयोध्या नगरी से गये तो दशरथ का दिल टूट गया और उनकी मृत्यु हो गयी। यह दुःख दशरथ को उस दुर्भाग्यपूर्ण घटना के कारण सहना पड़ा था जो उस समय हुई थी जब दशरथ एक युवक थे। एक दिन शिकार के समय उन्होंने भूल से श्रवण नाम के एक युवक को मार दिया था जो अपने अन्धे माता-पिता की अकेली सन्तान और उनका एकमात्र सहारा था। अपने बेटे की मृत्यु पर विलाप करते हुए बूढ़े दम्पति ने दशरथ को शाप दिया कि उनकी मृत्यु भी अपने पुत्र के वियोग में होगी।

निम्नलिखित कथा बताती है कि हालाँकि कृष्ण पृथ्वी पर व्यवस्था लाये थे, उनकी मृत्यु इतनी भयानक क्यों हुई। ज़रूरी नहीं है कि सत्कर्म का परिणाम अच्छा भाग्य ही हो, क्योंकि सम्भव है कि अच्छा कर्म सबके लिए अच्छा न हो।

गान्धारी का श्राप

(महाभारत)

कृष्ण की सहायता से पाण्डवों ने कौरवों को मार कर राज्य में धर्म की स्थापना कर दी। लेकिन कौरवों की माता गान्धारी का दुख किसी तरह की सान्त्वना से शान्त नहीं हो रहा था। उसने कृष्ण को शाप दिया कि वे भी अपने बच्चों और सम्बन्धियों की मृत्यु के साक्षी बनेंगे और एक साधारण वधिक के हाथों मारे जायेंगे।

जिन कर्मों का फल अच्छा होता है, उन्हें पुण्य कहते हैं; जिनका फल बुरा होता है, वे पाप कहाते हैं। पापों का परिणाम शाप होता है और वरदान अच्छे कर्मों के फल होते हैं। हालाँकि अंग्रेज़ी में पाप शब्द का अनुवाद आमतौर पर 'सिन' (Sin) किया जाता है, अंग्रेज़ी में उसके उलट शब्द पुण्य का कोई पर्याय नहीं है। *बाइबल* के पुराकथालोक में मनुष्य या तो 'सिन' यानी पाप करता है या फिर नहीं करता। पुण्य और पाप की अवधारणा सरलता से वहाँ लागू नहीं होती। दया और भक्ति के कार्य जहाँ फैसले के दिन किसी के मरणोपरान्त जीवन के भाग्य को तय कर सकते हैं, वे भविष्य के जन्मों को प्रभावित नहीं करते।

और भी सूक्ष्म स्तर पर किसी भी कार्य को पाप या पुण्य कहने का मामला बाद में ही तय होता है; जब जीवन में अच्छा होता है तो कहा जाता है कि पिछले कर्म अच्छे थे। इसी तरह, जब बुरी बातें होती हैं तो कहा जाता है कि पिछले कर्म

बुरे थे। जब कार्य सम्पन्न हो रहा होता है तो इस बात का कोई अनुमान नहीं होता कि उसके क्या असर होंगे।

निम्नलिखित कथा में एक शिकारी अनचाहे ही अच्छा कर्म करता है तो भी उसे उसका अच्छा फल मिलता है।

बिल्व पत्र का अर्पण

(लिंग पुराण)

> एक शिकारी जंगल में रास्ता भटक गया और रात में जंगली जानवरों से बचने के लिए उसने एक पेड़ के ऊपर आसरा लिया। संयोग से वह बेल का पेड़ था, जो शिव को बहुत प्रिय है। जब शिकारी ऊपर चढ़ा तो पेड़ की डालें हिलीं जिससे पत्ते नीचे शिवलिंग पर गिरे। इस तरह अनजाने ही शिकारी ने शिव की उपासना करके उन पर बेल के पत्ते चढ़ाये जिससे शिव प्रसन्न हुए और उन्होंने शिकारी को आवागमन के चक्र से छुटकारा दिला दिया।

कोई घटना अच्छी है या बुरी, यह पूरी तरह व्यक्ति के अपने नज़रिये पर निर्भर करता है। मिसाल के लिए, *रामायण* में राम का वनवास एक दुर्भाग्यपूर्ण घटना है। लेकिन यह घटना देवताओं को प्रसन्न करती है, क्योंकि वह राम और रावण के संघर्ष और अन्ततः रावण की पराजय के लिए मंच तैयार कर देती है।

दुष्टता के अभाव में हिन्दू पुराकथालोक में 'सेटन' यानी शैतान की भी कोई ज़रूरत नहीं है। लेकिन धर्म-ग्रन्थों और महाकाव्यों में ढेरों खलनायक मिलते हैं। इन खलनायकों को तीन स्पष्ट कोटियों में विभाजित किया जा सकता है :

1. असुर जो देवताओं से लड़ते हैं
2. राक्षस जो मनुष्यों से लड़ते हैं
3. पिशाच जो पूर्वजों से लड़ते हैं

चूँकि देवों को देवता माना गया है, इसलिए देवों के अन्तहीन शत्रुओं—असुरों—को दैत्य माना गया है। लेकिन ये दैत्य किसी भी अर्थ में नैतिक रूप से देवों से कम नहीं हैं। बल्कि, बहुत-से मामलों में वे देवों से बढ़कर हैं। प्रह्लाद, विरोचन और बाली जैसे असुर राजाओं में हमें निष्ठा, न्याय और उदारता जैसे सद्गुण मिलते हैं।

वामन पुराण के अनुसार बलि ने असुरों का नेतृत्व किया, सभी देवों को हराया और तीनों लोकों का स्वामी बन गया। वह अपनी उदारता के कारण सभी

को प्रिय था। हार जाने पर विपन्न हो कर देवों ने विष्णु से मदद माँगी। विष्णु ने कहा,'बलि की उदारता उसकी पराजय का कारण बनेगी।' विष्णु एक बौने का रूप धर कर बलि के पास गये और उससे दक्षिणा के रूप में तीन पग धरती की माँग की। बलि ने पल भर सोचे बिना यह स्वीकार कर लिया। बौना तुरन्त एक दानव में बदल गया। दो पग में उसने आकाश और अन्तरिक्ष को नाप लिया और तीसरे पग को बलि के सिर पर रख कर उसने बलि को पाताल लोक में भेज दिया जहाँ सभी असुर रहते हैं।

कथाओं में देवों को कुटिल, चालाक, धोखेबाज और कभी-कभी अनैतिक भी दिखाया गया है, लगातार पतियों की अनुपस्थिति में उनकी पत्नियों को रिझाने की कोशिश करते हुए।

इन्द्र द्वारा अहल्या को लुभाना

(रामायण)

> जिस समय गौतम ऋषि अपने आश्रम से बाहर गये हुए थे, इन्द्र ने उनकी पत्नी अहल्या को फुसला लिया। जिस समय वे काम-क्रीड़ा कर रहे थे, ऋषि वापस आ गये। क्रुद्ध होकर उन्होंने अपनी पत्नी को शिला बन जाने का शाप दिया और इन्द्र को बधिया करके यह शाप दिया कि इन्द्र के शरीर पर एक हज़ार योनियाँ बन जायें।

इस कथा से यह संकेत मिलता है कि देवों और असुरों के इस संघर्ष को अच्छाई और बुराई की लड़ाई के स्तर पर उतार देना एक सुविधाजनक रास्ता अपनाना है, जो कायल नहीं करता। देवासुर संग्राम हिन्दू पुराकथालोक का एक बार-बार दोहराया जाने वाला कथानक है जिसे आगे दिये गये रेखा-चित्र में दर्शाने की कोशिश की गयी है। बिल्कुल ठेठ तरीके से वह असुरों द्वारा एक वर प्राप्त करने से शुरू होता है जो उन्हें देवों पर विजय दिलाता है। उसका अन्त भगवान या भगवती द्वारा देवों को इस योग्य बनाने से होता है कि वे चतुराई से असुरों को छल कर उन पर हावी हो सकें। इस संग्राम के सबसे आरम्भिक प्रारूपों में भगवान या भगवती का कोई हस्तक्षेप नहीं है। यह हिस्सेदारी तब शुरू हुई जब ईश्वरवादी सिद्धान्त वैदिक अनुष्ठानों की पूर्व परम्पराओं पर हावी हो गये।

ईश्वरवादी विचारों में विश्वास रखने वाले विभिन्न सम्प्रदाय अपने-अपने संरक्षक देवताओं-देवियों और भगवानों की महत्ता को स्थापित करने के लिए एक विराट ब्रह्माण्डीय संग्राम के कथानक को काम में लाते हैं। मिसाल के लिए वैष्णवों

के धर्म-ग्रन्थों की कथाएँ भक्तों को बताती हैं कि कैसे ब्रह्माण्ड में व्यवस्था बनाये रखने वाले विष्णु असुरों को पराजित करने के लिए विभिन्न रूपों में अवतरित होते हैं। शैवों के अनुसार जब विष्णु असुरों को पराजित करने में विफल हो जाते हैं तब शिव को उनकी समाधि से जगाना पड़ता है। शाक्तों के अनुसार, जो *देवी भागवत पुराण* में दी गयीं कथाएँ उद्धृत करते हैं, जब शिव भी सफल नहीं होते तब देवी उद्धार करती हैं।

शाक्तों के *देवी भागवत पुराण* के अनुसार असुरों के राजा महिष ने ब्रह्मा से एक वर प्राप्त किया जिससे कोई वनस्पति, पशु, मनुष्य, असुर या देव उसे नहीं मार सकता था। इस तरह शक्ति सम्पन्न होकर महिष ने देवों को देवलोक से भगा दिया। देव अपने पिता ब्रह्मा के पास गये जिन्होंने उन्हें शिव के पास भेजा। शिव ने उन्हें सलाह दी कि वे अपनी शक्ति को मुक्त करें; यह शक्ति सभी देवों के मुखों से आग की शक्ल में निकली। आग की सारी लपटें एक हो गयीं और उनमें से एक दिव्य योद्धा स्त्री निकली जिसका नाम दुर्गा था और जिसकी आठ भुजाएँ थीं। उसने सिंह पर सवार होकर महिष और दूसरे असुरों पर आक्रमण किया और अपने त्रिशूल से उन्हें मार दिया। वह इसलिए सफल हुई, क्योंकि महिष ने स्त्रियों से रक्षा का वर नहीं माँगा था।

किसी असुर की पराजय के बाद की शान्ति एक अस्थायी अवकाश ही होता है, जब तक कि एक नया असुर प्रकट हो कर संग्राम और विजय के इस चक्र को

असुर तप करके ब्रह्मा से वरदान प्राप्त करते हैं और शक्तिशाली बन जाते हैं या देवों का भोगवादी जीवन किसी ऋषि के कोप का कारण बनता है जो उन्हें शाप दे कर निर्बल बना देते हैं।	असुर देवों को पराजित करके तीनों लोकों पर नियन्त्रण प्राप्त कर लेते हैं जो धरती के ऊपर, नीचे और धरती पर हैं जिससे जीवन में असामंजस्य और अव्यवस्था पैदा होती है।
विष्णु का अवतार या शिव का पुत्र या देवी प्रकट हो कर असुरों को पराजित करती है, उन्हें पाताल लोक में भेज देती है और देवलोक को फिर से देवों को दिलाती है जिससे समरसता बहाल हो जाती है।	पराजित देवता ब्रह्मा से सहायता माँगते हैं जो उन्हें विष्णु या शिव या देवी का आह्वान करने को कहते हैं।

देवों और असुरों के संग्राम से सम्बद्ध विजय-पराजय का चक्र

नहीं दोहराता। युद्ध शान्ति की प्रतिक्रिया है और शान्ति युद्ध की। देवों और असुरों की बदलती नियति में एक लयात्मकता-सी है। उनमें से कोई भी स्थायी रूप से पराजित नहीं होता; दोनों का जोड़ बराबरी का है। इससे संकेत मिलता है कि किसी-न-किसी तरह संसार के लिए असुरों का अस्तित्व ज़रूरी है। उनके बिना असन्तुलन पैदा हो जाता है। जब भगवान प्रकट होते हैं तब वे असुर को नष्ट नहीं करते, सिर्फ उसे उसके पाताल लोक में भेज देते हैं (देखिए तालिका 21)।

तालिका 21. हिन्दू पुराकथालोक में पूरक विरोधी

देव	असुर
इनके गुरु बृहस्पति हैं	इनके गुरु शुक्राचार्य हैं
अदिति से प्रजापति कश्यप की सन्तान	दिति और दनु से प्रजापति कश्यप की सन्तान
अमृत पान करते हैं	मृतकों को पुनर्जीवित करने का रहस्य जानते हैं
जीवन धरती के ऊपर या आकाश में	धरती के नीचे रहते हैं
उत्तरायण काल में शक्तिशाली	दक्षिणायन काल में शक्तिशाली
विजय इन्हें देवलोक में रहने और भौतिक सुख-भोग के योग्य बनाती है	पराजय इन्हें अँधेरे और विषाद-भरे पाताल लोक में वापस भेज देती है जहाँ वे सोने के नगरों में रहते हैं

देवासुर संग्राम ब्रह्माण्ड के लिए ज़रूरी है। इस विचार को निम्नलिखित कथा बहुत स्पष्ट रूप से स्थापित करती है, जिसमें समृद्धि और भाग्य की देवी—श्री—तभी सागर को मथ कर निकाली जा सकती है जब इस मन्थन में असुर और देव, दोनों हिस्सा लें।

श्री की खोज में समुद्र-मन्थन

(भागवत पुराण)

एक बार ऐसा हुआ कि श्री धरती से लुप्त हो गयी। देव विष्णु के पास गये जिन्होंने कहा कि चूँकि श्री ने अपने को क्षीर सागर में विलीन कर दिया है, इसलिए उसे मथ कर निकालना होगा। यह असुरों की मदद के बिना सम्भव नहीं था। असुरों को भी श्री की कमी खटक रही थी, इसलिए उन्होंने देवों से अपने मतभेद भुला दिये और समुद्र मन्थन के लिए इकट्ठे हो गये। विष्णु के निर्देश पर गरुड़ ने मेरु पर्वत को धुरी का काम करने के लिए समुद्र के बीच ले जा कर रख दिया। कछुओं के राजा अकुपार ने मेरु को डूबने से रोका। नागराज वासुकि ने पर्वत के गिर्द लिपट कर रस्सी का काम दिया। देवों ने वासुकि की पूँछ पकड़ी और असुरों ने गर्दन और मन्थन शुरू हुआ। युगों-युगों तक समुद्र मथा जाता रहा; फिर अन्ततः समुद्र ने अपनी सारी सम्पदा उजागर कर दी, जिसमें से सबसे दिव्य थी श्री। समुद्र से अमृत से भरा एक घट भी निकला। देव और असुरों के बीच उसके लिए झगड़ा होने लगा। तब विष्णु ने मोहिनी का रूप धारण किया। मोहिनी ने अमृत को बराबर-बराबर बाँटने का प्रस्ताव रखा, लेकिन जिस बीच असुर उसकी मोहिनी मुस्कान से मुग्ध थे, मोहिनी ने देवों को अमृत पिला दिया। इस तरह शक्ति प्राप्त करके देवों ने असुरों को हरा दिया और समुद्र की सारी सम्पदा को अपने कब्जे में ले लिया।

देव और असुर मन्थन की गति के बल और प्रतिबल का काम करते हैं। लेकिन विष्णु यह सुनिश्चित करते हैं कि श्री समेत समुद्र से निकलने वाली सारी सम्पदा अन्ततः देवों को मिले। इस तरह देवलोक सर्वोत्तम पशु, वनस्पति और खनिज सम्पदा-युक्त बन जाता है :

- कामधेनु, इच्छा पूरी करने वाली गाय
- कल्पतरु, इच्छा पूरी करने वाला वृक्ष
- पारसमणि, सपने पूरे करने वाला रत्न

जब असुर देवों पर हावी होते हैं, वे इस सम्पदा को अपने कब्जे में कर लेते हैं। जब देव असुरों को हरा देते हैं, यह सम्पदा मुक्त करा ली जाती है। कहा जाता है कि देवों की रानी, इन्द्र की पत्नी पुलोमी (Pulomi) पुलोमन (Puloman) असुर की पुत्री है, जिससे संकेत मिलता है कि देवलोक की सभी विभूतियाँ असुरों के लोक

से आती हैं। इस तरह असुर दुष्ट जीव नहीं हैं, बल्कि ब्रह्मा की सन्तानें हैं जो ब्रह्माण्ड की सम्पदा को अपने पाताल लोक में खींच ले जाते हैं। सूर्यदेव, चन्द्रदेव, वर्षा के देव, अग्नि देव और वायु देव हमारी वनस्पतियों को खींच कर, जल पर आघात करके और चट्टानों को खनिजों के लिए गला कर इस सम्पदा को मुक्त करते हैं।

देवों के कार्य मनुष्यों को लाभ पहुँचाते हैं। इसलिए मनुष्यों के लिए देव 'देवता' हैं और असुर 'राक्षस' हैं। मनुष्यों की सहायता करने वाले देव पूजा, श्रद्धा, चढ़ावे और शक्ति बढ़ाने वाले कर्मकाण्डों के अधिकारी हैं। असुरों की ज़रूरत जीवन की प्रक्रिया के लिए हो सकती है, पर वे आजीविका के लिए अनावश्यक हैं।

नाग या सर्प देवता धरती के नीचे रहते हैं और उर्वरता और पुनर्जीवन की शक्तियों से सम्बद्ध हैं। नागों और गरुड़ों के बीच संघर्ष का वर्णन करने वाली अनेक कथाएँ मिलती हैं। अन्दर का कथानक वही जान पड़ता है जो असुरों और देवों के संघर्ष का है। धरती से सम्बद्ध नाग पृथ्वी की सम्पदा को नीचे खींच ले जाने की कोशिश करते हैं, जबकि आकाश में विचरने वाले गरुड़ सम्पदा को ऊपर की ओर खींचते हैं। असुरों के विपरीत नागों की पूजा होती है। कल्हण का महाकाव्य *राजतरंगिणी* हमें बताता है कि जब कश्मीर के राजा ने अपने राज्य में नाग पूजा करने से इनकार कर दिया तो राज्य में भारी अकाल पड़ा। विष्णु के मन्दिरों में विष्णु का वाहन गरुड़ अपनी चोंच और पंजों में एक नाग को पकड़े दिखाया जाता है, जो प्रकृति की फिसलन भरी उर्वरता पर संस्कृति के नियन्त्रण का संकेत देता है।

रामायण में एक और तरह के जीवों—राक्षसों—का वर्णन मिलता है जो उग्र जीव हैं और ऋषियों के मनन-चिन्तन और कर्मकाण्डों में विघ्न डालते हैं। असुरों ही की तरह राक्षस भी दुष्ट नहीं समझे जाते, लेकिन उनके कार्य मनुष्यों के हित में नहीं हैं। ताड़का, खर और दूषण विश्वामित्र को इतना व्याकुल कर देते हैं कि वे दशरथ और उनके पुत्रों से रक्षा माँगने के लिए विवश हो जाते हैं। राक्षस कामुक जीव होते हैं जो विवाह का सम्मान नहीं करते। उनका राजा रावण राम की पत्नी सीता को अपनी रानी बनाने के इरादे से उसका अपहरण कर लेता है। रावण की बहन बलपूर्वक राम से विवाह करने की कोशिश करती है, इसके बावजूद कि वे कहते हैं कि वे अपनी पत्नी के प्रति समर्पित हैं। यह सब संकेत देता है कि राक्षस वन के नियमों का पालन करते हैं जहाँ काम और हिंसा निरंकुश है और बल का ही बोलबाला है। दूसरी तरफ राम समर्पित पति और निष्ठावान योद्धा हैं; उनकी यौन-भावनाएँ और हिंसा नियन्त्रण में है। वे सभ्य समाज के वैदिक नियम—धर्म—का पालन करते हैं।

राम और रावण के बीच संघर्ष अच्छाई और बुराई के बारे में नहीं है, बल्कि

प्रकृति और संस्कृति के बारे में है। राम के संसार में शक्तिशाली लोग कमज़ोरों की रक्षा करते हैं। रावण के संसार में कमज़ोरों के लिए कोई जगह नहीं है। राम अपना कर्तव्य उस समय भी करते हैं जब ऐसा करने का मतलब है अपने निजी सुख का त्याग करना। वे बिना किसी खेद या पछतावे के अपने पिता के आदेश पर अपने राज्य को त्याग देते हैं और अपने भाई भरत के लिए रास्ता साफ कर देते हैं। दूसरी तरफ रावण वही करता है जो उसको अच्छा लगता है। वह अपने भाई कुबेर को लंका से निकाल बाहर करता है और गद्दी हथिया लेता है।

पितर वे पूर्वज हैं जो पुनर्जन्म की प्रतीक्षा में मृतकों के लोक में निवास करते हैं। जीव-लोक में उनके उत्तराधिकारी श्राद्ध नामक अन्त्येष्टि के कर्मकाण्डों द्वारा उन्हें स्मरण करते हैं, भोजन देते हैं और सन्तति को जन्म देकर उनके पुनर्जन्म को सम्भव बनाने का आश्वासन देते हैं। कुछ पितरों के जीव-लोक में कोई उत्तराधिकारी नहीं होते या कोई उन्हें याद नहीं करता। उनके लिए कोई श्राद्ध नहीं करता। वे पुनर्जन्म की आशा के बिना, भूखे और बेचैन रहते हैं। चिन्ता और कोप से वे भूत-प्रेतों और रक्त-पिपासु पिशाचों-वेतालों में बदल जाते हैं और ध्यान दिये जाने और सन्तुष्ट किये जाने की माँग करते हुए, जीवित और मृत, दोनों को परेशान करते हैं। ईसाई पौराणिक कथाओं के भूतों और रक्त-पिपासु चमगादड़ों की तरह उन्हें झाड़-फूँक कर भगाने की ज़रूरत नहीं होती। वे आत्म-शान्ति के कर्मकाण्डों द्वारा शान्त और आश्वस्त किया जाना चाहते हैं (देखिए तालिका 22)।

तालिका 22. ब्रह्माण्ड में अनन्त संघर्ष की व्याख्याएँ

संघर्ष	**व्याख्या**
देव बनाम असुर	प्रकृति की सम्पदा को धरती के ऊपर या नीचे खींच ले जाने के लिए संघर्षरत प्राकृतिक शक्तियाँ
मानव बनाम राक्षस	कर्तव्यों और मर्यादा पर आधारित मानवीय सभ्यता के नियमों का पालन करने वाले लोगों और उन लोगों के बीच संघर्ष जो बल पर आधारित जंगल के नियम पर चलते हैं
नाग बनाम गरुड़	थलचर और नभचर प्राकृतिक आत्माओं के बीच संघर्ष
पितर बनाम पिशाच	जीवित लोगों द्वारा भुला दी गयी मृतात्माओं और उन मृतात्माओं के बीच संघर्ष जिनके उत्तराधिकारी उनका सम्मान करते हैं, उन्हें भोजन अर्पित करते हैं और सन्तति पैदा करके उन्हें फिर से जन्म लेने का अवसर प्रदान करते हैं

भिन्न प्रकार की सृष्टि

बाइबल में इसके बारे में कोई व्याख्या नहीं है कि याहवेह का अस्तित्व कैसे घटित हुआ। वह केवल आरम्भ है और इसी को स्वीकार करना पड़ता है। याहवेह शून्य से सात दिनों में संसार की सृष्टि करता है, फिर वह विश्राम करता है। वह अपनी सृष्टि से अलग-थलग रहता है जो पूर्ण है जब तक कि पहले मानवीय दम्पति—आदम और हव्वा—उसकी चेतावनी को नज़रन्दाज़ करके ज्ञान का फल नहीं खा लेते और इस तरह सर्प यानी शैतान के प्रलोभन का शिकार नहीं बन जाते। इस कथा के यहूदी, ईसाई और *बाइबल* के प्रारूप उस मूल विचार से बहुत अधिक इधर-उधर नहीं होते कि एक सर्वशक्तिमान स्रष्टा ने शून्य से एक पूर्ण संसार की सृष्टि की और उसकी पूर्णता को मनुष्य ने अपनी अवज्ञा से भंग कर दिया।

हिन्दू धर्म-ग्रन्थों में सृष्टि के अनेक प्रारूप हैं, जिनमें अलग-अलग कथानक और पात्र हैं। यह उन तमाम रूपान्तरों का संकेत देता है जिनसे पिछले चार हज़ार बरसों के दौरान हिन्दुत्व गुज़रा है और उन बहुत-से विचारों का भी पता देता है जिन्हें हिन्दुत्व ने आत्मसात किया है और जो उससे निकल कर बाहर आये हैं। अक्सर कथाएँ विशेष रणनीति के तहत रची गयी हैं—एक आराध्य देव के महत्व को दूसरे से बड़ा बताने के लिए। निम्नलिखित कथा बताती है कि कैसे देवी की पूजा करने वाले संसार की सृष्टि का वर्णन करते हैं। कथा के पीछे किसी धर्म-ग्रन्थ का आधार नहीं है, लेकिन यह कई लोक गीतों और लोक कथाओं की विषय-वस्तु है। इसे पितृसत्तात्मक वैदिक संस्कृति के आने और हावी हो जाने से बहुत पहले की प्राचीन भारतीय जातियों और मातृसत्तात्मक संस्कृतियों से आयी हुई, सृष्टि की सबसे प्रारम्भिक कथा माना जाता है।

त्रिदेव का जन्म

(लोक कथा)

आरम्भ में सर्वोच्च देवी—आदि शक्ति—ने कमल में तीन अण्डे दिये। इन तीन अण्डों से तीन लोक और तीन देवता—ब्रह्मा, विष्णु और शिव—निकले। देवी के हृदय में कामना जागी और उसने देवों से कहा कि वे उसके साथ सम्भोग करें। 'लेकिन तुम हमारी माता हो,' ब्रह्मा और विष्णु ने पीछे हटते हुए कहा। ठुकराये जाने पर देवी नाराज़ हुई और उसने अपनी ज्वालामयी तीसरी आँख की दृष्टि से उन्हें भस्म कर दिया। फिर वह शिव की तरफ मुड़ी जो इस शर्त पर उससे सम्भोग

> के लिए तैयार हो गये अगर वह उन्हें अपनी तीसरी आँख दे दे। देवी ने ऐसा ही किया। शिव ने उस तीसरी आँख का प्रयोग करके देवी को भस्म कर दिया और बाकी दोनों देवों को फिर से जीवित कर दिया। इसके बाद ब्रह्मा, विष्णु और शिव ने तय किया कि वे संसार को जीवों से भर देंगे, लेकिन वे बिना पत्नियों के ऐसा नहीं कर सकते थे। उन्होंने उस भस्म को इकट्ठा किया जो कभी आदि शक्ति थी और तीसरी आँख के बल पर तीन देवियों—सरस्वती, लक्ष्मी और गौरी—की सृष्टि की। तीनों देवियों ने तीनों देवों से विवाह कर लिया और उन्होंने मिल कर ब्रह्माण्ड को सब तरह की वनस्पतियों, पशुओं और देवों, असुरों और मनुष्यों समेत दूसरे जीवों से भर दिया।

सृष्टि के शास्त्रीय प्रारूप को देखें तो वहाँ आरम्भ में पहले जीव को अपना बोध होता है और वह आश्चर्य करता है कि वह कौन है, उसकी पहचान क्या है? इससे उपजने वाली सृष्टि इस रहस्य को सुलझाने का प्रयास है। इस कथा का सबसे पहला प्रारूप वेदों और उपनिषदों में मिलता है, जो ईसा पूर्व लिखे गये थे। आगे चल कर पिछली सहस्राब्दि के आरम्भिक काल में प्रबल ईश्वरवादी रुझानों वाले अन्य प्रारूप भी लिखे गये। जब विष्णु भक्त इस कथा को सुनाते हैं तब विष्णु प्रमुख भूमिका में प्रकट होते हैं। जब शिव के भक्त इस कथा को सुनाते हैं तब शिव महत्त्वपूर्ण बन जाते हैं। उपनिषदों में पहले जीव को पुरुष कहा गया है; पुराणों में यह जीव ब्रह्मा है।

ब्रह्मा द्वारा अपने नेत्र खोलना
(विष्णु पुराण)

> आरम्भ में कमल का एक फूल खिला। उसके अन्दर ब्रह्मा आसीन थे। उन्होंने अपने नेत्र खोले और पाया कि वे बिल्कुल अकेले थे। भयभीत होकर उन्होंने उस कमल के स्रोत को खोजा जिस पर वे बैठे थे। वह विष्णु की नाभि से उपजा था जो अनन्त-शेष नाग की कुण्डली पर क्षीरसागर में सोये थे। विष्णु के निर्देश पर ब्रह्मा ने जीवों की सृष्टि करनी शुरू की।

हालाँकि ब्रह्मा को संसार का स्रष्टा कहा जाता है, यह कथा स्पष्ट रूप से संकेत देती है कि वे भौतिक संसार की सृष्टि शून्य से नहीं करते; संसार उनसे पहले मौजूद है। लेकिन किसी को इस संसार का बोध नहीं है, क्योंकि विष्णु भी स्वप्नरहित

नींद में—ऐसी स्थिति में—डूबे हैं जिसमें किसी को चारों ओर के पर्यावरण की कौन कहे, अपना भी बोध नहीं रहता। व्यावहारिक रूप से अस्तित्व है ही नहीं। आगे दी गयी ऋग्वेद की पंक्तियाँ भी इस स्थिति पर विचार करती हैं—'कौन जानता है तब क्या था? देवता भी बाद में आये।'

हिन्दू अध्यात्म परम्परा में कोई जीव या सत्ता तभी अस्तित्व ग्रहण करती है जब उसे अपना आभास होता है। देखने वाले से अलग किसी दृश्य का अस्तित्व नहीं होता। ब्रह्माण्ड की सृष्टि के लिए किसी का उसे देखना ज़रूरी है। दर्शन में ही सृष्टि की चिनगारी छिपी है। दर्शन के अभाव में सब कुछ अप्रकट है, छिपा हुआ है।

जिस तरह हमारी ज़िन्दगियाँ तब शुरू होती हैं जब हम जागते हैं, ठीक वैसे ही हिन्दू संसार अपना जीवन तब पाता है जब ब्रह्मा अपने नेत्र खोलते हैं। विष्णु का जागना, उनकी नाभि से कमल का खिलना, ब्रह्मा का प्रकट होना—सब स्वप्नरहित अवस्था से जागरूकता की स्थिति में चेतना के जागरण का—अचेतन स्थिति से बोध की, चेतना की, स्थिति में आने का—प्रतिनिधित्व करता है। चेतना का यह जागरण सृष्टि के लिए अनिवार्य है, क्योंकि तब हम अनुभव करने योग्य बन जाते हैं। और अनुभव करने की इस सम्वेदना के साथ समय यानि काल सुसंगत और क्रमबद्ध हो जाता है और स्थान तीन आयाम ग्रहण कर लेता है। स्थान में ऊर्जा भर जाती है और वह समय के साथ रूपान्तरित होती है। बोध या चेतना सृजन की प्रक्रिया के मूल में है। इस तरह, सबसे पहले चेतन अस्तित्व के रूप में ब्रह्मा हैं जो अप्रकट को प्रकट करते हैं, इसलिए स्रष्टा हैं।

ब्रह्मा अपने और बाकी ब्रह्माण्ड में अन्तर करते हैं। वे जानते हैं कि वे क्या नहीं हैं, पर वे यह नहीं जानते कि वे कौन हैं? ज्ञान की यह कमी उन्हें बेचैन, चिन्तित और भयभीत करती है। उत्तर की खोज आगे दी जा रही कथा को प्रेरित करती है।

ब्रह्मा के मानस-पुत्र

(ब्रह्मवैवर्त पुराण)

जब ब्रह्मा ने पहले-पहल अपनी आँखें खोलीं तो वे उस भय से भर उठे जो तब पैदा होता है जब किसी को आभास होता है कि उसका अस्तित्व है और अकेले उसी का अस्तित्व है। चूँकि उन्हें संग-साथ की कामना थी, इसलिए उन्होंने सन्तान को जन्म दिया : उनके मानस से चार पुरुष निर्मित हुए। ब्रह्मा ने अपने चार मानस-पुत्रों को फलने-फूलने और वृद्धि करने के लिए कहा, लेकिन उन्होंने इनकार कर दिया और लुप्त हो गये।

ये चार मानस-पुत्र, जो योनि के बिना उत्पन्न हुए, सनत-कुमार कहे जाते हैं—सदा युवा रहने वाले। उन्हें चार किशोरों के रूप में कल्पित किया गया है। उनका पुरुष होना इस बात का संकेत है कि ब्रह्मा की तरह वे अनुभव के प्रति सम्वेदनशील हैं। किशोरावस्था इस बात का संकेत है कि वे काम-भावना से मुक्त हैं। काम-भावना पहले से एक विभाजन यानि दो अस्तित्व मान कर चलती है—स्वयं और बाकी सब। जब ब्रह्मा माँग करते हैं कि उनके मानस-पुत्र काम में प्रवृत्त हों तो वे माँग कर रहे हैं कि उनकी तरह उनके मानस-पुत्र भी विभाजन को स्वीकार करें। सनत-कुमार ऐसा करने से इनकार कर देते हैं; वे ऐसा करना नहीं चाहते या शायद उन्हें पता नहीं है कि कैसे करें? विभाजन से अनभिज्ञ वे आत्म-सन्तुष्ट हैं और इसीलिए सदा-सर्वदा युवा बने रहते हैं।

सनत-कुमारों की कथा सृजन की प्रक्रिया में कामना के महत्त्व को रेखांकित करती है। ब्रह्मा सृष्टि करते हैं, क्योंकि वे अपनी सच्ची पहचान को जानना चाहते हैं। अपने पहले चार मानस-पुत्रों के लुप्त हो जाने के बाद ब्रह्मा रुकते नहीं। वे सात और मानस-पुत्र उत्पन्न करते हैं। ये सात किशोर नहीं, पुरुष हैं। उन्हें विभाजन का आभास है। वे प्रजनन के लिए तैयार हैं। पर यह कैसे हो?

ब्रह्मा द्वारा अपना विभाजन

(शिव पुराण)

ब्रह्मा के मानस-पुत्र ब्रह्माण्ड में जीवों को पैदा करने के लिए तैयार थे, लेकिन उन्हें पता नहीं था कि कैसे करें? इस प्रश्न पर विचार करते हुए ब्रह्मा को शिव के दर्शन हुए और उनका आधा हिस्सा स्त्री का था। इससे प्रेरित होकर ब्रह्मा ने अपने को दो में विभाजित किया। अपने बायें हिस्से से उन्होंने स्त्री की रचना की।

उस स्त्री का सौन्दर्य ऐसा था कि ब्रह्मा और उनके पुत्रों के मन में कामना जाग उठी। कामना ने वासना के सुन्दर देवता, कन्दर्प का रूप लिया, जिसका वाहन तोता था और जो ईख से बने अपने धनुष से पुष्प के सिरों वाले पाँच तीर चला कर पाँचों इन्द्रियों को उत्तेजित कर देता था। उस स्त्री का आलिंगन करने की कामना से परिचालित होकर ब्रह्मा और उनके मानस-पुत्रों का वीर्य स्खलित हो गया और वे फलने-फूलने लगे।

यौन क्रिया उस भौतिक वास्तविकता को स्वीकार करने के लिए एक रूपक है जिसका बोध स्त्री के रूप में होता है। यह बात कि इस भौतिक वास्तविकता का

अस्तित्व ब्रह्मा के भीतर है, सूचित करती है कि सृष्टि एक वस्तुगत घटना नहीं, विषयपरक घटना है। ईश्वर और देवी, आध्यात्मिक और भौतिक सच्चाइयाँ हमेशा मौजूद रहती हैं। लेकिन सृष्टि तभी घटित होती है जब ईश्वर देवी को देखता है। देवी इसीलिए है ताकि ईश्वर को अपना बोध हो सके। देवी उससे उपजी है। वह उसकी वजह से खुद को जानता है। दोनों को एक-दूसरे की ज़रूरत है।

कला में देवी अक्सर ईश्वर की गोद में बैठी और ईश्वर को दर्पण दिखाती हुई चित्रित की गयी है। वह ईश्वर को यह जानने में मदद करती है कि वह कौन है? दर्पण जो देवी की सृष्टि है और इसलिए एक भौतिक तत्व है, बुद्धि का प्रतीक है। वह आध्यात्मिक सच्चाई और वास्तविक सच्चाई में अन्तर करके आध्यात्मिक सच्चाई को उसका बोध कराती है। सूक्ष्म स्तर पर यह बिम्ब सभी व्यक्तियों को निर्देश देते हैं कि वे जीवन के अनुभवों से सीखें। उसी में जीवन के रहस्य की चाभी है, उस शाश्वत प्रश्न का उत्तर जो सभी सम्वेदनशील जीवों के मन में उठता है—मैं कौन हूँ?

भौतिक वास्तविकता को स्वीकार करके सभी जीव अस्तित्व के साँचे में खींच लिये जाते हैं। संसार के भीतर सभी चीज़ें बदलती रहती हैं। जो भी अस्तित्व ग्रहण करता है, उसे अस्तित्व खोना पड़ता है। इस तरह सृष्टि करने वाले ब्रह्मा मृत्यु और परिवर्तन की देवी की रचना भी करते हैं।

मृत्यु की सृष्टि

(महाभारत)

ब्रह्मा की सन्तानें बढ़ती गयीं, लेकिन मरीं नहीं। जल्दी ही ब्रह्माण्ड जीवों से भर गया जिससे ब्रह्मा चौंक उठे और उन्होंने विनाश की देवी, मृत्यु की सृष्टि की। अपने कर्तव्य का पता चलने पर मृत्यु भाग खड़ी हुई। वह तभी मानी जब उसे बताया गया कि वे सब जिन्हें वह मारेगी, फिर से जन्म लेंगे। वह जीव के भौतिक और इसीलिए मरणशील तत्व का नाश करेगी।

चूँकि पहली स्त्री की सृष्टि ब्रह्मा ने की, इसलिए उसे ब्रह्मा की पुत्री कहा गया। उसके नाम 'शतरूपा' से पता चलता है कि वह अनगिनत रूपों वाली भौतिक वास्तविकता का साकार रूप है। उसे ज्ञान की देवी सरस्वती के नाम से भी जाना जाता है। दिलचस्प बात है कि ब्रह्मा की पुत्री सरस्वती उनकी संगिनी भी मानी जाती है। ऐसा इसलिए, क्योंकि ज्ञान की देवी होने के नाते वह ब्रह्मा की ज्ञान की खोज

को पूरा करती है। ब्रह्मा जो कुछ अज्ञान में शुरू करते हैं, उसे सरस्वती बोध और ज्ञान से समाप्त करती है।

सरस्वती उस बुद्धि और प्रेरणा का साकार रूप है जो प्रकृति में निहित है। वह एक सीधी-साधी सफेद साड़ी पहनती है जो उसके आध्यात्मिक और पारलौकिक स्वरूप की सूचक है। वह देखने वाले को लुभाने का कोई प्रयास नहीं करती, सौम्य और अलग-थलग बनी रहती है। जो पुस्तक और वीणा वह लिये रहती है, शिक्षा और कला से उसके सम्बन्ध का संकेत है। जिसे सरस्वती की खोज है, उसे उसके पास आना पड़ता है। उसे पाना मुश्किल है, पर एक बार मिल जाने पर वह हमेशा निष्ठावान रहती है। सरस्वती बगुलों से भी सम्बद्ध मानी जाती है, जो एकाग्रता का प्रतीक हैं और हंसों से भी, जो बौद्धिक विवेक के सूचक हैं (ऐसा विश्वास है कि हंसों में दूध और पानी को अलग करने की शक्ति होती है)। सरस्वती गर्वीले मोर को विनीत बनाती है। वह ब्रह्मा के प्रश्न—मैं कौन हूँ?—का उत्तर है। चूँकि उत्तर प्रश्न से पैदा हुआ है और चूँकि प्रश्न और उत्तर को एक-दूसरे की आवश्यकता है, इसलिए सरस्वती ब्रह्मा की पुत्री और संगिनी, दोनों है।

दुर्भाग्य से ब्रह्मा जब पहली बार अपनी सृष्टि सरस्वती को देखते हैं तो वे उसे आत्म-बोध के माध्यम के रूप में नहीं, बल्कि सुख-भोग के साधन के रूप में देखते हैं। सरस्वती से सीखने की बजाय वे उसकी कामना करते हैं।

पुत्री का रूपान्तरण

(बृहदारण्यक उपनिषद)

> अपने पिता की वासना-भरी आँखों से बचने के लिए पुत्री हंसिनी का रूप धर कर आकाश में चली गयी। ब्रह्मा ने हंस के रूप में उसका पीछा किया। वह फिर एक गाय और एक घोड़ी में रूपान्तरित हुई। ब्रह्मा ने वृषभ और अश्व के रूप में उसका पीछा करना जारी रखा। हर बार जब पुत्री ने अपने पिता से बचने के लिए किसी पशु या पक्षी का रूप लिया, ब्रह्मा ने उस पशु या पक्षी के नर का रूप धर कर उसका पीछा किया। इस तरह सभी पशु-पक्षी पैदा हुए।

पुराणों में पुत्री ब्रह्मा की परिक्रमा करती है, जो उसकी इतनी कामना करते हैं कि चार प्रमुख दिशाओं में चार सिर उगा लेते हैं, ताकि हर समय उसे देखते रहें। जब वह उनकी दृष्टि से बचने के लिए आकाश में चली जाती है तो ब्रह्मा पाँचवाँ सिर भी उगा लेते हैं जो उनकी वासना को वाणी देते हुए उनके एकत्र पुत्रों को त्रस्त कर देता है।

उपनिषदों और पुराणों, दोनों में दी गयी कथाओं में पुत्री रूपान्तरित होती है और हिलती है जैसे सभी भौतिक वस्तुओं के साथ होता है। ब्रह्मा इसकी प्रतिक्रिया में उसके साथ ताल-मेल बैठाने के लिए अपने को बार-बार परिभाषित और पुनर्परिभाषित करते हैं। हर बार वे एक नयी पहचान ग्रहण करते हैं। लेकिन ये सारे रूप झूठे हैं; भौतिक रूपान्तरणों की प्रतिक्रिया होने के नाते वे उतने ही नश्वर और परिवर्तनशील हैं जितनी वह भौतिक वास्तविकता जिसने इन रूपान्तरणों को प्रेरित किया। इस तरह, ब्रह्मा के विभिन्न सिर अहं का प्रतीक हैं जो संसार में अनुभवों और इच्छाओं की प्रतिक्रिया के सिवा और कुछ नहीं हैं।

आत्म-बोध तक पहुँचने के लिए अहंकार द्वारा थोपी गयी झूठी पहचानों का दबाया जाना ज़रूरी है। ब्राह्मण ग्रन्थों के पाठों में रुद्र के रूप में शिव ब्रह्मा को तीर मार कर पुत्री से सम्भोग करने से रोकते हैं। पुराणों में शिव भैरव के रूप में ब्रह्मा के पाँचवें सिर को उखाड़ देते हैं। पिता की यह अनाचार-भरी इच्छा आत्म-बोध के पथ को आत्म-भोग के पथ में रूपान्तरित कर देती है।

लेकिन अहंकार का अस्तित्व आत्म-रक्षा, आत्म-प्रसार और अपने को प्रकट करने के लिए ज़रूरी है। इसलिए शिव ब्रह्मा के चार सिरों को बने रहने देते हैं। शिव तभी प्रकट होते हैं, जब सब सीमाएँ पार हो जाती हैं, जब भौतिक वास्तविकता के साथ अन्तरक्रिया अधिकार और नियन्त्रण करने की इच्छा से प्रेरित होती है और जब विषय भूल जाता है कि वस्तु तो उसकी अपनी सृष्टि है जिसका अस्तित्व 'दर्पण दिखाने के लिए' है।

ब्रह्मा ने उस साँचे को रचा हो सकता है जिसमें शाश्वत प्रश्न—मैं कौन हूँ?—का उत्तर छिपा है, लेकिन जब तक उत्तर मिल नहीं जाता, ऐसा जान पड़ता है कि बोध का माध्यम बहुत-सी समस्याओं या गोरखधन्धों के कारक जैसा है : सुख और पीड़ा, आशा और हताशा, जीवन और मृत्यु। इसलिए यहूदी-ईसाई-इस्लामी साँचों के विपरीत, हिन्दू धर्म में स्त्रष्टा को पूजा-अर्चना के योग्य नहीं समझा जाता।

स्वर्ग या नरक

आधी मानवता का विश्वास है कि सिर्फ एक जीवन है जिसके बाद या तो शून्य है या एक मरणोपरान्त अन्तहीन स्थिति। दूसरा आधा हिस्सा विश्वास करता है कि कि एक जन्म के बाद दूसरा जन्म होता है और सभी जीव पुनर्जन्म के अन्तहीन चक्र में फँसे होते हैं। पहली विचार पद्धति में उद्देश्य स्वर्ग में अपने लिए स्थान सुरक्षित करना है, नरक में नहीं। दूसरी विचार-पद्धति में निरन्तर परिवर्तनशील भौतिक जगत

के भीतर स्थायित्व खोजना है या सिर्फ उसे पार कर जाना है।

हिन्दू दूसरी कोटि में आते हैं। मृत्यु के बाद व्यक्ति या तो पितृ-लोक में (जिसे यम-लोक भी कहते हैं) जा सकता है और पुनर्जन्म की प्रतीक्षा कर सकता है या स्वर्ग-लोक में जा सकता है, जहाँ वह पुनर्जन्म के चक्र से मुक्त हो जाता है।

दुर्भाग्य से सब कुछ इतना सरल नहीं है। हिन्दू ब्रह्माण्ड विज्ञान में बहुत-से स्वर्ग हैं, जिनकी सूची नीचे तालिका में दी गयी है (देखिए तालिका 23)।

तालिका 23. हिन्दुत्व के अनेक स्वर्ग

स्वर्ग	निवास
ब्रह्म-लोक	स्रष्टा, ब्रह्मा
गो-लोक	कृष्ण
इन्द्र-लोक	देव
सत्य-लोक	ऋषि, मुनि
शिव-लोक (कैलास)	शिव
विष्णु-लोक (वैकुण्ठ)	पालक, विष्णु

इन्द्र-लोक में एक वृक्ष है (कल्पतरु) जो कभी मुरझाता नहीं और इच्छा-रूपी फल देता है; एक गाय है (कामधेनु) जो ज़रूरत की सभी वस्तुएँ प्रदान करती है; एक रत्न (पारसमणि) है जो सारी इच्छाएँ पूरी करता है; एक पात्र (अक्षय-पात्र) है जो हमेशा अन्न और स्वर्ण से भरा रहता है; सुधा (अमृत) है जो देवों को हमेशा स्वस्थ, युवा और अमर रखती है; एक देवी (वारुणि) जो मदिरा का अनन्त प्रवाह सुनिश्चित करती है; और सुन्दर युवतियाँ (रम्भा, उर्वशी और मेनका नामक अप्सराएँ) जो चौंसठ कलाओं में प्रवीण हैं और नाच-गा कर देवों का मनोरंजन करती हैं। इन्द्र-लोक में रहने वाले देव सदा-सर्वदा सुख-आनन्द, समृद्धि और सत्ता की स्थिति में रहते हैं। उनका नगर समृद्धि और प्रचुरता का साकार रूप है। यह हिन्दुओं का स्वर्ग है। यही वह स्थान है जहाँ मनुष्य अपनी सामाजिक स्थिति और जीवन की अवस्था के अनुसार यज्ञ, तपस्या और धर्म का पालन करके अच्छे कर्म सँजोते हुए कई जीवन-कालों के बाद पहुँचते हैं। इन्द्र-लोक में प्रवेश आसान नहीं है, क्योंकि देव इसे रोकने के लिए हर सम्भव प्रयत्न करते हैं।

उर्वशी का जन्म

(भागवत पुराण)

नर और नारायण ऋषि तपस्या कर रहे थे। उनके तप को भंग करने के लिए देवों ने उन्हें रिझाने के लिए अप्सराओं को भेजा। प्रलोभनों के आगे झुकने की बजाय दोनों ऋषियों ने अपनी जंघाओं पर हाथ मार कर उर्वशी नामक कन्या पैदा की जिसने जाकर देवों को फुसला लिया। देवों ने इन महान ऋषियों का अभिवादन किया जो इन्द्र के स्वर्ग से ऊँचे स्वर्ग के अधिकारी थे।

चूँकि इन्द्र-लोक के निवासी अमृत पीते हैं, इसलिए वे मरते नहीं। वे हमेशा जीवित रहते हैं या कम-से-कम प्रलय तक, जब ब्रह्माण्ड में स्वर्ग के भवन सहित सब कुछ ध्वस्त हो जाता है। ईश्वर के स्वर्ग में—ब्रह्म-लोक, विष्णु-लोक, गो-लोक और शिव-लोक (इस बात पर निर्भर कि ईश्वर के किस रूप में व्यक्ति विश्वास करता है)—प्रलय का प्रभाव नहीं होता। ईश्वर के साथ व्यक्ति ब्रह्माण्डों के जन्म और मृत्यु, सभ्यताओं, देवों, असुरों और मनुष्यों को देखता है।

जैसे-जैसे हिन्दुत्व विकसित हुआ और कर्मकाण्डों से ईश्वरवाद की ओर उन्मुख हुआ, वैसे-वैसे इन्द्र पर विष्णु और शिव जैसे दूसरे अधिक शक्तिशाली देवता हावी हुए, इन्द्र के स्वर्ग का महत्त्व कम हुआ। वह एक अस्थायी आनन्द का स्थान बन कर रह गया, जहाँ से किसी को निष्कासित किया जा सकता था। इन्द्र-लोक के निवासी सन्तुष्ट नहीं थे; कामना अब भी उनके हृदयों में बसी हुई थी।

महाभिष

(महाभारत)

महाभिष को इन्द्र-लोक में आने दिया गया, क्योंकि उसने असुरों को पराजित करने में देवों की मदद की थी। जिस समय महाभिष इन्द्र-लोक में था, नदी में रहने वाली अप्सरा गंगा देवों से मिलने के लिए आयी। आते समय उसका ऊपरी वस्त्र सरक गया। देवों ने अपनी आँखें नीची कर लीं, लेकिन महाभिष निर्लज्जता से देखता रहा। वासना के इस प्रदर्शन ने इन्द्र को नाराज़ कर दिया जिन्होंने महाभिष को वापस पृथ्वी पर जाने का शाप दिया जहाँ गंगा से उसे गहरी चोट पहुँचेगी।

इन्द्र-लोक के विपरीत विष्णु-लोक और शिव-लोक उन लोगों के लिए स्वर्ग

हैं जो पुनर्जन्म के बन्धन से मुक्त हो चुके हैं। मुक्त होने का साधन है योग, जिसका सरल अर्थ है 'मानसिक नियन्त्रण।' योग मस्तिष्क को इस तरह जोत देता है कि संसार का प्रवाह उसे बहा नहीं ले जाता। योगी जन भौतिक संसार से क्रिया-प्रतिक्रिया नहीं करते। वे समाज को त्याग कर तपस्वी बन जाते हैं, अपनी इन्द्रियों को नियन्त्रित करते हैं, अहंकार की भावना को दबाते हैं और ध्यान लगाते हैं जब तक कि उन्हें अपनी असली पहचान का पता नहीं चल जाता। चूँकि संसार को मन-मस्तिष्क की सृष्टि के रूप में देखा गया है, इसलिए मानसिक नियन्त्रण ब्रह्माण्डीय नियन्त्रण के रूप में देखा जाता है। जिसे अपने मन-मस्तिष्क पर पूरा नियन्त्रण हो जाता है, उसे ब्रह्माण्ड पर पूरा नियन्त्रण हो जाता है।इस तरह वह भौतिक वास्तविकता को नियन्त्रित करने वाले नियमों के बन्धन से मुक्त होकर ईश्वर से एक हो जाता है। योगी इच्छा के अनुसार प्रकट और लुप्त हो सकता है, हवा में उड़ सकता है, पानी पर चल सकता है और देवों को भी आदेश दे सकता है (देखिए तालिका 24)।

तालिका 24. योग के विभिन्न प्रकार

योग का प्रकार	मानसिक (ब्रह्माण्डीय) नियन्त्रण के साधन
भक्ति	विनम्रता और भक्ति
ज्ञान	बौद्धिक गतिविधि
हठ	शारीरिक तप
कर्म	संसार के मामलों में निरपेक्ष हिस्सेदारी
मन्त्र (जप)	भजन और जाप
तन्त्र (लय)	अनुष्ठान और कर्मकाण्ड

लेकिन पूर्वज मानसिक नियन्त्रण के इन कार्यों को पसन्द नहीं करते, क्योंकि तपस्वी द्वारा ब्रह्मचर्य अपनाने और आगे सन्तति पैदा न करने से पितरों का पुनर्जन्म रुक जाता है। पितर सपनों में आकर तपस्वियों को उनके कर्तव्यों की याद दिलाते हैं।

अगस्त्य के पूर्वज

(महाभारत)

अगस्त्य ने योग साधना करने के लिए संसार त्याग दिया था। एक रात उन्होंने सपने में अपने पितरों की दुर्दशा देखी जो यम-लोक में थे।

वे एक अतल कुएँ में उलटे लटके हुए थे। 'सन्तान पैदा करो ताकि हम फिर से जन्म ले सकें,' वे चिल्लाये,'वरना हम पुत नामक नरक में अनन्त काल तक पीड़ा सहेंगे जहाँ सन्तानहीन लोग रखे जाते हैं।' तब अगस्त्य ने एक सन्तान पैदा की और फिर अपनी आत्म-साधना में लौट गये।

आम गृहस्थ आत्म-साधना के लिए समाज का त्याग नहीं कर सकता। मुक्ति चाहने वाले गृहस्थ के लिए भक्ति है : अपने को ईश्वर की कृपा के हवाले कर देना, जैसे निम्नलिखित कथा में मार्कण्डेय ने किया था।

मार्कण्डेय के लिए स्वर्ग

(लिंग पुराण)

मार्कण्डेय के माता-पिता बहुत दिनों तक निःसन्तान थे। इसलिए उन्होंने शिव का आह्वान किया, जिन्होंने लम्बी आयु वाले एक मूर्ख पुत्र और छोटी आयु वाले बुद्धिमान पुत्र के बीच चुनने के लिए कहा। दम्पति ने दूसरा वर स्वीकार किया और उनके यहाँ मार्कण्डेय का जन्म हुआ, जिसकी मृत्यु सोलह वर्ष की आयु में हो जाने वाली थी। अपने सोलहवें जन्मदिन से एक दिन पहले मार्कण्डेय ने तय किया कि वे अपने बचे हुए समय को शिव की आराधना में लगायेंगे। नियत समय पर यम प्रकट हुए। लेकिन मार्कण्डेय ने तब तक पूजा समाप्त नहीं की थी। उन्होंने यम से विनती की कि वे कुछ प्रतीक्षा करें। यम ने हँस कर कहा कि मृत्यु किसी की प्रतीक्षा नहीं करती। यह कहते हुए उन्होंने अपना फन्दा डाला और मार्कण्डेय के प्राण खींचने लगे। मार्कण्डेय ने शिव को पुकार कर अपने को उनके हवाले कर दिया; मार्कण्डेय की पुकार सुन कर शिव प्रकट हुए। उन्होंने यम को भगा दिया और अपने भक्त को मृत्यु से बचा लिया। मार्कण्डेय शिव के निवास, कैलाश पहुँच गये जहाँ वे हमेशा एक किशोर की तरह रहते रहे।

आत्मा जिसका कोई रूप नहीं है, वह कैसे स्वर्ग में रह सकती है? और अगर आत्मा अमर है तो उसका पुनर्जन्म कैसे हो सकता है? इन प्रश्नों का जवाब देने के लिए हिन्दू अध्यात्मवेत्ताओं ने एक विस्तृत शरीर-रचना निर्मित की। शरीर को दो भागों से बना देखा गया : अमर आत्मा, जो अमूर्त है और नश्वर शरीर जो मूर्त

है। जब तक कि अमूर्त आत्मा का आभास नहीं होता, पुनर्जन्म घटित होता रहता है। नश्वर शरीर के तीन अंग होते हैं : हाड़-मांस, मस्तिष्क और कर्मों का भण्डार, जिन्हें क्रमशः स्थूल, सूक्ष्म और हेतुक शरीर कहते हैं।

मृत्यु हाड़-मांस और मस्तिष्क पर अधिकार तो कर सकती है, लेकिन कर्मों का भण्डार उसकी पकड़ के बाहर रहता है। हेतुक शरीर मृत्यु से बच जाता है। हिन्दुओं के कर्म के सिद्धान्त के अनुसार सभी जीवों को अपने कर्मों के एक-एक परिणाम को भुगतना पड़ता है। जो उसी जीवन में इन्हें अनुभव नहीं करते, उन्हें अगले जन्म में कर्मों का फल भुगतना पड़ता है। अगर हेतुक शरीर प्रबुद्ध है तो अनुभव करने के लिए कोई फल नहीं रहता; शरीर मुक्त हो जाता है। वास्तविक आत्म-बोध के बिना हेतुक शरीर अज्ञान की ढेरी के सिवा और कुछ नहीं होता। ऐसा हेतुक शरीर फिर से जन्म लेता है, अपने साथ आत्मा को भी जकड़े रखता हुआ। जब तक कि जीवित लोगों के संसार में फिर से प्रकट होने की बारी न आये, वह मरे हुए लोगों के लोक में रहता है (देखिए चित्र 2.4)।

मृतकों का लोक जिसे पितृ-लोक कहते हैं, वैतरणी नामक अग्निमय नदी के उस पार स्थित है। वैतरणी स्थूल और सूक्ष्म शरीरों के प्रवेश को रोकती है। इसके

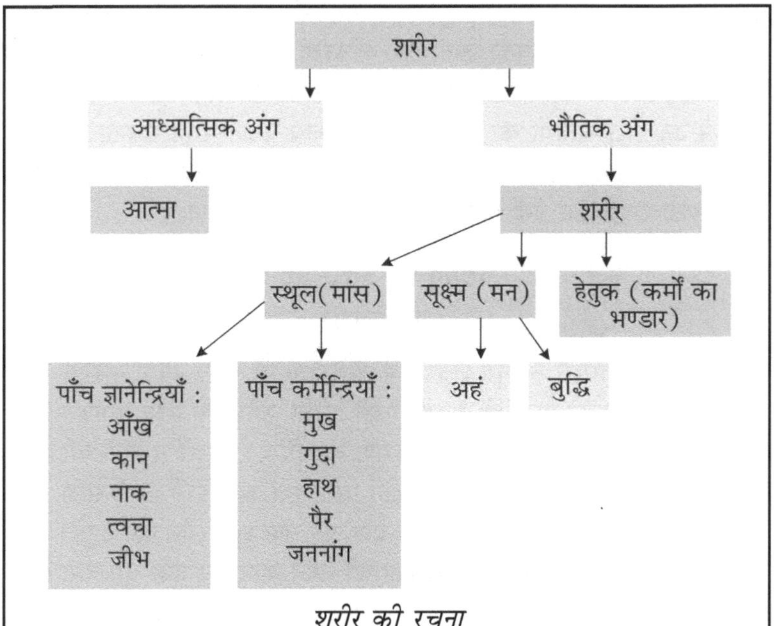

शरीर की रचना

(चित्र 2.4)

पार पितर यम की सावधान निगरानी में रहते हैं। यम एक उग्र और क्रूर देवता हैं जिन्हें साँवले रंग का बताया गया है, जो एक जंगली भैंसे की सवारी करते हैं और हाथों में फन्दा लिये रहते हैं जो जीवित हेतुक शरीर को स्थूल और सूक्ष्म शरीरों से अलग करता है।

यम की मृत्यु
(ऋग्वेद)

यम सूर्य देव के पुत्र और पहले पुरुष थे। उनकी बहन यमी ने उनके पास आकर कहा कि उन दोनों को समागम करके सन्तान पैदा करनी चाहिए, यम ने मना कर दिया, क्योंकि वे बहन-भाई थे। नतीजे के तौर पर यम निःसन्तान मरे और उनकी बहन ने उनके लिए शोक मनाया।

यम को पुनर्जन्म की कोई आशा नहीं है, क्योंकि हिन्दुओं के अनुसार पुनर्जन्म तब होता है जब वे बच्चे, जिन्हें लोग अपने पीछे जीवित लोगों के लोक में छोड़ जाते हैं, समागम करके सन्तान पैदा करते हैं। मरे हुओं के लोक में सबसे पहले प्रवेश करने वाले यम सबसे बड़े पूर्वज बन गये और इसीलिए पूर्वजों के राजा बने। अक्सर यम को धर्म भी कहा जाता है—व्यवस्था बनाये रखने वाले—क्योंकि वे लोगों के पूर्व जन्मों के कर्मों के पुण्य और पाप के आधार पर निस्स्वार्थ और निरपेक्ष भाव से उन परिस्थितियों का निर्णय करते हैं जब पुनर्जन्म हो सकता है। उनके लेखाकार चित्रगुप्त कड़ाई से हमारे अच्छे-बुरे कर्मों का हिसाब रखते हैं। चित्रगुप्त इतने निष्ठावान हैं कि उन्हें लेखाकारों का स्वामी कहा जाता है।

विष्णु का अभिशाप
(पद्म पुराण)

एक बार असुरों के गुरु शुक्राचार्य तीर्थयात्रा पर गये। उनके न रहने का लाभ उठाते हुए देवों ने असुरों को हमेशा-हमेशा के लिए पराजित करने के उद्देश्य से उन पर आक्रमण कर दिया। असुरों ने शुक्र की माँ काव्यमाता की शरण ली जिन्होंने ऐसा मन्त्र जाप करने का फैसला किया जो देवों को तब तक सुला देगा जब तक शुक्र लौट नहीं आते। विष्णु ने अपने चक्र से काव्यमाता की गर्दन काट कर उन्हें चुप करा दिया। इससे देवों की जीत हुई, पर शुक्र का कोप उन्हें सहना पड़ा। विष्णु ने एक स्त्री का वध किया था, जो पुनर्जन्म का मार्ग है, इसलिए

शुक्र ने विष्णु को शाप दिया कि वे मृत्यु का अनुभव करें। इस तरह एक दुष्कर्म और उससे होने वाले दोष के कारण—पृथ्वी पर व्यवस्था बनाये रखने की अपनी दैवी भूमिका के बावजूद—विष्णु धरती पर राम और कृष्ण के रूप में अवतरित होने और मृत्यु का सामना करने के लिए विवश होते हैं। यम के आदेश से कोई बच नहीं सकता।

हिन्दू अन्त्येष्टि के कर्मकाण्डों में आग और पानी, दोनों की भूमिका है। मृत शरीर जला दिया जाता है और राख नदी में बहा दी जाती है। इस कर्मकाण्ड का आधार यह विश्वास है कि मृत्यु के बाद दो सम्भव गन्तव्य हैं—यमलोक और स्वर्गलोक। आग हेतुक शरीर को मुक्त करती है; पानी उसे बाँधता है। पूर्व कर्मों की स्मृतियों पर निर्भर करते हुए जीव या तो संसार में रह सकता है—जीवित लोगों के लोक और मरे हुए लोगों के लोक के बीच आता-जाता हुआ—या फिर मुक्त होकर हिन्दू पुराकथालोक के अनेक स्वर्गों में से किसी एक में जा सकता है।

हिन्दू पुराकथालोक में मूल रूप से नरक का कोई अस्तित्व नहीं था; ऐसा माना जाता है कि नरक की अवधारणा हिन्दू पुराकथालोक में ईरानियों, मुसलमानों और ईसाइयों से सम्पर्क के बाद विकसित हुई। *बाइबल* के 'नरक' की तरह वह धरती के नीचे है, मगर उसे असुरों और नागों के निवास—पाताल—से अलग करके देखना चाहिए। नरक में यम उन्हें दण्ड देता है जिन्होंने धर्म का पालन नहीं किया होता।

ईसाई पुराकथालोक में मृत्यु के बाद आत्माएँ 'पर्गेटोरी' (Purgatory) नामक एक अन्तरिम स्थिति में प्रतीक्षा करती हैं। आर्मागेडॉन (Armageddon) के युद्ध के बाद जब शैतान की सेनाएँ अन्तिम रूप से पराजित कर दी जायेंगी तब जो लोग ईश्वर के प्रति सच्चे थे, वे स्वर्ग में जायेंगे और बाकी अनन्त काल तक नरक का अभिशाप भोगेंगे। लेकिन नरक में निवास स्थायी नहीं है। इन्द्र के स्वर्ग में निवास की तरह नरक की यात्रा भी अस्थायी है और जब कर्मों का फल भोग लिया जाता है, तब खत्म हो जाती है।

अक्सर अलग-अलग पुराकथालोक की कथाओं में अजीब समानता मिलती है, जैसे निम्नलिखित कथा में।

मत्स्य द्वारा उद्धार

(मत्स्य पुराण)

जैसे ही जीवन चक्र ने अस्तित्व के चौथे और अन्तिम हिस्से—कलियुग—में प्रवेश किया, बहुत थके हुए ब्रह्मा ने जम्हाई ली। वेद उनके मुँह

से सरक कर बाहर आ गये और उन्हें घोड़े के सिर वाले असुर हयग्रीव ने चुरा लिया। फल यह हुआ कि भूमि पर जंगल का नियम हावी हो गया। धार्मिक आचरण पूरी तरह त्याग दिया गया। सब जगह अव्यवस्था फैल गयी।

अराजकता के बीच एक दयालु तपस्वी ने, जो कभी राजा था, नदी से एक छोटी-सी मछली को बचाया और उसे एक बर्तन में रख दिया। जैसे-जैसे दिन गुज़रे, मछली बड़ी होती गयी और बारी-बारी से बर्तन, तालाब, झील और नदी से भी बड़ी हो गयी। अन्त में मनु ने उसे समुद्र में छोड़ दिया। कुछ दिनों के बाद ही समुद्र बढ़ने लगा और उसने पृथ्वी को डुबो दिया। यह प्रलय थी, जब पुराना संसार मरता है और नये संसार के लिए जगह खाली करता है।

मछली फिर से मनु के सामने प्रकट हुई। वह इतनी बड़ी हो गयी थी कि उसने क्षितिज को भी ढँक लिया था और एक सींग भी उसके सिर पर उग आया था। मछली ने मनु से कहा कि वे अपने को और सात आदि ऋषियों—सारे पशुओं और वनस्पतियों के बीजों—को एक नाव में रख लें। 'नाव को मेरे सींग से बाँध दो और जब सागर सारे संसार को बहा ले जायेंगे, तब मैं तुम्हें खींच कर सुरक्षित स्थान पर ले जाऊँगी।' जिस समय मनु नाव का प्रबन्ध कर रहे थे, मछली ने हयग्रीव को समुद्र के नीचे एक सीपी में छिपे देखा। उसने असुर का वध कर दिया, वेदों को लौटा लायी और मनु और उनकी नाव को भयानक तूफान और आँधी के बीच से निकाल कर मेरु पर्वत पर ला बाँधा। वहाँ वेद और मनुष्य, पशु और वनस्पतियों के बीज बचे रहे जब तक कि प्रलय की बाढ़ का जल उतर नहीं गया।

निष्कर्ष

पिछली कथा बाढ़ की पौराणिक कथा है जैसे *बाइबल* में नोहा (Noah) की या मेसोपोटामिया में उत-नपिश्तिम (Ut-Napishtim) की कथा। इन सभी कथाओं में बाढ़ पृथ्वी पर अनाचार का नतीजा है। सिर्फ एक अच्छा आदमी इस विपदा से बचता है, ताकि मनुष्यों की अगली अधिक सदाचारी पीढ़ी को जन्म दे सके। इनमें जो समान विषय है, उसकी व्याख्या दो तरह से हो सकती है :

- ये कथाएँ या तो एक संस्कृति से दूसरी संस्कृति को सौंपी जाती रहीं या वे एक समान अतीत से सम्बन्धित थीं।

- अलग-अलग संस्कृतियों के बीच समान मानवीय अवचेतन में मौजूद बिम्बों और छवियों की साझेदारी रही, जहाँ प्रतीक जन्म, मृत्यु, भय और असुरक्षा जैसे बुनियादी मानवीय अनुभवों की प्रतिक्रिया में उभरते हैं।

बहरहाल, समानताएँ अन्तर पर भारी पड़ती हैं। मेसोपोटामिया और *बाइबल* की बाढ़ें ईश्वरीय कोप का नतीजा हैं। पहले मामले में अनुनाकी (Annunaki) के नाम से जानी जाने वाली देवताओं की एक परिषद के फैसले के तौर पर और दूसरे मामले में इसके पीछे ईश्वर का निर्णय होता है। लेकिन हिन्दू जल-प्लावन मृत्यु की तरह पूर्व-निश्चित घटना है। दैवी इच्छा का इससे कोई वास्ता नहीं होता। हिन्दू पौराणिक कथा बार-बार होने वाली घटना है, काल का कार्य है, ऐसी घटना है जो अवश्यम्भावी है और जैसे-जैसे संसार हर जीवित प्राणी की तरह मृत्यु और पुनर्जन्म के चक्रों से गुज़रता रहता है, वह होती रहती है। हर प्रलय के साथ उद्धार के लिए एक मछली होती है और एक मनु उसे बचाते हैं। इस तरह हिन्दू कथाओं में बाढ़ की पौराणिक कथा एक साँचा, एक प्रतिमान स्थापित करती है जो *बाइबल* और मेसोपोटामिया वाली कथाओं से काफी अलग है।

इन तीनों कथाओं के अनोखे विश्व-दृष्टिकोण में जल विनाश से जुड़ा है, जबकि एक पर्वत शरण के काम आता है। पानी बहाव और परिवर्तन का प्रतीक है, पर्वत स्थिरता, स्थायित्व और दृढ़ता का। जो लोग इन कथाओं में श्रद्धा रखते थे, वे परिवर्तन से भय की बहुत मानवीय भावना में साझेदारी करते थे और पीड़ादायक परिवर्तनों से बचाया जाना चाहते थे। सभी एक नाव की खोज में थे, जिससे इस विपदा से बच सकें। सभी ऐसी जगह आसरा चाहते थे जो सुरक्षा प्रदान करे।

अन्तर लोगों की सांस्कृतिक समझदारी को व्यक्त करते हैं। समानताएँ उनकी मानवीयता का संकेत देती हैं।

अध्याय 3

पुराकथा-निर्माण : पुराकथाओं का रूपान्तरण

हो सकता है कि ऐसा जान पड़े कि कथाएँ, प्रतीक और कर्मकाण्ड कालातीत सत्यों को उजागर करते हैं, लेकिन वे सामाजिक, राजनैतिक और सांस्कृतिक परिवर्तनों के साथ—रूप में या व्याख्या में—बदलते हुए, इतिहास की उपज बने रहते हैं। अगर पौराणिक कथा वास्तविकता की प्रतिक्रिया नहीं होती तो वह विकास को घोंटती है और संस्कृति को अवरुद्ध करती है, नतीजे के तौर पर उस समुदाय द्वारा उसे ठुकरा दिया जाता है, जो आगे बढ़ने को संकल्पबद्ध है।

मिसाल के लिए, शुभ अवसरों पर नारियल या कद्दू फोड़ने के हिन्दू कर्मकाण्ड को लीजिए, जिसका उद्देश्य है कि घर में मंगल शक्तियों को आकर्षित किया जाये। यह कर्म के नियम पर आधारित लेन-देन वाला अनुष्ठान है : कुछ पाने के लिए आप ब्रह्माण्ड को कुछ देते हैं। एक समय में इस अनुष्ठान में पशुओं की, यहाँ तक कि शायद मनुष्यों की भी, बलि दी जाती थी। जिसकी बलि दी जा रही होती, उसे सिन्दूर और हल्दी का लेप करके, फूलों और पत्तों से सजाया जाता और कर्मकाण्ड से लाभ पाने वाले सभी लोगों द्वारा उसके प्रति कृतज्ञता व्यक्त करके उसका सिर खड्ग या फरसे के एक ही वार से काट दिया जाता, ताकि मृत्यु तत्काल हो और पीड़ा न दे (मान्यता थी कि तकलीफ पाने वाला बलि-पशु बलि देने वालों को शाप देगा और कर्मकाण्ड का उद्देश्य विफल हो जायेगा)।

पाँचवीं सदी ईसा पूर्व में बौद्ध और जैन उभार के बाद भारतीय समाज रक्त-बलि से विमुख होकर शाकाहार की ओर बढ़ा। अगर कर्मकाण्ड को बचे रहना था तो उसके लिए बदलना ज़रूरी था। इसलिए बलि प्रतीकात्मक हो गयी और पशु की जगह नारियल या कद्दू का इस्तेमाल होने लगा। सिन्दूर और हल्दी का लेप वैसे ही होता रहा और एक ही बार में बलि को पूरा करने के निर्देश का पालन भी। समय के साथ रक्त-बलि में इस कर्मकाण्ड की जड़ों की स्मृति धूमिल पड़ गयी। परम्परा को जारी रखने के लिए एक नये कारण की ज़रूरत पड़ी। कारण प्रदान करने के

लिए रहस्यवादी दर्शन और भक्ति सिद्धान्त आगे आये। इस कार्य को प्रतीक रूप में अहंकार को भंग करने के कार्य के रूप में देखा जाने लगा ताकि व्यक्ति ईश्वरीय शक्ति का बोध कर सके। इस तरह जैसे-जैसे समाज रहस्यवादी आदर्शों, शाकाहार और भौतिक आकांक्षाओं के त्याग की तरफ बढ़ा, यह कर्मकाण्ड अपने कालातीत गुण को सँजोकर रखते हुए, रूप और अभिप्राय, दोनों दृष्टियों से बदल गया।

इस अध्याय में हम देखेंगे कि कैसे हिन्दू कथाएँ उभरीं, विचार विकसित हुए और इतिहास के साथ विश्व-दृष्टिकोण बदले।

वैदिक ऋचाओं का अभियान

सभी हिन्दू वेदों को हिन्दुत्व की बुनियाद मानते हैं। वेद मन्त्रों के चार संकलनों से बने हैं। ये मन्त्र अपौरुषेय कहे जाते हैं, यानी इन्हें किसी पुरुष ने नहीं रचा है। इनके रचयिता के नाम का कुछ पता नहीं है। इसके अलावा ये अनादि-अनन्त, कालातीत और देवों से भी प्राचीन और महत्त्वपूर्ण बताये जाते हैं। इन मन्त्रों ने अपने को ऋषियों पर प्रकट किया था। जब इनका प्रयोग यज्ञ नाम के कर्मकाण्ड में किया जाता तो मन्त्र ब्रह्माण्ड के कार्य तक में हेर-फेर कर सकते थे—युद्ध में विजय सुनिश्चित कर सकते थे, अस्त्र-शस्त्र को घातक शक्तियों में बदल सकते थे, पुरुषों को वीर्यवान और भूमि को उर्वर बना सकते थे।

वैदिक काल में राजा लौकिक समस्याओं के समाधान के लिए ऋषियों को यज्ञ सम्पन्न करने के उद्देश्य से बुलाते थे। *रामायण* महाकाव्य हमें बताता है कि अयोध्या के राजा दशरथ की तीन पत्नियाँ थीं, लेकिन कोई पुत्र नहीं था। इसलिए उन्होंने ऋषि ऋष्यशृंग को यज्ञ करने के लिए बुलाया। अनुष्ठान के बाद हवन कुण्ड से एक जीव हाथ में जादुई घोल का एक पात्र लिये हुए प्रकट हुआ। 'जो भी इस पात्र से पियेगा वह तुम्हें पुत्र प्रदान करेगा,' उस जीव ने दशरथ से कहा। राजा ने उस घोल को बराबर से अपनी पटरानी कौशल्या और अपनी प्रिय रानी कैकेयी में बाँट दिया। रानियों ने अपने हिस्से का आधा छोटी रानी सुमित्रा को दे दिया। नतीजे के तौर पर तीनों रानियों ने चार पुत्रों को जन्म दिया। कौशल्या ने राम को, कैकेयी ने भरत को और सुमित्रा ने लक्ष्मण और शत्रुघ्न को। लक्ष्मण राम के प्रति समर्पित थे, शत्रुघ्न भरत के प्रति।

वैदिक काल हिन्दुत्व का कर्मकाण्डी चरण था, जब देवत्व की अवधारणा ईश्वर के विचार पर आधारित नहीं थी, बल्कि अनुष्ठान सम्पन्न करने पर थी। यज्ञ सिर्फ दैवी प्राणियों को सन्तुष्ट करने और उनकी कृपा प्राप्त करने का माध्यम ही नहीं थे; वे अपने आप में भी साध्य थे, जो देवताओं को भी शक्ति प्रदान करते थे।

इस तरह ऐसी कथाएँ भी हैं जिनमें देवों को भी यज्ञ करने के लिए ऋषियों की ज़रूरत पड़ती थी, ताकि वे अपने कट्टर शत्रुओं—असुरों—को पराजित कर सकें।

विश्वरूप का शिरोच्छेद
(महाभारत)

देवराज इन्द्र ने एक बार अपने गुरु बृहस्पति को नाराज़ कर दिया जिसकी वजह से उन्होंने इन्द्र के लिए यज्ञ करने से मना कर दिया। अनुष्ठान से मिलने वाली शक्ति के अभाव में इन्द्र के सामने असुरों से पराजित होने का संकट पैदा हो गया। हताश होकर इन्द्र ने ऋषि विश्वरूप से सहायता माँगी। दुर्भाग्य से, ऋषि की माता असुर कुल की थी। इसलिए विश्वरूप ने यज्ञ के दौरान देवों और असुरों, दोनों का बल बढ़ाने के लिए मन्त्र पढ़े और बलि दी। जब इन्द्र को इस बात का पता चला, उन्होंने विश्वरूप का सिर काट दिया।

मन्त्रों की शक्ति से ऋषि आम हथियारों को दिव्य शक्ति प्रदान कर सकते थे, बाँझ स्त्रियों को सन्तान पैदा करने के योग्य बना सकते थे, देवों को अपनी इच्छा पूरी करने के लिए विवश कर सकते थे और आकाश, धरती और पाताल के तीनों लोकों में आ-जा सकते थे, कभी देवों, मनुष्यों और असुरों का समर्थन करते हुए, कभी उनका विरोध करते हुए। इसलिए ऋषियों से बहुत श्रद्धा की जाती थी।

दुर्वासा का शाप
(पद्म पुराण)

ऋषि दुर्वासा ने इन्द्र को एक दैवी हार दिया जिसे इन्द्र ने धरती पर फेंक दिया। इस अपमान से क्रुद्ध होकर दुर्वासा ने इन्द्र को शाप दिया कि उन पर भाग्य की देवी श्री की कृपा नहीं रहेगी। तत्काल इन्द्र के राज्य की शोभा जाती रही। पेड़ों पर फूल-फल आने बन्द हो गये। गायों ने दूध देना बन्द कर दिया। इन्द्र की सेना हर लड़ाई में हारने लगी।

कुछ ऋषियों को प्रजापति कहते थे, जिसका मतलब है 'लोगों के पिता।' लेकिन संकेत मिलता है कि वे जातियों के जनक नहीं थे; उन्होंने तो बस लोगों को वैदिक मार्ग पर लाकर सभ्य बनाया था।

यज्ञों को सम्पन्न किये जाने के लिए कोई स्थायी ढाँचा ज़रूरी नहीं था, जिससे

यह संकेत मिलता है कि वैदिक परम्परा को मानने वाले लोग एक जगह बसने से पहले कई सदियों तक घुमन्तू बनजारे थे। इस बात के बहुत से साहित्यिक और समाज-शास्त्रीय सबूत हैं कि वैदिक सभ्यता सरस्वती नाम की नदी के तट पर लगभग 1500 ईसा पूर्व फली-फूली थी। ऐसा अनुमान है कि यह नदी सिन्धु और गंगा नदियों के बीच पश्चिम की ओर बहती थी। विद्वानों का अनुमान है कि उसके बाद मौसम के परिवर्तन, भयंकर सूखे या राजनैतिक उथल-पुथल के कारण भारत के उत्तर-पश्चिम से (जो अब आधुनिक पाकिस्तान है) वैदिक परम्परा के मानने वाले लोग गंगा के उर्वर मैदानों से होते हुए, पूरब (आधुनिक बिहार और बंगाल) की ओर आये और अन्त में विन्ध्य की पहाड़ियों को पार कर दक्षिण के तमिल इलाकों की ओर गये।

वैदिक लोगों के इस प्रवास और अप्रवास के साथ वनों और पर्वतों को पार करती हुई ऋषियों की कथाएँ भी आयीं। एक प्रमुख ऋषि हैं अगस्त्य, जिन्हें दक्षिण की तमिल परम्परा का स्रोत माना जाता है।

विन्ध्य पर्वत का झुकना

(उत्तर रामायण)

एक बार शिव ने वेदों के रहस्य पर प्रवचन देने का फैसला किया। तत्काल सभी ऋषि हिमालय में शिव के निवास की ओर तेजी के साथ गये। उत्तर की ओर हुई इस भगदड़ के कारण पृथ्वी एक ओर को झुक गयी। सन्तुलन को बहाल करने के लिए शिव ने अगस्त्य ऋषि से दक्षिण की ओर जाने के लिए कहा। जब सूर्य देव ने अगस्त्य ऋषि को दक्षिण की तरफ जाते देखा तो उन्होंने ऋषि से सहायता माँगी। 'विन्ध्य पर्वत अपनी महत्ता सिद्ध करने के लिए हर रोज़ और ऊँचा होता जा रहा है,' सूर्य ने कहा। 'अब वह इतना ऊँचा हो गया है कि वह आकाश में मेरे मार्ग को लगभग अवरुद्ध करने के निकट आ गया है। ऐसा उपाय निकाल कर मेरी सहायता कीजिए कि विन्ध्य पर्वत अब और न बढ़े।' अगस्त्य ने सहायता का आश्वासन दे दिया। जब अगस्त्य ऋषि विन्ध्य पर्वत के पास पहुँचे तो पर्वत उनके सम्मान में नीचे झुक गया। 'अब से इसी रूप में रहो,' अगस्त्य ने कहा। 'ताकि मैं आसानी से तुम्हें पार कर सकूँ। और मेरे आने तक इसी तरह बने रहो ताकि लौटते समय मैं आसानी से तुम्हें पार कर सकूँ।' अगस्त्य फिर कभी उत्तर की ओर नहीं लौटे और विन्ध्य पर्वत उसी तरह झुका रहा जिससे सूर्य को आकाश पार करने में फिर कठिनाई नहीं हुई।

विन्ध्य पर्वतमाला भारतीय उपमहाद्वीप को उत्तर और दक्षिण, दो हिस्सों में बाँटती है। जो ऋषि दक्षिण गये उन्होंने वहाँ जो पर्वत और नदियाँ देखीं उन्हें कथाओं के माध्यम से उत्तर के पर्वतों और नदियों से सम्बद्ध कर दिया, जैसे निम्नलिखित कथा बताती है।

कावेरी नदी का जन्म

(कावेरी माहात्म्य)

अगस्त्य एक घड़े में गंगा नदी का जल ले गये थे। यह एक दिव्य पात्र था जो शिव ने दिया था और हमेशा पवित्र जल से भरा रहता था। दक्षिण में एक भयंकर सूखा पड़ा। अपने भक्तों की सहायता के लिए विनायक देव ने एक कौए का रूप लिया और जब अगस्त्य ऋषि का ध्यान दूसरी तरफ था, उन्होंने घड़े को लुढ़का दिया। घड़े से विशाल कावेरी नदी की धारा बह निकली जिसने तमिल भूमि को सींच दिया और जहाँ-जहाँ से हो कर गयी सुख-समृद्धि ले आयी।

वैदिक संस्कृति के ये रक्षक और वाहक जब दक्षिण गये तो अनेक अ-वैदिक संस्कृतियों के सम्पर्क में आये, जिनमें से कुछ ने उनका प्रबल विरोध किया। आश्चर्य नहीं कि वैदिक कथाओं में उन्हें असुर और राक्षस कहा गया है, हालाँकि 'बर्बर' शब्द उनके लिए अधिक उपयुक्त होगा।

ताड़का को भगाना

(रामायण)

ऋषि विश्वामित्र को, जो वन में एक यज्ञ कर रहे थे, राक्षस परेशान कर रहे थे। वे हवनकुण्ड को दूषित करने के लिए उसमें रक्त और हड्डियाँ फेंक देते और दूसरे तरीकों से रुकावटें डालते। हताश हो कर ऋषि विश्वामित्र ने अयोध्या के राजा दशरथ से सहायता माँगी जिन्होंने अपने बेटे राम को यह काम सौंपा कि वे वन को इन बर्बरों से मुक्त कर दें। राम कुशल धनुर्धर थे। उनके तीरों ने राक्षसों को दूर रखा और ऋषि विश्वामित्र ने अपना यज्ञ सम्पन्न कर लिया। प्रसन्न होकर ऋषि ने राम को ऐसे मन्त्र दिये जिनसे उनके तीर दिव्य शक्तियों का रूप ले सकते थे।

रामायण नामक महाकाव्य को कभी-कभी उस संघर्ष के वृत्तान्त के रूप

में भी देखा जाता है, जो वैदिक संस्कृति के दक्षिण की तरफ जाते समय वैदिक और अ-वैदिक जीवन-पद्धतियों के बीच हुआ। वानर और गिद्ध इसमें नायक राम की सहायता करते हैं।

राम और वानरों की मैत्री

(रामायण)

> राम जब शिकार पर गये हुए थे, तब राक्षसों के राजा रावण ने राम की पत्नी सीता का अपहरण कर लिया। जटायु नाम के गिद्ध ने, जिसने यह अपहरण होते देखा था, रावण को रोकने की विफल कोशिश की जिसने जटायु के पंख काट दिये। अन्तिम साँस लेते हुए जटायु ने राम को बताया कि रावण सीता को दक्षिण दिशा में ले गया था। सीता की खोज में दक्षिणी प्रदेश में विचरते हुए राम की भेंट सुग्रीव के नेतृत्व में वानरों के एक दल से हुई। उन्हें एक मतभेद के बाद वानरों के राज्य किष्किन्धा से वानर राजा बाली ने खदेड़ भगाया था। राम ने सुग्रीव को बाली का वध करके वानरों के राजा बनने में मदद दी। सुग्रीव ने बदले में अपनी प्रजा को आदेश दिया कि वह राम की सहायता करे। उन्होंने सीता को लंका द्वीप पर खोज निकाला, समुद्र पर एक पुल बनाया, राक्षसों के राज्य पर हमला किया, रावण को पराजित करके सीता का उद्धार किया।

महाकाव्य में जो शब्द इस्तेमाल किया गया है वह 'वानर' है। इस शब्द को 'वन' और 'नर' शब्दों से उपजा माना गया है, जिससे संकेत मिलता है कि वानर बन्दर नहीं थे, बल्कि एक जन-जाति थे, जिनका गण-चिह्न बन्दर था। इसी तरह जटायु भी गिद्ध नहीं था, बल्कि ऐसी जनजाति का सदस्य था जिसका गण-चिह्न पक्षी था। महाकाव्य के रचयिता ने उपेक्षा से अ-वैदिक जनजातियों को पशु-पक्षियों के रूप में चित्रित किया, क्योंकि वे जंगल के कानून (ताकत का बोल-बाला) का पालन करते थे—राम के विपरीत, जो सुख से पहले कर्तव्य करने के वैदिक मार्ग पर चलते थे।

वैदिक परम्परा का पालन करने वालों को मानव के रूप में चिह्नित किया गया था—मनु के वंशज जो पहले-पहले मनुष्य थे और पहले-पहले वैदिक राजा। मानव का मतलब मनुष्य भी होता है जिससे संकेत मिलता है कि वैदिक परम्परा में यह माना जाता था कि अगर कोई मनु के वैदिक मार्ग पर नहीं चलता तो वह मनुष्य से नीचे यानी पशु अथवा राक्षस है। वैदिक मार्ग पर चलने वालों के लिए एक और शब्द जो

प्रयोग किया जाता था, वह था 'आर्य'। हाल के समय में आर्य शब्द पर नाज़ियों के विमर्श का प्रभाव पड़ा है और वह दुर्भाग्य से नस्लवादी शब्द बन गया है।

जैसे-जैसे और इलाके वैदिक प्रभाव में आते गये, नगर बनाने के लिए वनों को साफ किया जाने लगा। महाभारत में इस अतिक्रमण को अग्नि देवता की बलि कह कर उचित ठहराया गया है।

खाण्डवप्रस्थ का दहन

(महाभारत)

पाण्डवों को उत्तराधिकार में खाण्डवप्रस्थ का वन मिला था जहाँ उनकी एक नगर बनाने की योजना थी। अग्नि देवता ने आश्वासन दिया कि अगर वे उन्हें वन के जीवों को खाने की छूट दें तो वे पाण्डवों की मदद करने के लिए तैयार हैं। पाण्डव राज़ी हो गये और अग्नि की लपटों ने जल्दी ही वन को अपने घेरे में ले लिया। वन में रहने वाले सभी जीव—पक्षी, पशु, राक्षस और नाग—ज्वालाओं में भस्म हो गये। उन सब को, जिन्होंने निकल भागने की कोशिश की, पाण्डवों ने तीरों का निशाना बना दिया। उन्होंने तीरों से वन के ऊपर एक तरह का मण्डप भी बना दिया ताकि वर्षा के देवता इन्द्र, जिन्हें वन के जीवों ने मदद के लिए बुलाया था, अग्नि की ज्वालाओं को बुझा न सकें। मय नाम के असुर ने पाण्डवों से विनती की कि वे उसे और उसके परिवार को छोड़ दें; बदले में उसने उनके लिए एक अद्‌भुत नगर बना कर देने का वादा किया।

वैदिक काल में वन को जला कर बस्ती बनाना आम चलन था जिससे अक्सर वनवासियों से संघर्ष होता रहता था। कभी-कभी समझौता भी होता था, जैसा कि प्रचेतस भाइयों की निम्नलिखित कथा बताती है। कथा में जल के नीचे कुछ समय रहने का उल्लेख मनुष्यों के समुद्र पर जाने का संकेत देता है जिस दौरान वनवासियों ने उन लोगों को मार डाला था जो पीछे रह गये थे।

मारीष का विवाह

(भागवत पुराण)

दस प्रचेतस भाइयों ने वर्षों समुद्र के नीचे तपस्या की थी। विष्णु के दर्शन करके वे जब ऊपर आये तो उन्होंने धरती को वृक्षों से भरा पाया। तब उन्होंने जंगल को साफ करने के लिए आग उगली। वृक्षों ने उनसे विनती की कि

वे ऐसा न करें और उन्हें विवाह में अपनी पाली हुई पुत्री मारीष दे दी।

बहुत-सी कथाओं में मिले छिटपुट सबूतों के आधार पर कुछ लोगों ने सुझाया है कि एक भारी बाढ़ या अकाल के दौरान वेद लुप्त हो गये थे, शायद उसी में जिसकी वजह से वैदिक संस्कृति दक्षिण की ओर उन्मुख हुई थी। ऋषि व्यास ने, जिनके नाम का मतलब है 'संग्रहकर्ता', वेदों को मनुष्यों की भलाई के लिए फिर से प्रस्तुत किया। ब्राह्मण कहलाने वाली संहिताएँ रची गयीं जिससे पता चल सके कि मन्त्रों को कैसे कर्मकाण्ड में लागू किया जाना था। इन संहिताओं के रक्षक व्यक्ति को ब्राह्मण कहा जाता था।

वेदों के संरक्षकों के रूप में ब्राह्मण स्थान के विज्ञान यानी वास्तु में; समय के विज्ञान यानि ज्योतिष में; रोगों का उपचार करने वाले विज्ञान यानि आयुर्वेद में; वेदों की व्याख्या करने वाले विज्ञान यानि वेदांग में; और देवों, राजाओं और ऋषियों के इतिहास अर्थात पुराणों में काफी प्रवीण हो गये। ब्राह्मण लौकिक और आध्यात्मिक लोकों के बीच एक कड़ी का काम करते थे। वे ब्रह्माण्ड के रहस्यों से परिचित थे। जैसे बृहस्पति देवों के गुरु थे और शुक्राचार्य असुरों के, वैसे ही ब्राह्मणों ने अपने को राजाओं के दरबारों में स्थापित कर दिया।

वैदिक संस्कृति के प्रसार के साथ जैसे-जैसे लोग, बिरादरियाँ और जातियाँ एक-दूसरे के सम्पर्क में आयीं और घुलीं-मिलीं, वैदिक ब्राह्मणों ने गैर-ब्राह्मणों के साथ भोजन न करके या अपनी बेटियों की शादियाँ न करके अपनी ऊँची स्थिति और आध्यात्मिक शुद्धता बनाये रखी। उनके संरक्षक शासक वर्ग ने भी यही चलन अपनाया। अन्ततः पुरोहितों ने एक सामाजिक संस्था विकसित कर ली जो अपने बचे रहने के लिए चार वर्णों पर निर्भर थी। चार वर्णों में समाज का यह विभाजन दैवी आज्ञा पर गठित माना गया।

समाज का शरीर

(ऋग्वेद)

> समाज रूपी पुरुष का सिर ब्राह्मणों (पुरोहित और दार्शनिक जो धार्मिक गतिविधि से जुड़े हैं) से, बाहु क्षत्रियों (राजा, सामन्त और योद्धा जो रक्षा और शासन से सम्बद्ध हैं) से, जंघाएँ और उदर वैश्यों (किसान, चरवाहे और व्यापारी जो आर्थिक गतिविधि से जुड़े हैं) से और पैर शूद्रों (कारीगर और मज़दूर जो समाज की सेवा करते हैं) से बने हैं।

आदर्श रूप में तो वर्ण-व्यवस्था को चाहिए था कि समाज को संगठित करे,

श्रम का विभाजन करे और किसी एक समूह को अनावश्यक शोषण से बचाये। लेकिन वास्तविकता यह है कि इस विभाजन ने ऊपर से नीचे को जाता एक श्रेणी-विभाजन घटित किया जिसमें ब्राह्मण ने खुद को सबसे ऊपर रख दिया। समाज बाँहों, जंघाओं और पैरों के बिना जीवित रह सकता था, मगर सिर के बिना नहीं।

समय के साथ हर वर्ण अनेक कारणों से लगातार बहुत-से खण्डों में बँटता चला गया; इन कारणों में प्रमुख थे व्यवसाय, वंश और भौगोलिक स्थिति। इनमें से हर समूह को जाति कहा जाने लगा। अलग-अलग जातियों के लोगों के बीच घुलने-मिलने पर, विशेष रूप से आपसी विवाह पर, पाबन्दी लगा दी गयी। आर्थिक और राजनैतिक आधारों पर विभिन्न जातियों के बीच शक्ति सन्तुलन बढ़ता-घटता रहता। लेकिन ब्राह्मण समुदाय वर्ण के पिरामिड पर हमेशा सबसे ऊपर बना रहा।

प्राचीन कथाओं और वृत्तान्तों के संरक्षकों के नाते ब्राह्मणों के पास अपने लाभ के लिए कथाओं में हस्तक्षेप करने की शक्ति और अधिकार था। वे अपने को ऋषियों के बराबर ठहराने लगे इसके बावजूद कि मनुष्य जन्म से नहीं, बल्कि तप और प्रयत्न से ऋषि बनता था।

विश्वामित्र का ऋषि बनना

(भागवत पुराण)

> राजा कौशिक ने वशिष्ठ की गाय को बलपूर्वक ले लेना चाहा। लेकिन ऋषि ने मन्त्र बल से उनकी सेना को भगा दिया। वशिष्ठ को पराजित करने के संकल्प से कौशिक ने खुद ऋषि बनने की ठानी। उन्होंने राज-पाट त्याग दिया, वन में चले गये और तप करने लगे और वर्षों के बाद वेदों के रहस्यों में पारंगत ऋषि बन गये।

चूँकि वर्ण-व्यवस्था ने समाज में ब्राह्मणों का वर्चस्व स्थापित कर दिया था, वे पूरी निष्ठा से इस व्यवस्था का समर्थन करते। आगे वाली कथा में द्रोण ब्राह्मण जाति के हैं और शक्तिशाली कुरु वंश के राजकुमारों को शस्त्र विद्या सिखाकर आजीविका अर्जित करते हैं। वे निर्ममता से अपने संरक्षकों और अपनी जाति के हितों की रक्षा करते हैं।

एकलव्य

(महाभारत)

> कुरुकुल के राजकुमारों के गुरु द्रोण ने एकलव्य को धनुर्विद्या सिखाने

से इनकार कर दिया था, क्योंकि वह वनवासियों की जाति का था। चूँकि एकलव्य ने धनुर्विद्या सीखने की ठान रखी थी, उसने द्रोण की एक प्रतिमा बनायी और उसके सामने धनुर्विद्या का अभ्यास शुरू किया। समय के साथ वह धनुष-बाण चलाने में इतना कुशल हो गया कि भौंकते हुए कुत्ते को बिना कोई हानि पहुँचाये, उसके मुँह में तीर मार कर उसे चुप करा सकता था। साफ था कि एकलव्य कुरु राजकुमारों से ज़्यादा कुशल था। अपनी पूरी विनम्रता के साथ एकलव्य अपनी सफलता का श्रेय द्रोण को देता। 'अगर तुम सोचते हो कि मैं तुम्हारा गुरु हूँ तो यह तुम्हारा कर्तव्य है कि मुझे गुरु दक्षिणा दो। मैं दक्षिणा में तुम्हारे दायें हाथ का अँगूठा माँगता हूँ जिससे तुम अपने धनुष को थामते हो।' एकलव्य इस माँग को सुन कर स्तब्ध रह गया जिसकी वजह से वह कभी धनुष नहीं पकड़ पाने वाला था, लेकिन उसने इसके बावजूद दक्षिणा दी। जब कुरु राजकुमारों ने द्रोण से उनकी क्रूरता का कारण पूछा तो उन्होंने कहा, 'अगर सब धनुर्विद्या सीख लेंगे तो वनवासी क्षत्रियों की जगह ले लेंगे और समूची वर्ण-व्यवस्था ढह जायेगी जिससे सामाजिक अराजकता पैदा होगी। इसके अलावा, मैंने अर्जुन को वचन दिया था कि धनुर्विद्या में मेरा कोई शिष्य उसकी बराबरी नहीं कर पायेगा। एकलव्य को ध्वस्त करके मैंने अपने वचन का पालन किया है।'

ब्राह्मणों से लोग डरते थे, क्योंकि उन्हें वेदों का ज्ञान था। उन्हें सन्तुष्ट रखने के लिए सब कुछ किया जाता। उन्हें भेंट में गायें दी जातीं और बेटियाँ ब्याही जातीं। उन पर कभी कर नहीं लगता था, न उन्हें दण्ड दिया जाता था, भले ही उन्होंने कोई अपराध किया हो। सच तो यह है कि ब्राह्मण को मारना ब्रह्माण्ड के प्रति अपराध समझा जाता था, क्योंकि ब्राह्मण वेदों के जानने वाले माने जाते थे।

रावण वध का प्रायश्चित

(ऋषिकेश स्थल पुराण)

रावण को, जिसने राम की पत्नी सीता का अपहरण किया था, मारने के बाद राम ब्रह्म-हत्या का प्रायश्चित करने के लिए तीर्थ-यात्रा पर गये, क्योंकि राक्षसों का राजा रावण ब्राह्मण था। उसके पिता वैश्रवा ऋषि थे और रावण वेदों में प्रवीण था। इस तरह, एक राजा का पुत्र होने के नाते राम वर्ण-व्यवस्था में रावण से नीचे थे।

इस बात को लेकर कथाएँ रची गयीं कि कैसे दिव्य जीव भी उच्च वर्णों से सम्बद्ध होना पसन्द करते थे।

अम्मावेरु का पति

(दक्षिण भारतीय लोककथा)

अम्मावेरु के पिता ने उनका विवाह ऐसे व्यक्ति से किया जो उनके विचार से ब्राह्मण था। लेकिन एक दिन अम्मावेरु ने देखा कि वह आदमी अपनी माँ के साथ गाय का मांस खा रहा था। यह एहसास होते ही कि एक निम्न वर्ण के आदमी ने उन्हें धोखा दिया था, अम्मावेरु एक उग्र देवी में बदल गयीं और उन्होंने उस आदमी को मार डाला।

हर सम्भव कोशिश होती कि लोक नायकों को ऊँचे वर्ण से सम्बद्ध किया जाये।

कृष्ण जन्म

(हरिवंश)

सभी को आश्चर्य होता कि गोपालक नन्द और उनकी पत्नी यशोदा का पुत्र कृष्ण साँवला क्यों था, जबकि उसके माता-पिता गोरे थे। सच सिर्फ गिने-चुने लोगों को मालूम था। कृष्ण यादवों के राजपुरुष वासुदेव और उनकी पत्नी देवकी के आठवें पुत्र थे जिनके बारे में भविष्यवाणी हुई थी कि वे मथुरा के निरंकुश शासक कंस का वध करेंगे। इस भविष्यवाणी से सावधान होकर कंस ने देवकी की हर सन्तान को मार डाला था।

इस बच्चे को बचाने के लिए देवी योगमाया ने उस रात, जब कृष्ण का जन्म हुआ, मथुरा को सम्मोहित कर निद्रामग्न कर दिया। देवी के कहने पर वासुदेव बच्चे को यमुना नदी के पार ले गये और उन्हें नन्द की बेटी से बदल लाये। जब कंस ने इस बच्ची को मारना चाहा तो वह एक देवी में रूपान्तरित हो गयी जिसने घोषित किया कि कंस का वध करने वाला सुरक्षित था और उसके हत्यारे हाथों की पहुँच से बहुत दूर था।

प्रतिमाओं में देवताओं को ब्राह्मणों की निशानी जनेऊ धारण किये दिखाया जाता था। स्पष्ट रूप से ब्राह्मण अपनी केन्द्रीय भूमिका का इस्तेमाल समाज को अपने इशारों पर चलाने के लिए कर रहे थे।

ब्राह्मण के घर में पैदा हुए बच्चे को वेद ज्ञान जनेऊ की रस्म पूरी होने के बाद कराया जाता था, जिसके दौरान वह अपने गुरु की कोख से दोबारा जन्मा माना जाता था। हालाँकि ईश्वर वर्ण से परे है, दैवी अवतारों को हमेशा जनेऊ पहने ही अंकित किया जाता है।

तप का आदर्श

500 ई.पू. के आस-पास वैदिक कर्मकाण्डों और ब्राह्मणों के प्रभुत्व के खिलाफ एक बढ़ती हुई बेचैनी प्रकट होने लगी। राजाओं ने, जो अब तक अग्नि-मन्थन करने वाले पुरोहितों के संरक्षक बने हुए थे, समाज में ब्राह्मणों की केन्द्रीय भूमिका पर सवाल उठाने शुरू कर दिये। इसकी वजह से संघर्ष होने लगा जो अक्सर उग्र हो जाता।

परशुराम द्वारा क्षत्रियों का नाश

(विष्णु पुराण)

ऋषि जमदग्नि के पास एक गाय थी जो हर इच्छा पूरी कर सकती थी। यह गाय हैहयों ने जमदग्नि को पुरोहित के रूप में उनकी सेवाओं के बदले में दक्षिणा-स्वरूप दी थी। वर्षों बाद हैहयों के राजा कार्तवीर्यार्जुन ने इस चमत्कारी गाय को वापस माँगा और ज़बर्दस्ती ले जाने की कोशिश की। दान को वापस लेना धर्म के विपरीत था। ऋषि की आपत्तियाँ बेकार गयीं। अन्त में ऋषि के सबसे छोटे बेटे परशुराम से रहा न गया। अपने परिवार के अहिंसा के मार्ग को त्यागते हुए परशुराम ने अपना फरसा उठाया, राजा का रास्ता रोका और उसे युद्ध की चुनौती दी। लड़ाई में परशुराम ने कार्तवीर्यार्जुन को मार गिराया। बदले में कुछ दिन बाद कार्तवीर्यार्जुन के बेटे ने जमदग्नि के आश्रम पर धावा बोला और ऋषि का सिर काट दिया। क्रुद्ध होकर परशुराम ने क्षत्रियों को धर्म के मार्ग से विचलित होने का पाठ उन्हीं की भाषा में सिखाने की प्रतिज्ञा की। इसके बाद जो संघर्ष हुआ उसमें परशुराम ने क्षत्रियों की पाँच पीढ़ियों को मार कर उनके रक्त से पाँच बड़े सरोवर भर दिये।

ब्राह्मणों के प्रभुत्व ने सिर्फ राजाओं के साथ ही शक्ति-सन्तुलन भंग नहीं किया था, बल्कि नये-नये उभरते हुए व्यापारी वर्ग के साथ भी, जिन्हें लगता था कि

कर्मकाण्ड उन प्रश्नों का समाधान किये बिना, जो आम आदमी को परेशान कर रहे थे, मूल्यवान धन-सम्पत्ति को नष्ट कर रहे थे। कथाओं के माध्यम से वास्तविकता के बरक्स कर्मकाण्ड के महत्त्व पर सवाल उठाये जाने लगे।

सुनहरा नेवला

(महाभारत)

एक गरीब आदमी ने अपने अतिथि को भोजन देने के कर्तव्य का पालन करने में इस बात की परवाह नहीं की कि उसका परिवार भूख से मर रहा है। एक नेवला फिसल कर उस बर्तन में गिर गया जिसमें भोजन दिया गया था। बचा हुआ चूरा नेवले के शरीर के जिन अंगों से चिपका, वे सोने के हो गये। यह एहसास होते ही कि ऐसा त्याग की महिमा के कारण हुआ है, नेवला सारी दुनिया में घूमता फिरा ताकि ऐसा ही त्याग खोज सके जिससे उसका बाकी शरीर भी सोने का हो जाये। उसने युधिष्ठिर के एक भव्य यज्ञ के बारे में सुना, जहाँ हज़ारों लोगों को भोजन दिया जा रहा था। यज्ञ के अन्त में सोने के आधे शरीर वाला वह नेवला यज्ञ-भूमि में आया और हवन कुण्ड की राख में लोटने लगा। लेकिन कुछ भी नहीं हुआ। नेवले ने नतीजा निकाला कि हृदय से किये गये उस गरीब आदमी के त्याग में राजाओं के भव्य यज्ञों से अधिक शक्ति थी।

स्वयं ब्राह्मणों के बीच वेदों के सत्य को लेकर मतभेद थे। याज्ञवल्क्य की तरह कुछ लोग मन्त्रों को कर्मकाण्डों के साधनों से ज़्यादा आध्यात्मिक साधन मानते थे। उन्होंने ध्यान को बाहर के संसार से अन्दर की दुनिया की तरफ केन्द्रित किया। कर्मकाण्डों का इस्तेमाल दुनिया को संचालित करने की बजाय उन्होंने संसार के प्रति मनुष्यों के रवैये पर सवाल उठाये और इसके कारण खोजे।

याज्ञवल्क्य का विद्रोह

(ब्रह्माण्ड पुराण)

ऋषि वैशम्पायन ने अपने भतीजे का वध किया था। उन्होंने अपने शिष्यों से कहा कि उन्हें इस कर्म के दोष से मुक्त करने के लिए यज्ञ करें। याज्ञवल्क्य ने मना कर दिया, क्योंकि उनके खयाल में प्रायश्चित सच्चे पश्चाताप से होता है, कर्मकाण्ड से नहीं। नाराज़ होकर वैशम्पायन ने आदेश दिया कि याज्ञवल्क्य वह सब वापस कर दें जो उन्हें सिखाया

गया था और आश्रम त्याग दें। याज्ञवल्क्य ने अपने गुरु से सीखे यजुर्वेद को उगल कर ऐसा ही किया। अन्य शिष्यों ने काले पक्षियों का रूप धर कर उगले गये यजुर्वेद को चोंच से उठा लिया। जिस यजुर्वेद को उन्होंने उठाया, वह कृष्ण यजुर्वेद के नाम से जाना गया जो शुक्ल यजुर्वेद से काफी कच्चा है, जिसे याज्ञवल्क्य ने दोबारा स्वयं सूर्य देवता से वेदों का ज्ञान प्राप्त करने के बाद संकलित किया।

जनक जैसे राजा याज्ञवल्क्य जैसे ऋषियों को ब्रह्माण्ड के वास्तविक स्वरूप पर बहस करने के लिए बुलाते थे। इन बहसों और विमर्शों ने उपनिषदों की प्रेरणा दी, जो टीकाओं का एक संग्रह है जिसे वेदान्त कहते हैं और जो वैदिक दर्शन का सार माना जाता है। उपनिषदों में संसार, कर्म, धर्म और मोक्ष के विचार एकत्र किये गये। एक नया युग सामने आ रहा था, जिसमें मानसिक प्रक्रियाओं का नियन्त्रण, यानी योग, जिसे किसी समय गुप्त और रहस्यमय मान कर हाशिये पर डाल दिया गया था, एक बार फिर मुख्यधारा में आ गया था।

यम से नचिकेता के प्रश्न
(कठोपनिषद)

नचिकेता जानना चाहता था कि मृत्यु के बाद जीवन है या नहीं, इसलिए उसने मृत्यु के देवता यम से प्रश्न किये। काफी आग्रह के बाद यम ने कहा कि देवों को भी इसका उत्तर नहीं पता है, लेकिन यम पता लगाने की कोशिश करेंगे। यम ने कहा कि जो मरता है, वह शरीर है, आत्मा नहीं, जो अनन्त है। भौतिक जगत या संसार से मोहित हो कर हमारे मस्तिष्क विश्वास करते हैं कि अहं, जो बाहरी अनुभवों की अस्थायी उपज है, हमारी असली पहचान है। यह झूठी पहचान हमें विभिन्न ऐन्द्रिक उत्तेजनाओं के प्रति इस ढंग से प्रतिक्रिया व्यक्त करने के लिए प्रेरित करती है जो अहं को सन्तुष्ट करती है। चूँकि कर्म के ब्रह्माण्ड-व्यापी नियम के अनुसार सभी जीवों को अपने कर्मों के फल भोगने पड़ते हैं, इसलिए आत्मा को हर बार किसी शरीर के बन्धन में बँध कर और पिछले कर्मों द्वारा निर्धारित परिस्थितियों में अनेक जन्मों से होकर गुज़रना पड़ता है। मुक्ति या मोक्ष इस बोध से उपजता है कि हमारी आत्मा ही हमारी असली पहचान है। बोध तभी होता है, जब योग के बल से मन को शिक्षित किया जाता है कि वह इच्छाओं

से ऊपर उठे, धर्म के नियमों का पालन करे, अहं को जीते और सांसारिक प्रलोभनों का त्याग करे जो वैसे भी क्षणभंगुर हैं।

कर्म के सिद्धान्त को उस जाति के बारे में बताने के लिए इस्तेमाल किया गया, जिसमें व्यक्ति पैदा होता था और उन घटनाओं के बारे में भी जो उसके जीवन में घटित होती थीं। ऐसी कथाएँ भी सामने आयीं कि कैसे कर्म स्वयं देवों को भी प्रभावित करते थे।

विदुर का पूर्व-जन्म

(महाभारत)

जिस समय ऋषि माण्डव्य समाधि में थे, एक चोर उनके आश्रम में घुस आया। जब राजा के सैनिकों ने चोर को पकड़ लिया तो उन्होंने सोचा कि ऋषि ने ही चोर को आसरा दिया होगा। इस अपराध के लिए माण्डव्य को यातनाएँ दी गईं। एक दिन बाद यह सिद्ध हो गया कि ऋषि निर्दोष हैं और उन्हें छोड़ दिया गया। माण्डव्य न्याय के देवता धर्म के पास यह जानने के लिए गये कि उन्होंने ऐसा क्या किया था कि उन्हें सैनिकों के हाथ यह सब सहना पड़ा। धर्म ने कहा कि ऐसा माण्डव्य द्वारा बचपन में मधुमक्खियों को यातना देने के कारण हुआ था। माण्डव्य क्रुद्ध हो गये, क्योंकि उनके विचार से बच्चे के अबोध कार्य ऐसे दण्ड के भागी नहीं हो सकते। उन्होंने धर्म को शाप दिया कि वे एक दास के पुत्र विदुर के रूप में जन्म लें, जो राजा होने के योग्य होते हुए भी अपने हीन जन्म के कारण कभी मुकुट धारण नहीं कर पायेगा।

कर्म और मोक्ष जैसे विचारों के फलने-फूलने के साथ ही समाज कर्मकाण्ड से हट कर दर्शन, तप, आश्रमवादी व्यवस्था और रहस्यवाद की तरफ मुड़ गया। मनन, चिन्तन, एकान्तवास, ध्यान, त्याग और प्रार्थना ने यज्ञ का स्थान ले लिया। कर्मकाण्ड विरोधी विश्वास करते थे कि वैदिक मन्त्रों की असली शक्ति उनके पाठ में नहीं, बल्कि उन्हें समझने में है। इस तरह हिन्दुत्व का ज्ञान-काण्ड—विचार-विमर्श का युग—शुरू हुआ जिसके दौरान कर्मकाण्ड की तुलना में मनोवृत्ति और बोध का महत्त्व बढ़ता गया।

नये विचारों के साथ नयी आध्यात्मिक प्रथाएँ भी आयीं, जैसे तपस्या, जो योग, आत्म-निग्रह, आत्मावलोकन, ध्यान और मनन का एक जटिल मेल था।

कथाओं में तपस्वी प्रकट होने लगे जो यज्ञ करने वाले पुरोहितों से अधिक तेजस्वी सिद्ध होते। उन्हें मुनि (मौन रह कर सोचने वाले) या तपस्वी (तप करने वाले) कह कर सम्बोधित किया जाता। वे सांसारिक जीवन का त्याग करके वनों या गुफाओं में एकान्तवास करते और ब्रह्माण्ड के रहस्यों को समझने के लिए चरम संयम-नियम का पालन करते। उनके मार्ग में किसी संरक्षक, पुरोहित, वेदी और बलि की ज़रूरत नहीं थी। वह एक निजी और व्यक्तिगत प्रयास था, सार्वजनिक प्रदर्शन नहीं।

वेदों में कुछ अंश यह संकेत देते हैं कि तपस्या महज़ कर्मकाण्ड से बेचैनी की प्रतिक्रिया नहीं, बल्कि वास्तव में एक समानान्तर आन्दोलन था। जहाँ पुरोहित और उनके राजसी संरक्षक यज्ञ करते, वैश्यों और शूद्रों को उपेक्षित किया जाता था। अपनी आध्यात्मिक ज़रूरतों के लिए आम लोग पशु, वनस्पति और खनिज जगत की आत्माओं को पूजते। वे घुमन्तू तपस्वियों और रहस्यवादी धर्मात्माओं से मार्ग-दर्शन भी प्राप्त करते, जो गुफ़ाओं और वनों में रहते थे और रहस्यमय शक्तियों के स्वामी होते। ये लोग 'नाथ' कहलाते थे—जादू-टोने, ओझाई और रसायन के सिद्ध लोग। वे किसानों, चरवाहों और दूसरे आम लोगों को गण्डे-तावीज देते और भजन सिखाते ताकि शुभ शक्तियों को काबू में किया जा सके और बुरी शक्तियों से बचा जा सके। उनका ज्ञान शिव की देन था जो आरम्भिक गुरु आदि-नाथ थे। आगे चल कर शिव महादेव के रूप में पूजे जाने लगे—वैदिक देवों से बड़े भगवान के रूप में।

शिव द्वारा मत्स्येन्द्र-नाथ का प्रबोधन

(नव-नाथ-चरित)

> शिव ने एक बार अपनी संगिनी पार्वती को एक नदी के किनारे सभी मनुष्यों की बस्ती से दूर अपना ज्ञान सौंपा। नदी में रहने वाली एक मछली ने इस बातचीत को सुन लिया और उसे बोध प्राप्त हुआ। ज्ञान ने मछली को एक मनुष्य में बदल दिया और वह मत्स्येन्द्र-नाथ (यानी मछलियों का स्वामी) नामक ऋषि बन गयी। उन्होंने घूम-घूम कर नौ शिष्य इकट्ठे किये जो सामूहिक रूप से नव-नाथ के रूप में जाने गये। उन्होंने शिव के ज्ञान को बाकी मनुष्यों में बाँटा।

पीछे मुड़ कर देखने पर नाथ परम्परा की शिक्षा को तन्त्र का नाम दिया गया और तान्त्रिक परम्परा के अनुयायियों के अनुसार शिव आदि-गुरु थे। जो शक्तियाँ तान्त्रिक ज्ञान से मिलती थीं, उन्हें सिद्धियाँ कहते थे, लेकिन उन्हें प्राप्त करने के लिए व्यक्ति को अनेक मानसिक-शारीरिक अभ्यासों से गुज़रना पड़ता था जो योग

के नाम से जाने जाते थे। इनमें सामाजिक नियमों और सांस्कृतिक पाबन्दियों को चुनौती देना भी शामिल था और गृहस्थ इनमें हिस्सा नहीं ले सकते थे। गुरु ऐसे पुरुषों (और कभी-कभी स्त्रियों को) को शिष्यों के रूप में स्वीकार करते जो समाज को त्यागने के लिए तैयार होते। तन्त्र और योग अनेक लोक-प्रचलित कर्मकाण्डों का आधारभूत अंग थे, जिन्हें अन्ततः प्रमुख मठवादी सम्प्रदायों में समो लिया गया था। निम्नलिखित कथा में बाहरी वैदिक कर्मकाण्डों और गुप्त तान्त्रिक प्रथाओं के आपसी तनाव दिखायी देते हैं।

दक्ष यज्ञ का ध्वंस

(स्कन्द पुराण)

> प्रजापति दक्ष की पुत्री ने देवों से विवाह किया था, लेकिन छोटी बेटी सती ने पिता की इच्छाओं के विरुद्ध तपस्वी शिव से विवाह करने का फैसला किया। दक्ष शिव को पसन्द नहीं करते थे, क्योंकि तपस्वी होने के नाते शिव सभ्यता के नियमों और समाज की श्रेणियों को नहीं मानते थे। अपने दामाद को सबक सिखाने के लिए दक्ष ने एक यज्ञ आयोजित किया और शिव को छोड़ कर सबको न्योता दिया। जब सती को अपने पिता के इरादे का पता चला तो वह यज्ञ स्थल पर आयी और हवनकुण्ड में कूद गयी, अपनी बलि देती और यज्ञ को दूषित करती हुई जिससे यज्ञ रुक गया।

जब शिव को सती की मृत्यु का पता चला वे इतने क्रुद्ध हुए कि उन्होंने अपने सभी गणों को आदेश दिया कि दक्ष के यज्ञ पर आक्रमण करके उसे नष्ट कर दें। शिव के गणों ने यज्ञ को ध्वस्त कर दिया और उसमें आये अतिथियों को भगा दिया। इस उथल-पुथल के बीच वीरभद्र ने दक्ष का सिर काट दिया और काली अट्टहास करती रही। देवों ने शिव से क्षमा माँगी। आखिरकार, काफी मनाये जाने के बाद शिव माने, उन्होंने दक्ष को पुनर्जीवित किया और यज्ञ शुरू हुआ। इस बार एक भेंट शिव को दी गयी जिन्होंने संस्कृति की सीमा के बाहर रहना जारी रखा।

आम आदमी के लिए तपस्या ब्रह्माण्ड को समझने से ज़्यादा उसे नियन्त्रित करने से सम्बन्धित थी। वैदिक तपस्वी भी सिर्फ रहस्यवादी या ऋषि से अधिक मायावी और जादू-टोना करने वाले समझे जाते थे जो दृष्टि या स्पर्श से हानि या लाभ पहुँचा सकते थे।

कपिल की अग्निमय दृष्टि
(रामायण)

राजा सगर ने 999 अश्वमेध यज्ञ सम्पन्न किये थे। अगर वे हज़ारवाँ यज्ञ करने में सफल हो जाते तो वे देवों से अधिक शक्तिशाली हो जाते। इसे रोकने के लिए देवों ने अश्वमेध यज्ञ का घोड़ा चुरा लिया और उसे उस गुफ़ा में छिपा दिया जिसमें कपिल ऋषि तप कर रहे थे। जब सगर के पुत्रों ने उस घोड़े को वहाँ पाया तो उन्होंने कपिल ऋषि को चोरी का दोषी ठहराया। कपिल इतने क्रुद्ध हुए कि उन्होंने अपनी तपस्या त्याग दी और आँखें खोल दीं। उनकी दृष्टि ने सगर के पुत्रों को भस्म कर दिया।

अक्सर तपस्वी को ऋषि कह कर सम्बोधित किया जाता था, क्योंकि तपस्या आन्तरिक यज्ञ मानी गयी थी। अगस्त्य, बृहस्पति और शुक्र जैसे ऋषि यज्ञ और तपस्या करते। कर्मकाण्ड की तरह तप मनुष्य को किसी देवता जितना शक्तिशाली बना देता था।

त्रिशंकु
(विष्णु पुराण)

जिस समय विश्वामित्र तपस्या करने गये हुए थे, देश में बहुत बड़ा अकाल पड़ा। त्रिशंकु नामक चाण्डाल ने विश्वामित्र के परिवार को गाय का मांस खिला कर मरने से बचा लिया। कृतज्ञता में विश्वामित्र त्रिशंकु के मन की सबसे प्रबल इच्छा को पूरा करने पर सहमत हो गये जो सशरीर स्वर्ग जाने की थी। तपस्या के बल पर उन्होंने त्रिशंकु को ऊपर स्वर्ग की तरफ उठाया। लेकिन देवों ने स्वर्ग में त्रिशंकु के प्रवेश को इस आधार पर रोक दिया कि वह चाण्डाल होने और गाय का मांस खाने के कारण बहुत अधिक दूषित था।

विश्वामित्र अपनी इच्छा को पूरा करना चाहते थे, उन्होंने त्रिशंकु को धरती पर उतरने से रोक दिया। चूँकि उनकी शक्ति इन्द्र की शक्ति के बराबर थी, त्रिशंकु बीच हवा में लटका रह गया। तब क्रुद्ध होकर विश्वामित्र ने घोषित किया कि वे ब्रह्माण्ड को दोबारा से रच देंगे और ऐसा स्वर्ग बना देंगे जो सिर्फ त्रिशंकु के लिए होगा। इस घोषणा के बाद शान्ति बहाल हो गयी और एक समझौता हुआ जिसमें देवता इस बात पर सहमत हो गये कि त्रिशंकु नक्षत्र बन कर आकाश में सिर के बल लटका रहे।

जहाँ सिर्फ ब्राह्मण को ही जन्म से यज्ञ करने का अधिकार होता था, तपस्या का मार्ग सबके लिए खुला था। देवों, मनुष्यों, पशुओं, असुरों और वनवासियों समेत विभिन्न जीवों की तपस्याओं का वर्णन करने वाली कथाएँ सामने आयीं।

कुम्भकर्ण का तप

(रामायण)

> राक्षस कुम्भकर्ण ने सभी जीवों के पिता—ब्रह्मा—से वर पाने के लिए कड़ी तपस्या की। चूँकि कुम्भकर्ण दिव्य जीवों को पराजित करने के योग्य था, देव इस बात से भयभीत थे कि जाने वह क्या माँग बैठे। इसलिए उन्होंने वाणी की देवी सरस्वती से विनती की कि वे कुम्भकर्ण की जीभ को मरोड़ दें। नतीजे के तौर पर और अधिक शक्ति का वर माँगने की बजाय कुम्भकर्ण ने और अधिक निद्रा का वर माँगा। ब्रह्मा ने वर देते हुए कहा, 'तुम हर समय सोते रहोगे।' जब कुम्भकर्ण को अपनी भूल का पता चला तब उसने ब्रह्मा से अनुरोध किया कि वे वर वापस लेकर इस नुकसान को सही कर दें। चूँकि वर वापस नहीं लिये जा सकते थे, उन्हें सिर्फ बदला जा सकता था, ब्रह्मा ने कहा, 'तुम वर्ष में एक बार जागा करोगे और उस दिन तुम अजेय रहोगे। लेकिन अगर तुम्हें किसी और दिन जगाया गया तो तुम्हारी मृत्यु हो जायेगी।'

तपस्वी सामाजिक भेद-भाव और ऊँच-नीच की परवाह नहीं करते थे। जिन लोगों को वैदिक रहस्यों की जानकारी यज्ञ करने वाले पुरोहितों से नहीं मिल पाती थी, वे अक्सर साधुओं और तपस्वियों की मदद लेते थे।

दधीचि का मस्तक

(जैमिन्य ब्राह्मण)

> देवों ने वेदों का रहस्य जुड़वाँ अश्विनी कुमारों को बताने से इनकार कर दिया। उन्होंने घोषणा की कि जो यह रहस्य उजागर करेगा उसके सिर के हज़ार टुकड़े हो जायेंगे। अश्विनी कुमार दधीचि ऋषि के पास गये जो यह रहस्य उनको बताने को तैयार हो गये। उन्होंने अश्विनी कुमारों से कहा कि वे उनके सिर के बदले में घोड़े का सिर लगा दें। जब दधीचि ऋषि ने सब कुछ बता दिया तो देवों के आदेश से घोड़े के उस सिर के हज़ार टुकड़े हो गये और अश्विनी कुमारों ने दधीचि

का अपना सिर वापस लगा दिया। इस तरह अश्विनी कुमारों ने वेदों के रहस्य को बिना दधीचि ऋषि को मारे सीख लिया।

समय के साथ लोग इस बात में ज़्यादा-से-ज़्यादा विश्वास करने लगे कि तपस्या से प्राप्त शक्ति यज्ञ से प्राप्त शक्ति से अधिक थी।

दधीचि की हड्डियाँ
(महाभारत)

इन्द्र ने एक बार विश्वरूप नाम के ऋषि का वध किया। इस हत्या की खबर विश्वरूप के पिता त्वष्टा तक पहुँची जिन्होंने एक यज्ञ करके वृत्र नामक असुर पैदा किया और उसे इन्द्र की सेना को ध्वस्त करने का आदेश दिया। वृत्र को सिर्फ एक अस्त्र से मारा जा सकता था, जो दधीचि नामक तपस्वी की हड्डियों से बना हो, क्योंकि इन हड्डियों में तपस्या से दिव्य शक्ति आ गयी थी। इन्द्र के अनुरोध पर दधीचि ऋषि ने अपना शरीर त्याग दिया और अपनी हड्डियाँ देवों को दे दीं जिनसे वे वृत्र को मारने के लिए अस्त्र बना सकें।

तपस्वियों की परम्परा के उभार ने यज्ञ नामक महान वैदिक कर्मकाण्ड के घटने और आश्रमवादी आदर्श की स्थापना का संकेत दिया। तपस्या और योग नयी-नयी बनती हुई दार्शनिक और आध्यात्मिक परम्परा का आधार था। इस नये सिद्धान्त के अनुसार जो ऊर्जा शरीर को जीवन्त रखती है, वह उस समय स्खलित हो जाती है जब मनुष्य कामना के आगे झुक जाते हैं; अगर उस ऊर्जा को तप से सँजोये रखा जाये तो वह ज्वलन्त आध्यात्मिक ऊर्जा में रूपान्तरित हो सकती है जिससे मनुष्य ब्रह्माण्ड पर नियन्त्रण प्राप्त कर सकते हैं। इस शक्ति को प्राप्त करने के मार्ग में कामुक प्रलोभन सबसे बड़ा खतरा थे। यह विचार तपस्वियों और अप्सराओं से सम्बन्धित अनेक कथाओं में झलकता है।

अप्सराएँ जल-परियाँ थीं जो देवों का मनोरंजन करती थीं और जीवन के ऐन्द्रिक सुख का प्रतीक थीं। तप की शक्ति से आशंकित देवता अक्सर ऋषियों और तपस्वियों के ध्यान को भंग करने के लिए अप्सराओं को भेजते थे। इनमें से सबसे प्रसिद्ध घटना विश्वामित्र और मेनका की है।

विश्वामित्र और मेनका
(भागवत पुराण)

विश्वामित्र आध्यात्मिक शक्ति प्राप्त करने के लिए संकल्पबद्ध थे, इसलिए वे वन में जाकर चट्टान की तरह बिना हिले-डुले ध्यान लगा कर बैठ गये, यहाँ तक कि दीमकों ने उनके चारों ओर बाँबी बना ली। इस डर से कि जाने विश्वामित्र कौन-सी शक्तियाँ प्राप्त कर लें, इन्द्र ने मेनका नामक अप्सरा को भेजा कि वह तपस्वी को लुभाये। मेनका सफल हो गयी, लेकिन विफलता के बाद भी विश्वामित्र दोबारा कोशिश करने से पीछे नहीं हटे। इस बार अप्सराओं के आने पर उनका ध्यान भंग नहीं हुआ। उन्होंने आध्यात्मिक शक्तियाँ प्राप्त कर लीं और उतने ही प्रसिद्ध ऋषि बन गये जितने वशिष्ठ थे।

प्रलोभनों और सभी लौकिक वस्तुओं से स्त्रियों के सम्बन्ध ने हिन्दू समाज में आश्रमवादी विचारों को जन्म दिया। वैदिक ऋषि बहुत हद तक एक विवाहित पुरुष था। बृहस्पति, शुक्र, कश्यप और अगस्त्य सभी की पत्नियाँ और सन्तानें थीं। अविवाहित लोग यज्ञ नहीं कर सकते थे। दूसरी तरफ तपस्या और योग की माँग थी कामुक भावनाओं का दमन और तपस्वी और योगी वैवाहिक सम्बन्धों से दूर रहते थे। तपस्वी गृहस्थ नहीं था; वह त्यागी था। कथाएँ सामने आयीं जो उस तनाव को व्यक्त करती थीं जो गृहस्थ और तपस्वी के जीवन के बीच, स्त्रियों के साथ मिलने वाले आनन्द और उनके बिना प्राप्त शक्ति के बीच पैदा होता था।

ऋष्यश्रृंग को लुभाना
(महाभारत)

ऋष्यश्रृंग के पिता ने उन्हें कभी किसी स्त्री को देखने नहीं दिया था। ज़बर्दस्ती लागू किये गये इस ब्रह्मचर्य ने ऋष्यश्रृंग को इतना शक्तिशाली बना दिया था कि एक दिन जब वर्षा ने उन्हें भिगो दिया तो उन्होंने आकाश को शाप दे कर वर्षा को धरती पर गिरने से रोक दिया। इस शाप से मुक्त होने का एक ही उपाय था और वह था ऋष्यश्रृंग के ब्रह्मचर्य को भंग करना। इस उद्देश्य से राजा लोमहर्ष ने अपनी बेटी शान्ता को भेजा कि वह अबोध ऋषि ऋष्यश्रृंग को लुभाये। जल्दी ही ऋष्यश्रृंग वशीभूत हो गये। उनकी शक्ति के चले जाने पर वर्षा फिर से होने लगी।

इस विचार ने कि स्त्रियों का सम्पर्क शरीर को दुर्बल बनाता है, अति-पौरुषपूर्ण नायकों की कल्पना को जन्म दिया जो अयोनिज थे—यानी स्त्री की कोख से नहीं जन्मे थे और जो स्त्रियों से दूर रहते थे।

ऐसा ही एक नायक स्कन्द है, देवों का सेनापति, युद्ध का देवता और मंगल ग्रह का स्वामी, जो अति-पौरुषपूर्ण लक्षणों से युक्त है। वह भाला लिये एक मोर पर सवार रहता है जो अपने पंजों से एक साँप (स्त्रियोचित प्रतीक) को दबाये रहता है। स्कन्द के हाथ में एक पताका भी रहती है जिस पर मुर्गे का चिह्न बना होता है।

स्कन्द का जन्म

(स्कन्द पुराण)

स्कन्द का जन्म शिव के वीर्य से हुआ था, जो युगों-युगों तक सँजोया हुआ था। चूँकि किसी गर्भ में इस वीर्य से जन्म लेने पर स्कन्द मृत्यु के बन्धन में आ सकता था, इसलिए देवों ने सुनिश्चित किया कि शिव का वीर्य उनकी संगिनी के शरीर से बाहर स्खलित हो। वीर्य इतना तेजस्वी था कि देवता भी उसे सँभाल नहीं सकते थे। न वायु देव उसे ठण्डा कर सकते थे, न नदी की अप्सरा गंगा। अन्ततः शिव के वीर्य ने एक दलदल को प्रज्ज्वलित कर दिया। अंगारों के अन्दर यह वीर्य छह सिरों वाले एक शिशु में रूपान्तरित हो गया जिसका पालन-पोषण छह वनदेवियों ने किया जिन्हें कृत्तिकाएँ कहते थे। अभी शिशु स्कन्द छह दिन का हुआ था कि उसमें तारक नाम के असुर को मारने योग्य बल आ गया था।

चिन्तन के युग में स्त्री पुरुष के अधीन हो गयी। उसे दिव्य ठहराया जाता अगर वह पूरी तरह अपने पति की इच्छा का पालन करती। सतीत्व और निष्ठा ही स्त्री का एकमात्र धर्म था।

शीलवती का सतीत्व

(ब्रह्माण्ड पुराण)

शीलवती का पति कोढ़ी था। तो भी वह किसी अन्य पुरुष की तरफ नहीं देखती थी। एक दिन उसके पति ने एक गणिका से मिलने की इच्छा प्रकट की। चूँकि वह चल नहीं सकता था, शीलवती उसे अपने कन्धों पर उठा कर गणिका के यहाँ ले गयी। इसे देख कर एक ऋषि इतने क्षुब्ध हुए कि उन्होंने शाप दिया कि सूर्योदय से पहले शीलवती

> के पति की मृत्यु हो जायेगी। जब शीलवती ने यह शाप सुना तो उसे इतना क्लेश हुआ कि उसने अपने सतीत्व के बल पर सूर्य को अगली सुबह उगने से रोक दिया। बड़ी मुश्किल से शीलवती को राज़ी किया गया कि वह सूर्य को मुक्त कर दे। जब अन्त में उसने सूर्य को उदित होने दिया तो उसके पति की मृत्यु हो गयी।

वैदिक कर्मकाण्डों से मोहभंग के बाद भारत में कई आश्रमवादी सम्प्रदाय विकसित हो गये। वे दो समूहों में रखे जा सकते हैं—वे जो सत्य की अपनी खोज में वेदों पर निर्भर थे और वे जो नहीं थे। दूसरी तरह के सम्प्रदाय 'श्रमण' कहलाये, ताकि उन्हें ब्राह्मणों से अलग किया जा सके जो वेदों से सम्बद्ध थे। श्रमण साधक अनुभव और प्रयोग से सिद्ध होने वाले सत्यों और ध्यान को उन विचारों से ज़्यादा महत्त्व देते थे जो वैदिक मन्त्रों में व्यक्त किये गये थे। पहले के साधकों के विपरीत श्रमण वनों में नहीं चले जाते थे। वे अपने विचारों को साधारण जनों से बाँटते थे और ऐसे विषयों को उठाते थे जिनसे आम लोगों का मतलब था और इन विचारों को वे जन-भाषाओं और बोलियों में व्यक्त करते थे। वैदिक पद्धति में हाशिये पर फेंक दिये गये आम लोगों—किसानों, चरवाहों, कारीगरों और व्यापारियों—को श्रमणों के शब्दों से बहुत सान्त्वना और सन्तोष मिलता।

श्रमण क्रान्ति से दो आश्रमवादी पन्थ उभर कर सामने आये—बौद्ध और जैन। बौद्ध भिक्षु जीवन की समस्याओं से निपटने के लिए ध्यान और मनन का मार्ग बताते। जैन श्रमण तप और अहिंसा के पथ पर चलने के लिए कहते। दोनों ने भारत में वैदिक संस्कृति के लिए चुनौती खड़ी कर दी और उसे अपने को फिर से परिभाषित करने के लिए विवश कर दिया।

ईश्वर का जन्म

वैदिक ब्राह्मण बौद्धों और जैनियों को नास्तिक कहते, क्योंकि वे वेदों को ब्रह्माण्ड के सत्यों का भण्डार नहीं मानते थे। अन्त में 'नास्तिक' शब्द अनीश्वरवादी के अर्थ में इस्तेमाल होने लगा—जो ईश्वर को नहीं मानता। वेदों में विश्वास करना ईश्वर में विश्वास करना था—ऐसा ब्राह्मण कहते थे। कर्मकाण्ड और चिन्तन से ईश्वरवाद की तरफ यह झुकाव जाना-बूझा था। इसने वैदिक मार्ग को हिन्दुत्व में बदल दिया और सुनिश्चित किया कि हिन्दुत्व देश का प्रधान धर्म बन जाये।

बौद्ध और जैन मत बुनियादी तौर पर मठवादी सम्प्रदाय थे; उनका अन्तिम

उद्देश्य था भौतिक अस्तित्व के गोरख-धन्धे से छुटकारा पाना। सिद्धान्त रूप में आकर्षक होते हुए भी वे आम लोगों से बहुत अधिक बौद्धिक क्षमता और अनुशासन की माँग करते जिनमें से ज़्यादातर लोग रहस्यवादी लक्ष्यों की तरफ झुकाव तो रखते थे, लेकिन उनसे पूरी तरह बँधे नहीं थे। आम लोग अपनी भौतिक आकांक्षाओं को त्यागने के लिए तैयार नहीं थे। आध्यात्मिक गुरुओं की आश्रमवादी शिक्षाओं पर चलने की बजाय उनकी पूजा करना आसान था। इसलिए साधुओं और भिक्षुओं का आदर होता, यहाँ तक कि उन्हें पूजा भी जाता, लेकिन उनका अनुसरण न किया जाता। साधुओं ने भी आम लोगों के प्रति एक अनुग्रह दर्शाने वाला रवैया अपना लिया और वे आम लोगों को दान देने वालों से अधिक और कुछ न मानते जो इन साधकों के आध्यात्मिक विकास के समर्थक मात्र थे। मठों और आम लोगों के बीच एक अनकही खाई पैदा हो गयी।

तालिका 25. हिन्दुत्व की शास्त्रीय और लोक परम्पराओं की तुलना

	शास्त्रीय परम्परा	**लोक परम्परा**
कर्मकाण्डों का उद्देश्य	दिव्य जीवों को अनुकूल बनाना; व्यवस्था बनाये रखना और मोक्ष प्राप्त करना	प्रकृति की सम्पदा को काबू में करना और उसकी अनुकूल ऊर्जाओं को घर के भीतर लाना
दृष्टिकोण	ब्रह्माण्डीय	सीमित, स्थानीय
विचारधारा की दिशा	समाज के ऊपरी स्तर से निचले स्तर की ओर	समाज के निचले स्तर से ऊपरी स्तर की ओर
दर्शन	वैदिक (निगम)	तान्त्रिक (आगम)
झुकाव	मठवादी सम्प्रदाय (दर्शन और रहस्यवाद)	उर्वरता के अनुष्ठान (गुप्त और मायावी)
अन्तिम लक्ष्य	समाज में व्यवस्था, सांसारिक समस्याओं से मुक्ति	सुख, समृद्धि और शक्ति
दृष्टि	स्वर्ग की ओर	धरती की ओर
विश्व-दृष्टि	सारी वास्तविकता दिव्य भ्रम (माया) है	सारी वास्तविकता दिव्य बल (शक्ति) है

आम लोग फिर उन आध्यात्मिक प्रथाओं की तरफ लौट गये जिनके साथ वे हमेशा आसानी महसूस करते आये थे—उन आत्माओं का आह्वान, उपासना, तुष्टिकरण और पूजा जो वनस्पति, पशु और खनिज जगत में प्राण फूँकती है। इस अर्द्ध-जीववादी परम्परा को लोक या देसी परम्परा कहा जाता है ताकि उसे शास्त्रीय मार्गी वैदिक-ब्राह्मणवादी परम्परा से अलग करके देखा जा सके (देखिए तालिका 25)।

चूँकि आम लोगों को वैदिक कर्मकाण्डों से दूर रखा गया था और मार्गी या शास्त्रीय चिन्तन में नज़रन्दाज़ किया गया था, इसलिए वे हमेशा धरती से जुड़े देवताओं में, बस्तियों की सीमाओं की रक्षा करने वाले नायकों और पूर्वजों की कथाओं में, ग्राम-देवी की उर्वरता को जगाने वाले घरेलू कर्मकाण्डों में, और (योगी, तान्त्रिक, नाथ और सिद्ध जैसे) घुमन्तू साधुओं, ओझाओं और रसायनविदों के गुप्त और रहस्यमय तावीजों और मन्त्रों में शरण खोजते थे। लोक देवी-देवता—अम्माएँ, माताएँ, मातृकाएँ, महाविद्याएँ, योगिनियाँ, राक्षस, यक्ष, नाग, वानर, गण, अप्सराएँ, गन्धर्व, भूत, प्रेत और पिशाच—लोकगायकों की ज़बानों पर, आम आदमी के मन्दिरों में, वनों और खेतों में, देहरियों और नदी-तटों पर, पहाड़ियों के ऊपर, गुफाओं में, झीलों के पास और घरों के अन्दर मौजूद रहते। कुछ का आदर होता, कुछ की पूजा होती, कुछ को सन्तुष्ट किया जाता और कुछ को विनती करके मनाया जाता। भेंट-उपहार देकर उनसे हस्तक्षेप करने का आग्रह किया जाता या उनके हस्तक्षेप और उनकी दृष्टि से बचा जाता।

अनुष्ठानों के युग के धर्म-ग्रन्थों में आम लोगों के धरती और जल से सम्बद्ध दिव्य जीवों का उल्लेख कभी-कभी ही होता और जब होता तो उपेक्षा से ही किया जाता, क्योंकि वे पुरोहितों और उनके संरक्षकों की दैवी और आकाशीय कल्पना के अनुकूल नहीं थे। लेकिन चिन्तन के युग में उन्होंने अपनी उपस्थिति जतानी शुरू कर दी जब ब्राह्मण पुरोहित और श्रमण भिक्षु, दोनों को यह आभास हुआ कि उनके सारे बुद्धिवाद के बावजूद यही पौराणिक कथाएँ लोगों को मन्त्र-मुग्ध रखती थीं। सिर्फ ऐसा ही विमर्श सबके हृदय जीत सकता था जो इन पौराणिक कथाओं को अपने में समो ले। चिन्तन के युग में पुराणों और बौद्ध जातक कथाओं जैसे लोकप्रिय वृत्तान्त उभर कर सामने आये, इसलिए उसे महाकाव्यों का युग भी कहा जाता है। इन कथाओं में कृष्ण जैसे लोकप्रिय जन नायकों द्वारा इन्द्र जैसे वैदिक देवताओं को भी पराजित करना बताया गया था।

कृष्ण द्वारा इन्द्र का पराभव

(भागवत पुराण)

कृष्ण ने ग्वालों को वर्षा के देवता इन्द्र की बजाय गोवर्धन पर्वत की

उपासना करने के लिए कहा, क्योंकि यह पर्वत वर्षा लाने वाले बादलों को कहीं और जाने से रोकता था और उसकी ढलानें उनकी गायों के लिए चरागाहों का काम देती थीं। ग्वालों ने वैसा ही किया जैसा उनसे कहा गया था, जिससे क्रुद्ध होकर इन्द्र ने ग्वालों के गाँव और उनकी गायों को डुबाने के लिए मूसलाधार वर्षा की। लोगों और उनके पशुओं को बचाने के लिए कृष्ण ने गोवर्धन पर्वत को अपनी छोटी उँगली पर उठा लिया और उसे छतरी की तरह तान दिया। यह देखते हुए कि कृष्ण के साथ उनका कोई मुकाबला नहीं था, इन्द्र ने क्षमा माँगी और वर्षा रोक दी।

आश्रमवादी आदर्शों के साथ कुछ समय गुज़ारने के बाद आम लोग फिर उन आत्माओं और देवी-देवताओं की तरफ लौट आये जो वनस्पति, पशु और जड़ जगत को नियन्त्रित करते थे। इस वापसी में रहस्यवादी सम्भावनाएँ छिपी हुई थीं। जीवन केवल धर्म, अर्थ और काम से ही सम्बद्ध नहीं था, बल्कि उसका सम्बन्ध लौकिक जगत के बन्धनों से मुक्त होने से भी था (जो वैदिक मार्ग में 'मोक्ष,' बौद्ध मत में 'निर्वाण' और जैन मान्यता के अनुसार 'कैवल्य' था)। नतीजे के तौर पर मठवादी प्रथाएँ उर्वरता के कर्मकाण्डों से घुल-मिल गयीं। संघर्ष और समझौते भी हुए— सारी-सारी रात के जागरण, उपवास और शाकाहार जैसी मठवादी प्रथाएँ गृहस्थों द्वारा अपना ली गयीं; गण्डे-तावीज़ पहनने, जादू-टोना करने, समाधियाँ बनाने और चढ़ावा चढ़ाने जैसी उर्वरता की प्रथाएँ भिक्षुओं और साधुओं ने अपना लीं। वैदिक, बौद्ध और जैन विश्वासों के साथ तन्त्र और योग भी आ मिले। धीरे-धीरे पुष्ट शरीरों वाली, बहु-प्रसवा दिखने वाली दिव्य स्त्रियों (अप्सराओं) और मोटे, समृद्ध दिखने वाले दिव्य पुरुषों (यक्षों) की प्रतिमाएँ जिन और बुद्ध कहे जाने वाले जैन और बौद्ध आध्यात्मिक विजेताओं की प्रतिमाओं की बगल में सुशोभित होने लगीं। साधु-संन्यासियों की समाधियों में उर्वरता के प्रतीक दिखने लगे। वृक्ष, शिलाएँ, नदियाँ, पर्वत और पशु, जिन्हें आम आदमी शुभ और पवित्र मानते थे, वैदिक, बौद्ध और जैन पन्थों में भी पवित्र माने जाने लगे।

लोक देवी-देवताओं की ताकत और आम लोगों पर उनका प्रभाव देख कर वैदिक ब्राह्मणों ने इन देवी-देवताओं को अपनी विचारधाराओं और उपासना-पद्धतियों में आत्मसात कर लेने के सचेत प्रयास किये। यह मुश्किल नहीं था। यह प्रक्रिया लगभग स्वाभाविक और अनायास मालूम पड़ी। कर्मकाण्डों के युग में वैदिक पुरोहित ने यज्ञ करते समय हमेशा एक शक्ति को ब्रह्माण्ड में रिस कर व्याप्त होता पाया था। चिन्तन के युग में वैदिक दर्शन-शास्त्री ने इस शक्ति को ब्रह्मन (अर्थात

महान) का नाम दिया और महसूस किया कि वह सारी निकट की वस्तुओं में उपस्थित थी, फिर भी सब कुछ के योग से बड़ी थी। हिन्दुत्व के तीसरे और अन्तिम चरण में, जिसे भक्ति का युग अर्थात उपासना काण्ड कहा गया, वैदिक धर्म-शास्त्री ने ब्रह्मन के उदात्त विचार को एक रूप और नाम देते हुए एक व्यक्तित्व में रूपान्तरित कर दिया। ईश्वर ने अस्तित्व ग्रहण किया।

दिव्यता के सिद्धान्त का पूर्ण और अन्तिम साकार रूप—ईश्वर—वैदिक या तान्त्रिक, पहले के किसी भी दूसरे देवता से बड़ा था। सभी दिव्य सत्ताएँ, आत्माएँ और पवित्र पुरुष ईश्वर के संक्षिप्त रूपों के तौर पर ही प्रस्तुत किये गये। ईश्वर ही वेदों और धर्म का स्रोत और मोक्ष का लक्ष्य था। ईश्वर पूजा को यज्ञ और तपस्या के बराबर ठहराया गया।

कुलीनतावादी वैदिक कर्मकाण्डवाद से लोकप्रिय हिन्दू ईश्वरवाद तक यह रूपान्तरण 400 ई.पू. से लेकर 300 ई. तक तीन ईश्वरवादी विचार-धाराओं का साक्षी रहा, जो तीनों-के-तीनों ईश्वर को अलग-अलग ढंग से कल्पित करते थे :

- वैष्णव सम्प्रदाय विष्णु और उनके अवतारों, प्रमुख रूप से राम और कृष्ण, की पूजा से जुड़ा था।
- शैव सम्प्रदाय शिव और उनके पुत्रों, मुरुगन और गणेश, की पूजा से सम्बन्धित था।
- शाक्त सम्प्रदाय देवी की पूजा से सम्बन्धित था—विष्णु की संगिनी लक्ष्मी, शिव की संगिनी गौरी और ब्रह्मा की संगिनी सरस्वती के रूप में भी और देवी के अन्य अधिक स्वतन्त्र रूपों—काली और दुर्गा—के रूप में भी।

शिव, विष्णु और देवी वैदिक देवों से बड़े थे। जब देव असुरों को नहीं रोक पाते थे तब ईश्वर (या देवी) सहायता के लिए हस्तक्षेप करते।

काली की जीभ

(कालिका पुराण)

रक्तबीज के रक्त की हर बूँद जो धरती पर गिरती, वह एक और रक्तबीज को पैदा करती। इस तरह जब देव अपने अस्त्रों से इस असुर पर प्रहार करते तो उनके सामने रक्तबीजों के प्रतिरूपों की एक सेना खड़ी हो जाती। कुछ न कर पाने की विवशता में देवों ने देवी की सहायता माँगी जो काली में रूपान्तरित हो गयी और युद्ध-भूमि में अट्टहास करती हुई, नग्न और केश बिखराये पहुँच गयी। उसने अपनी जीभ धरती पर फैला कर रक्तबीज के रक्त को धरती पर गिरने से रोक दिया। इस तरह कोई

नया रक्तबीज नहीं बन पाया और उसे आसानी से मार दिया गया।

शिव को महादेव—अर्थात देवों से बड़ा देवता—और ईश्वर—अर्थात स्वामी और प्रभु—कह कर सम्बोधित किया जाता था। विष्णु भगवान (सर्व-व्यापी सत्ता) और नारायण (मनुष्यों का आसरा) थे। देवी सार्वभौमिक ऊर्जा का साकार रूप 'शक्ति,' प्रकृति का साकार रूप 'प्रकृति' और हमारे मन-मस्तिष्क द्वारा रचा गया संसार नामक भ्रम 'माया' थी। माया सबकी जननी थी। कथाएँ सामने आयीं कि कैसे ऋषि ईश्वर के इन साकार रूपों की उपासना करके अपनी शक्तियाँ प्राप्त करते थे।

विष्णु द्वारा ब्रह्मा का प्रबोधन

(विष्णु पुराण)

आरम्भ में ब्रह्मा ने विचार किया कि वे कौन थे और कहाँ से आये थे। उन्होंने चारों ओर देखा और अनुभव किया कि वे कमल के एक फूल पर बैठे थे जिसका डण्ठल एक शक्तिशाली जीव की नाभि से उगा हुआ था, जो एक विशाल नाग की कुण्डली पर लेटा हुआ था। इस जीव ने भरोसा दिलाने वाली मुस्कान के साथ अपने को नारायण बताते हुए अपना परिचय दिया—वह देवता जिसमें काल के अन्त में ब्रह्माण्ड विलीन हो जाता है। नारायण ने ब्रह्मा के कान में वेद मन्त्र फूँके। इस तरह प्रबुद्ध हो कर ब्रह्मा को ज्ञान हुआ कि वे उन सभी प्राणियों के स्रष्टा बनने वाले थे जो ब्रह्माण्ड में रहते हैं। उन्होंने अपने पूर्व निश्चित दैवी कर्तव्य को करना आरम्भ किया।

रामायण और *महाभारत* जैसे महाकाव्यों और पुराणों के नाम से ख्यात वृत्तान्तों की कथाओं ने सबको यह जानकारी दी कि ईश्वर-भक्ति में किसी भी कर्मकाण्ड या तपस्या से अधिक शक्ति थी। सच तो यह था कि शिव का ज्ञान मनुष्यों तक सिर्फ उपदेश और प्रवचन के माध्यम से ही नहीं पहुँचता था, जो सिर्फ बुद्धिमानों को ही समझ में आता था, बल्कि नृत्य द्वारा भी जो आम आदमी की पहुँच के भीतर भी था।

नटराज शिव

(स्कन्द पुराण)

वन में ऋषियों का एक समूह यज्ञ कर रहा था। तभी एक युवक पूर्ण नग्नावस्था में वन में आया। उसके रूप पर मोहित होकर ऋषियों की

पत्नियों ने अपने अनुष्ठान छोड़ दिये और उसके पीछे चल दीं। उनके पति इतने क्रुद्ध हुए कि उन्होंने इस मोहित करने वाले को नष्ट करने का निर्णय किया। मन्त्र पाठ करते हुए उन्होंने हवनकुण्ड से एक बाघ, एक नाग और एक दैत्य की रचना की। युवक ने बाघ को मार कर उसकी खाल को अपनी कमर में लपेट लिया। उसने नाग को उठा कर अपने गले में डाल लिया। फिर उसने दैत्य को पराजित किया और उसकी पीठ पर नाचने लगा। ऋषियों को आभास हो गया कि यह कोई साधारण युवक नहीं था। ये शिव थे, महादेव। उन्होंने अपने कामुक नृत्य के माध्यम से इच्छा के बाघ, आसक्ति के नाग और विस्मृति के दैत्य को वश में किया था। ऋषि कर्मकाण्डों के माध्यम से नहीं, बल्कि उनके माध्यम से ही वास्तविक शक्ति प्राप्त कर सकते थे—अपने सच्चे आत्मिक स्वरूप का बोध करके पुनर्जन्म के चक्र से मुक्त होने की शक्ति।

ईश्वरवाद का सबसे आकर्षक पहलू यह था कि वह सांसारिक जीवन के त्याग की माँग नहीं करता था। गृहस्थ परम्परा के भीतर ही आध्यात्मिक पुरस्कार मिल सकते थे जब तक व्यक्ति समाज में अपनी परम्परा-निर्धारित भूमिका निभाता था और जब तक व्यक्ति सर्वोच्च दैवी सत्ता की उपासना करता था। यह निम्नलिखित कथा में व्यक्त किया गया है। विश्वास है कि वेदों के संकलनकर्ता व्यास ने ही हिन्दू देवताओं की कथाएँ संगृहीत की थीं। उनके पुत्र शुक ने कथाओं को लोकप्रिय बनाया।

व्यास के पुत्र की वापसी

(देवी भागवत पुराण)

व्यास के पुत्र शुक जन्म लेते ही संसार को त्यागना चाहते थे। उन्हें पूरा विश्वास था कि स्त्रियाँ और विवाह ही मुक्ति के रास्ते की सबसे बड़ी बाधा थीं। जैसे ही शुक अपने पिता के घर से चले, व्यास ने कृष्ण के जीवन, उनकी शोभा और सौन्दर्य के ब्यौरे सुनाते हुए शुक का पीछा किया। इस कथा और वर्णन ने शुक को इस बात पर सहमत कर दिया कि पुनर्जन्म के चक्र से छूटने के लिए सांसारिक जीवन को त्यागने की आवश्यकता नहीं थी।

जटिल आश्रमवादी अनुशासनों के बदले में सरल कर्मकाण्ड सामने रखे गये। विष्णु की कथा सुनने से ही हर तरह के आध्यात्मिक गुण प्राप्त हो जाते थे।

परीक्षित की मृत्यु

(भागवत पुराण)

परीक्षित को एक ऋषि ने शाप दिया था कि सात दिन के अन्दर ही साँप के काटने से उनकी मृत्यु हो जायेगी। भयभीत होकर परीक्षित ने अपने को एक दुर्ग में बन्द कर लिया। वे मृत्यु के विचार से त्रस्त थे और उन्हें ईश्वर की कथा सुनने की सलाह दी गयी। शुक को न्यौता भेजा गया और उन्होंने *भागवत पुराण* सुनाया। इस कथा को सुनने के बाद परीक्षित को जीवन के वास्तविक अर्थ का बोध हुआ और उन्होंने मृत्यु के भय पर विजय पायी।

ईश्वर के नाम का जाप करने से भी भौतिक और आध्यात्मिक पुरस्कार मिल सकते थे।

राम नाम की शक्ति

(रामायण)

रत्नाकर नाम का डाकू इस आधार पर अपने दुष्कर्मों को उचित ठहराता था कि उसे अपने परिवार का भरण-पोषण करना था। लेकिन जब उसने सुना कि उसकी पत्नी ने उसके दुष्कर्मों के पापों का भागी बनने से इनकार कर दिया था, तब उसने अपने जीवन को सुधारने की ठानी। उसे ऋषियों ने राम नाम जपने के लिए कहा। लेकिन जीवन भर अपराध करने के कारण उसकी जीभ राम के पवित्र नाम का उच्चारण न कर पाती। तब उससे कहा गया कि वह 'राम' के नाम के बदले में 'मरा, मरा' का जाप करे। रत्नाकर ने जपना शुरू किया 'म-रा, म-रा, म-रा...रा-म, रा-म, रा-म...राम, राम, राम।' इस तरह समय के साथ वह शब्द जिसका मतलब मृत्यु था, बदल कर ईश्वर का नाम बन गया। नतीजे के तौर पर रत्नाकर अपने सारे दुष्कर्मों के दोषों और पापों से मुक्त हो गया। वह सन्त और रामभक्त बन गया।

कर्मकाण्डों का सिलसिला ईश्वरवाद के साथ कम नहीं हुआ; कर्मकाण्डों का रूप बदल गया। यज्ञ का स्थान पूजा ने ले लिया। लेकिन जहाँ यज्ञ अपने आप में एक उद्देश्य था, साध्य था, पूजा साधन थी। पूजा के माध्यम से मनुष्य ईश्वर का आह्वान करते थे, उसे सन्तुष्ट करके उसकी कृपा प्राप्त करते थे।

बौद्ध और जैन मतों पर लोक में प्रचलित कर्मकाण्डों, रीति-रिवाज़ों और विश्वासों के असर के बावजूद इन धर्मों की पौराणिक कथाओं में आध्यात्मिक गुरु—साधक, बुद्ध, जिन—प्रमुख स्थान पर बने रहे। नास्तिक विश्व-दृष्टि बल देती थी कि संसार निरपेक्ष था, सारी घटनाएँ कर्म के अधीन थीं और मनुष्य ही अपने भाग्य के लिए उत्तरदायी थे। देवता, नायक, साधु-संन्यासी और पूर्वज भी बाकी दुनिया ही की तरह संसार के नियमों के अधीन थे। इस तरह जैन वृत्तान्तों में राम और कृष्ण विष्णु के अवतार नहीं थे जो सांसारिक समस्याओं से मुक्ति दिलाते थे, वे भी मनुष्य थे और आम लोगों जितना ही धरती के नियमों से परिचालित होते थे। उन्हें आध्यात्मिक फल सांसारिक जीवन में भाग लेने से नहीं, उसे त्यागने से मिले थे।

वैदिक पुरोहित ऐसा वैकल्पिक रास्ता सुझाते थे जो अधिक आकर्षक और शक्तिदायक जान पड़ता था। इसके अलावा, विष्णु और शिव की पूजा करने के लिए पुरानी प्रथाओं और देवों को त्यागने की ज़रूरत भी नहीं थी। लोक द्वारा स्वीकृत देवता सहज ही ब्रह्माण्डीय शिव और विष्णु के स्थानीय रूप मान लिये गये।

दक्षिण के आन्ध्र प्रदेश में मल्लिकार्जुन खेतों के क्षेत्रपाल यानी रक्षक थे जिनकी संगिनियाँ स्थानीय समुदायों की बेटियाँ और देवियाँ थीं। हिन्दुत्व में ईश्वरवाद के बढ़ने के साथ मल्लिकार्जुन को शिव के एक रूप में देखा जाने लगा और उनकी संगिनियों को शिव की पत्नी पार्वती का रूप मान लिया गया। पुराकथा-निर्माण आज भी जारी है जिसमें मल्लिकार्जुन को क्षेत्र के दूसरे लोकप्रिय देवताओं की कृपा के वाहक के रूप में देखा जाता है।

भारत भर में समाधियाँ और मन्दिर नीचे दी जा रही कथा जैसी कहानियों से जुड़े हैं जो स्थानीय देवता को ब्राह्मणवादी ढाँचे में समो लिये जाने का संकेत देती हैं।

दीमकों की बाँबी में प्रतिमा

(मन्दिर की लोककथा)

> एक चरवाहे ने देखा कि उसकी गाय जब एक रहस्यमय ढंग से सुगन्धित दीमकों की बाँबी पर पहुँचती थी तो उसके थनों से दूध झरने लगता था। उस बाँबी को खोदने पर उसे अन्दर से एक प्रतिमा मिली जिसे स्थानीय पुरोहित ने कृष्ण की प्रतिमा के रूप में पहचाना। प्रतिमा को एक मन्दिर में स्थापित कर दिया गया और लोग उसे पूजने लगे।

नये ब्राह्मणवादी देवता गाँवों की प्राचीन देवियों के साथ प्रेम और विवाह की कथाओं के माध्यम से स्थापित किये गये। नीचे दी जा रही कथा में मुरुगन—जो

किसी समय एक तमिल बाल देवता था और जिसे शिव के पुत्र के रूप में कल्पित करके शैव परम्परा में शामिल कर लिया गया था—एक जनजाति की कन्या से विवाह करके उस जनजाति का देवता बन जाता है।

वल्लि का विवाह
(स्कन्द पुराण)

मुरुगन ने जनजाति की कन्या वल्लि को बाजरे के खेत में देखा और उस पर मुग्ध हो गये। वल्लि ने उनके प्रेम को ठुकरा दिया। तब मुरुगन ने अपने भाई विनायक की मदद ली जिन्होंने एक पागल हाथी का रूप धरा और वल्लि का पीछा किया जब तक कि वह सीधे मुरुगन की बाँहों में नहीं चली गयी। मुरुगन ने हाथी को भगा दिया और वल्लि का हृदय जीत लिया।

पुराणों में देवी-देवता उन पशुओं, पौधों, पेड़ों, नदियों, शिलाओं और पर्वतों से सम्बद्ध करके पहचाने जाने लगे जिन्हें लोग हमेशा से पूजते आये थे। मिसाल के लिए, गंगा को कर्मकाण्डों के युग से ही देवों की नदी—आकाश-गंगा—का लौकिक रूप माना जाता था। उपासना के युग तक आते-आते उसका अस्तित्व शिव और विष्णु से जुड़ गया।

गंगावतरण
(शिव पुराण)

शिव के मधुर स्वर के कारण विष्णु के पैरों ने पिघल कर गंगा नामक एक नदी का रूप ले लिया जिसे ब्रह्मा ने एक कुम्भ में रखा। वर्षों बाद तपस्वी भगीरथ के अनुरोध पर ब्रह्मा ने यह मान लिया कि गंगा स्वर्ग से नीचे उतरे। लेकिन गंगा का प्रवाह धरती को बहा ले जाता। इससे बचने के लिए भगीरथ ने शिव का आह्वान किया, जिन्होंने गंगा के प्रवाह को धीमा करने के लिए धरती पर उसके उतरने से पहले उसे अपनी जटाओं में उलझाये रखा।

बौद्ध और जैन मतों को अन्तिम आघात तब पहुँचा जब पुराणों में बुद्ध और जिन को विष्णु के अवतार मान लिया गया। आम लोग हमेशा से ही सम्मानित नायकों, भिक्षुओं और पूर्वजों को देवता बनाने के विचार के साथ सुविधा महसूस करते आये

थे। इसलिए जब उन्हें बुद्ध और जिन की शिक्षाओं पर चलना कठिन अनुभव होने लगा तब उन्होंने उनकी प्रतिमाओं को मन्दिरों में रख कर देवता मानते हुए उन्हें फूलों से सजाना और अग्नि, जल, भोजन और धूप-दीप से उनकी पूजा करना शुरू कर दिया। जब यह लगा कि अपनी शिक्षाओं की कठोरता से भय पैदा करने वाले गुरु बुद्ध लोगों की कमियों पर रोष प्रकट कर रहे हैं तो लोग अधिक स्वीकार्य दिव्य सत्ताओं—करुणामय बोधिसत्व या मातृत्व-भरी तारा—की ओर मुड़ गये जो मुक्ति और मोक्ष पर कम और लोगों को उनकी हर रोज की मुश्किलों से बाहर निकालने पर अधिक केन्द्रित थीं। वैदिक ब्राह्मणों ने इस प्रवृत्ति का लाभ उठाया और बौद्ध और जैन मत के संस्थापकों को धरती पर विष्णु के अवतार घोषित किया, जो राम और कृष्ण से भिन्न नहीं थे। इससे आम आदमी के लिए बुद्ध और जिन की उपासना त्यागे बिना वैदिक घेरे में आना सम्भव हो गया। और ब्राह्मण एक जटिल तर्क द्वारा नास्तिकों की शिक्षाओं को यह कह कर कलंकित करने में सफल भी हो गये कि ये शिक्षाएँ ईश्वर ने असुरों को भ्रमित करने के लिए सिखायी थीं।

अग्नि पुराण हमें बताता है कि असुर वैदिक मार्ग का अनुसरण करते थे और इतने प्रबल हो गये थे कि देवताओं के लिए उन्हें पराजित करना कठिन हो गया था। इसलिए देवता विष्णु के पास गये जिन्होंने बुद्ध और जिन का रूप लिया, असुरों के निवास पर गये, अपनी वेद-विरोधी शिक्षा से उन्हें मुग्ध किया और उनसे मन्त्र, यज्ञ और तप छुड़ाया जिससे वे इतने निर्बल हो गये कि आसानी से हराये जा सके।

जैसे-जैसे बौद्ध धर्म भारत के आध्यात्मिक परिदृश्य से विलीन हुआ, अधिकांश लोग यह विश्वास करने लगे कि जीवन की सारी समस्याओं का उत्तर ईश्वर की उपासना में छिपा है। समय के साथ प्रश्न उठा : कौन-सा ईश्वर ?

अन्तिम दैवी सिद्धान्त के सच्चे और पूर्ण साकार रूप यानी सर्वोच्च ईश्वर के पद के लिए बहुत-से देवता प्रयत्नशील थे। सबसे प्रमुख थे विष्णु और शिव। इससे वैष्णवों और शैवों के बीच जो स्पर्धा हुई उसने एक देवता पर दूसरे की प्रधानता को स्थापित करने वाली कथाओं को जन्म दिया।

अग्नि-स्तम्भ

(शिव पुराण)

ब्रह्मा और विष्णु, दोनों महादेव की उपाधि का दावा कर रहे थे। अचानक उनके बीच एक अग्निमय स्तम्भ प्रकट हुआ, जिसका न कोई आरम्भ दिखायी देता था, न अन्त। विष्णु ने वराह का रूप धर कर उसके तल को खोजने की कोशिश की, लेकिन नहीं खोज पाये। ब्रह्मा

ने हंस का रूप लेकर स्तम्भ के ऊपरी सिरे तक पहुँचने का प्रयास किया, लेकिन विफल रहे। अग्नि-स्तम्भ के भीतर से शिव निकले। ब्रह्मा और विष्णु ने उन्हें सबसे बड़े देवता के रूप में स्वीकार कर लिया।

जैसे यह कथा शिव को विष्णु से अधिक महत्त्वपूर्ण बताती है, वैसे ही आगे दी जा रही कथा विष्णु को शिव से अधिक महान सिद्ध करती है।

मोहिनी द्वारा उद्धार
(विष्णु पुराण)

शिव ने एक बार एक असुर को यह शक्ति दे दी कि वह जिसे भी अपने हाथ से छुएगा, वह भस्म हो जायेगा। उस कृतघ्न ने शिव को ही छूने की कोशिश शुरू कर दी। अपनी भूल का आभास होते ही शिव दौड़ कर विष्णु के पास सहायता के लिए पहुँचे, जिन्होंने मोहिनी का रूप लेकर उस असुर को अपनी तरफ आकर्षित किया। वह असुर मोहिनी के सौन्दर्य पर इतना मुग्ध हुआ कि उसने मोहिनी से विवाह करने का प्रस्ताव रखा। 'ऐसा तभी होगा अगर तुम मेरी तरह नाचो,' मोहिनी ने कहा। असुर राजी हो गया और मोहिनी की मुद्राओं का अनुसरण करने लगा। नृत्य के चरम पर पहुँच कर मोहिनी ने अपने सिर को छुआ। असुर ने भी ऐसा ही किया और भस्म हो गया। आभारी हो कर शिव ने विष्णु का अभिवादन किया।

कभी-कभी विभिन्न ईश्वरवादी सम्प्रदायों के बीच संघर्ष उग्र हो उठता था। शैवों और वैष्णवों के बीच विवाह बन्द हो जाते। दोनों समूह जहाँ तक सम्भव होता, अधिक-से-अधिक स्थानीय देवताओं पर अधिकार जमाने का प्रयत्न करते। यह हमेशा सम्भव नहीं हो पाता था। शैवों और वैष्णवों, दोनों ने केरल की एक जन-जाति के देवता अयप्पा पर दावा किया। अन्त में दोनों के बीच एक कथा द्वारा समझौता हुआ जिसमें अयप्पा को शिव और विष्णु, दोनों का पुत्र घोषित किया गया।

अयप्पा का जन्म
(सबरिमलाई स्थल पुराण)

जब शिव ने विष्णु को मोहिनी के मनमोहक रूप में देखा तो वे इतने उत्तेजित हुए कि उनका वीर्य स्खलित हो गया। इस तरह जो पुत्र पैदा

> हुआ, वह हरि–हर–सुत कहलाया, शिव और विष्णु का पुत्र। उसे केरल के एक निस्सन्तान राजा को पालने के लिए दे दिया गया। जब हरि–हर–सुत बड़ा हुआ तो उसने असुरों से देश की रक्षा की, लेकिन किसी तरह का भौतिक पुरस्कार लेने से इनकार कर दिया। सबको पता चल गया कि यह तपस्वी योद्धा ईश्वर का प्रतिरूप था।

जैस–जैसे ईश्वरवाद मुख्यधारा का अंग बना, राजाओं ने उसे संरक्षण देना शुरू किया। गुप्तकाल (300 ई.) में धीरे–धीरे मन्दिर परम्परा उभरकर सामने आयी। पेड़ों, पशुओं, नदियों और प्राकृतिक शिलाओं के माध्यम से दैवी सत्ता तक पहुँचने से सन्तुष्ट न होकर राजाओं ने धातु और पत्थर से देवताओं और देवियों की प्रतिमाएँ बनाने और उन्हें मन्दिरों में प्रतिष्ठित करने को बढ़ावा दिया। 800 और 1300 ई. के बीच विशाल मन्दिर समूह निर्मित हुए। इनका नियन्त्रण और प्रबन्ध ब्राह्मणों के हाथ में था जो एक बार फिर समाज पर प्रभुत्व की स्थिति में आ गये थे। कर्मकाण्डों के युग की तरह उपासना के युग में भी वे राजाओं और नये–नये उभरते सामन्ती वर्ग द्वारा संरक्षित होकर, देवत्व के वाहक बन गये।

वर्ण–व्यवस्था मन्दिरों की परम्परा में भी प्रकट हुई (व्यवसाय आधारित वर्ण) जाति के रूप में और यह निश्चित करने लगी कि कौन मन्दिर में प्रवेश कर सकता था, कौन नहीं। कर्मकाण्डों के साथ दूषित होने का विचार भी आया। जो लोग जाति–व्यवस्था की निचली सीढ़ी पर थे—मेहतर, मोची और दूसरे सेवक—वे सबसे अधिक दूषित माने जाते थे।

जैसे ईसा पूर्व युग में तपस्वियों के उभार ने कर्मकाण्डों को चुनौती दी थी, उसी तरह भक्ति आन्दोलन ने मन्दिर संस्कृति को चुनौती दी। भक्ति का मतलब है किसी पुरोहित और कर्मकाण्ड के हस्तक्षेप के बिना 'ईश्वर की इच्छा के आगे बिना शर्त समर्पण'। सभी जातिगत पाबन्दियों को ठुकराते हुए एक निजी ईश्वर या देवता के साथ सम्पर्क का विचार पहले–पहल ईस्वी सन् की आरम्भिक सदियों में आल्वार और नयनार नामक तमिल सन्त–कवियों के आवेग–भरे गीतों में सामने आया था। सीधे सम्पर्क का विचार जो बहुत सम्भव है गैर–वैदिक स्रोत से आया था, वैदिक परम्परा में समो लिया गया जब शंकर, रामानुज, मध्व, निम्बार्क, चैतन्य और वल्लभ जैसे विद्वानों ने वेदान्त को भक्ति के मूल सिद्धान्त के रूप में स्थापित किया। आगे दी जा रही कथा जैसी कथाओं ने दिव्य शक्ति की कर्मकाण्डी उपासना की बजाय वास्तविक उपासना के विचार को लोकप्रिय बनाया।

ईश्वर द्वारा कनक दास के लिए मुड़ना

(उडिपी स्थल पुराण)

कनक नाम के चरवाहे को अपनी नीची जाति के कारण उडिपी में कृष्ण के मन्दिर में प्रवेश करने की अनुमति नहीं थी। वह आँखों में आँसू भरे, मन्दिर की परिक्रमा करता रहा और एक आवेग-भरे गीत द्वारा उसने देवता को दर्शन देने का आग्रह किया। अचानक गर्भ गृह में स्थापित प्रतिमा घूम गयी और एक दरार के बीच से, जो मन्दिर की दीवार में पैदा हो गयी थी, चरवाहे कनक दास ने कृष्ण के दर्शन किये।

कोरी अभिव्यक्ति के मुकाबले भावना का ज़्यादा महत्त्व था। ईश्वर कर्मकाण्डी उपासना की बजाय सच्ची प्रेम भावना की माँग करता था। ईश्वर को जाति और लिंग के कृत्रिम भेद की कोई परवाह नहीं थी।

बहेलिये की आँख

(पेरियार पुराण)

एक पुरोहित और एक बहेलिया, दोनों शिव की उपासना करते थे। पुरोहित अपनी पूजा में आगमों द्वारा बताये गये कर्मकाण्डों का अनुसरण करता था। बहेलिये को किसी किस्म के रीति-रिवाज़ का कुछ पता नहीं था, वह हमेशा शिव को अपने शिकार का एक हिस्सा अर्पित किया करता। कौन बड़ा भक्त है, यह जानने के लिए शिव की प्रतिमा पर दो आँखें प्रकट हुईं। उनसे रक्त बहने लगा। पुरोहित इसे अपशकुन समझ कर भाग खड़ा हुआ। बहेलिये ने शिव की उन आँखों की जगह—जिनसे रक्त बह रहा था—अपनी आँखें लगाने के लिए काट कर निकाल लीं। शिव के लिए कोरी कर्मकाण्डी पूजा की जगह इस सच्ची प्रेम भावना का कहीं अधिक महत्त्व था। प्रसन्न होकर शिव ने बहेलिये पर आशीर्वाद की झड़ी लगा दी।

1000 ई. के आस-पास भारत में इस्लाम के आगमन ने मूर्ति पूजन और जाति-प्रथा के विरुद्ध अपने कट्टर रवैये और दैवी सत्ता के विचार के प्रति पूर्ण समर्पण के बल पर भक्ति आन्दोलन को गहराई से प्रभावित किया। उसने सन्त परम्परा का सूत्रपात किया जो ईश्वर की निराकार कल्पना करना और उसकी पूजा किसी मध्यस्थ के बिना करना पसन्द करती थी। जाति और लिंग-भेद के बिना हर किसी की पहुँच ईश्वर तक थी।

आक्रमण और प्रवास

भारत ने अनेक हमलावर और अप्रवासी देखे हैं। पहले ईरानी आये (400 ई.पू.), फिर यूनानी (300 ई.पू.), जिनके बाद कुषाण, शक, पल्लव, हूण और गुर्जर जैसी मध्य एशियाई जातियों के समूह आये (200 ई.पू. से 400 ई. तक)। फिर इस्लामी आक्रमण आया (1000 ई.) जिसने उत्तर भारत में दिल्ली सल्तनत और मुगल साम्राज्य और दक्षिण में बहमनी और शाही बादशाहतें कायम कीं। अन्त में, यूरोपीय औपनिवेशिक शक्तियाँ आयीं (1500 ई.)।

राजपूतों ने, जिनकी जड़ें सिथियाई (शक) जाति में खोजी गयी हैं, और गुर्जरों ने अपने स्रोत को राम जैसे पौराणिक राजाओं में खोजते हुए अपने को हिन्दुओं में समो लिया। दूसरों ने आत्मसात होने का विरोध किया या हिन्दू विश्व-दृष्टि में नये चिन्तन का समावेश किया। इनमें से सबसे महत्त्वपूर्ण विचार दुष्टता यानि बुराई (evil) का था। मानीवादी विचार कि संसार दैवी और दुष्ट शक्तियों की रणभूमि है, प्राचीन फारस में उपजा था जहाँ संसार की सारी अच्छाई अहुरमज़्द के कारण थी जबकि सारी बुराई दुष्ट अंग्र मन्यु के कारण। जब ये विचार भारत आये तो ब्रह्माण्ड की सारी वस्तु संरचना बदल गयी। तब तक स्वर्गीय क्षेत्र देवों का निवास थे और धरती के नीचे के राज्य असुरों के निवास थे और देव और असुर ब्रह्माण्ड में रहने वाले अलग-अलग जीव थे जो ब्रह्माण्ड में निवास करते हुए ब्रह्माण्ड के पुरस्कार यानि श्री के लिए लड़ रहे थे। मानीवादी प्रभाव ने देवों और असुरों के संग्राम को एक नैतिक संग्राम में बदल दिया। देव गण धर्म की पवित्र शक्तियाँ बन गये; असुर अधर्म या अराजकता की दुष्ट शक्तियाँ बन गये। विष्णु के निवास, विष्णु-लोक और शिव के निवास, शिव-लोक को *बाइबल* के स्वर्ग के बराबर ठहराया गया, जहाँ अच्छाई बार-बार जन्म लेने की बजाय सदा-सर्वदा बनी रहेगी। धरती के नीचे का एक लोक, नरक अस्तित्व में आया; उसे *बाइबल* के नरक के समकक्ष ठहराया गया जहाँ पापी दण्डित होंगे। यम, जो मृत्यु और पुनर्जन्म पर नियन्त्रण करता है, महान नैतिक न्यायाधीश बन गया।

पाण्डवों की मृत्यु

(महाभारत)

जब ज्येष्ठ पाण्डव युधिष्ठिर स्वर्ग पहुँचे तो उन्हें वहाँ अपने भाई नहीं मिले। इसके बदले उन्होंने कौरवों को वहाँ पाया, जो खलनायक थे और जिन्होंने उस युद्ध को शुरू किया था जिसमें लाखों लोग मारे गये थे। 'यह कैसे हो सकता है ?' उन्होंने देवराज इन्द्र से पूछा। इन्द्र ने

> उन्हें बताया कि कौरव अपने क्षत्रिय धर्म का पालन करते हुए युद्धभूमि में मारे गये थे और इसलिए उन्हें स्वर्ग मिला था। इन्द्र तब युधिष्ठिर को धरती के नीचे एक अँधेरी और अभागी जगह ले गये जहाँ पीड़ा और यातना की आवाज़ों के बीच उन्होंने अपने भाइयों को पाया। भीम अपने पेटूपन के कारण, अर्जुन महानतम धनुषधारी होने के घमण्ड के कारण, नकुल अपने सौन्दर्य पर गर्व करने और सहदेव अपनी बुद्धि पर अभिमान के कारण नरक भोग रहे थे।

एक और प्रभाव इस विचार का था कि एक मसीहा धरती पर आकर उसे उसकी पुरानी महिमा लौटायेगा। यह विचार शायद जरथुस्त्र के मानने वालों के माध्यम से भारत पहुँचा था जो फारस से हिन्दुस्तान आये थे या फिर मुस्लिम और ईसाई अप्रवासियों और व्यापारियों द्वारा। इसने लाखों हिन्दुओं को आशा बँधायी जो हिन्दुस्तान में मुस्लिम राज्यों के स्थापित होने के बाद उत्पीड़न का सामना कर रहे थे।

मसीहा के विचार के समर्थन में *भविष्य पुराण* कहता है कि जब धरती पर धर्म पूरी तरह त्याग दिया जायेगा और उससे उपजने वाली अव्यवस्था असहनीय हो जायेगी तब विष्णु कल्कि नाम के योद्धा के रूप में सफेद घोड़े पर सवार हाथ में तलवार लिये हुए अवतरित होंगे। वे सभी पापियों, अराजक और अधार्मिक लोगों को मार देंगे और फिर धर्म की पुनर्स्थापना करेंगे।

संसार को उसकी पुरानी महिमा वापस दिलाने का विचार हिन्दू धर्म में प्रचलित जीवन के चक्राकार दृष्टिकोण से नहीं मेल खाता। हिन्दुओं के पास विष्णु के रूप में एक देवता था जो फिर से व्यवस्था स्थापित करता है। राम और कृष्ण के रूप में वे संसार को अकाल मृत्यु से बचा लेते हैं, पर वे काल की गति को नहीं रोकते। कृष्ण के रूप में विष्णु धरती पर राम के बाद के युग में अवतार लेते हैं; जिस दुनिया का सामना वे करते हैं, वह उस संसार से अधिक भ्रष्ट है, जिसमें राम जीवित थे। हालाँकि राम स्वर्ग में अपने निवास पर लौटने से पहले संसार में धर्म को बहाल कर देते हैं, लेकिन वे ब्रह्माण्ड के स्वाभाविक ह्रास और गिरावट को नहीं रोकते, जैसा कि काल ने निश्चित कर रखा है। लेकिन कल्कि की कथा में विष्णु न केवल संसार की अकाल मृत्यु को रोकते हैं, बल्कि वे उसका यौवन भी बहाल कर देते हैं। यह विचार पुनर्जीवन और दूसरे आगमन की याद दिलाता है : ईसा स्वर्ग की पुनर्प्राप्ति में मदद देते हैं, हालाँकि उनकी वापसी से पहले मिस्र में दासता, बैबिलॉन में निष्कासन और रोम द्वारा उत्पीड़न की जानकारी मिलती है।

यह बात कि असभ्य जातियों और विदेशियों की पराजय को व्यवस्था स्थापित

करने के बराबर ठहराया जाता था, शत्रुता की भावना की तीव्रता को सूचित करती थी जो हिन्दू अपने मुस्लिम शासकों के खिलाफ महसूस करते थे। यों शत्रु माने जाने वाले हिन्दू-मुसलमानों के बीच सुलह और शान्ति कराने के लिए दक्षिण भारत में ऐसी कथाएँ सामने आयीं जिनमें मुस्लिम योद्धा हिन्दू देवताओं के साथी बन गये। इन्होंने साम्प्रदायिक खाई को पाटने में मदद की।

मणिकण्ठ और वावर

(सबरिमलाई स्थल पुराण)

शिव और विष्णु का पुत्र मणिकण्ठ (अयप्पा का दूसरा नाम) संसार में असुरों को मारता हुआ घूमता-फिरता था। मणिकण्ठ के सभी अभियानों में एक मुस्लिम योद्धा वावर उसका साथ देता था। वावर की निष्ठा और युद्ध में उसकी शक्ति से प्रसन्न हो कर मणिकण्ठ ने घोषित किया कि वह अपने मन्दिर में तब तक कोई पूजा स्वीकार नहीं करेगा जब तक भक्त वावर की दरगाह पर सिर नवा कर नहीं आते।

दक्षिण के विशाल मन्दिर समूहों में भक्तों के रूप में मुस्लिम शहजादियों की समाधियाँ बनायी जातीं जिन्हें उस मन्दिर के देवता के प्रति उनकी संगिनियों में रूपान्तरित कर दिया गया था।

रंगनाथ की मुस्लिम वधू

(श्रीरंगम स्थल पुराण)

सन्त रामानुज बड़ी मुश्किल के बाद श्रीरंगम मन्दिर के देवता रंगनाथ की पवित्र प्रतिमा को वापस लाये जिसे एक मुस्लिम सामन्त दिल्ली ले गया था। सामन्त की बेटी प्रतिमा से इतना मुग्ध हो गयी थी कि वह रामानुज के पीछे-पीछे श्रीरंगम चली आयी और अपने प्रेमी की एक झलक पाने की कोशिश करती हुई मन्दिर की देहरी पर मर गयी। तब से उसे रंगनाथ की दैवी संगिनी मानवला मामुनिगल के रूप में श्रद्धा का पात्र बना दिया गया है। उसका चित्र पवित्र स्थल के भीतर बने एक मन्दिर में रख दिया गया है।

ऐसा विश्वास है कि सन्त थॉमस (Saint Thomas) लगभग उसी समय ईसाइयत को हिन्दुस्तान लाये थे जब वह रोम पहुँची थी। भारतीय दर्शन की कुछ

परम्पराओं में ईसाइयत के प्रभाव देखे गये हैं। तेरहवीं सदी के दार्शनिक मध्वाचार्य इस वैदिक विचार से सहमत नहीं थे कि सभी जीवात्माएँ सार रूप में परमात्मा जैसी ही हैं। वे स्रष्टा, जिन्हें वे विष्णु के रूप में कल्पित करते, और सृष्टि के बीच भेद करते थे। मध्वाचार्य द्वारा स्थापित पुराकथालोक के अनुसार केवल विष्णु के पुत्र वायु देव, जिन्हें हनुमान के रूप में कल्पित किया गया था, जीवात्मा और परमात्मा के बीच सम्बन्ध स्थापित कर सकते थे। मध्वाचार्य अनन्त नरकवास के सिद्धान्त में भी विश्वास करते थे। अधिकांश प्राणी जीवन और मृत्यु के चक्रों से गुज़रते हैं, लेकिन कुछ—जो रेखा पार कर जाते हैं—नरक में पहुँचते हैं और जब तक वे वायु से विनती न करें, उन्हें फिर से जन्म लेने की या वहाँ से छुटकारे की कोई आशा नहीं होती। पन्द्रहवीं सदी में वास्को द गामा द्वारा भारत का समुद्री मार्ग खोजे जाने के बाद जो ईसाई प्रचारक हिन्दुस्तान आये, वे गोपालक कृष्ण और चरवाहे ईसा मसीह की कहानियों में समानता देख कर चकित रह गये थे। उन्होंने हिन्दू परम्परा पर ईसाई प्रभाव की सम्भावना को खारिज नहीं किया था।

निष्कर्ष

सदियों के दौरान, जैसे-जैसे हिन्दुओं ने प्रकृति और संस्कृति की अनियमितता से निपटने के लिए संघर्ष, पलायन और जड़ हो जाने के रास्ते अपनाये, हिन्दू कथाएँ सम्पादित होती रही हैं, प्रतीकों की पुनर्व्याख्या की गयी है और कर्मकाण्ड विकसित हुए हैं। नतीजे के तौर पर हिन्दू धर्म आज उस हिन्दुत्व से बहुत भिन्न है जिस पर चार हज़ार साल पहले लोग चला करते थे। तो भी 2000 ई.पू. के समय के प्रतीक समकालीन हिन्दू मन्दिरों की शोभा बढ़ाते हैं, 1500 ई.पू. के आस-पास रची गयीं स्तुतियाँ आज भी गायी जाती हैं और 500 ई.पू. के आस-पास व्यवस्थित रूप से सँजोये गये दार्शनिक सिद्धान्त अब भी संकट के समय में हिन्दुओं का मार्गदर्शन करते हैं।

स्वयं कथाएँ भी देश और काल के साथ स्थिर नहीं रही हैं। कुछ कथाएँ जो पुराने पाठों में टुकड़ों के रूप में मौजूद थीं, आगे चल कर बाद के पाठों में पूरे रूप में प्रकट हुईं और कभी-कभी उनके अनेक प्रारूप भी मिलने लगे—ये रूपान्तरण सामाजिक-सांस्कृतिक परिवर्तनों और लोगों की ज़रूरतों के कारण घटित हुए। आगे दी गयी तालिका दिखाती है कि कैसे पवित्र वराह की कथा समय के साथ बदली (देखिए तालिका 26)।

देश और काल के अनुसार कथाएँ और प्रतीक किस तरह रूपान्तरित होते हैं,

तालिका 26. काल के साथ कथा का रूपान्तरण

काल	कथा
यज्ञ के दौरान प्रयुक्त मन्त्र (800 ई.पू.)	एमुष, वराह के रूप में प्रजापति ने पृथ्वी को समुद्र-तल से अपने दाँतों से उठा लिया और कमल के एक पत्ते पर फैला कर धरती की सृष्टि की (*ब्राह्मण*)।
उपासना के केन्द्र के रूप में विष्णु का बढ़ना और प्रजापति सरीखे पहले के वैदिक देवताओं की विशेषताएँ ग्रहण कर लेना जो इस बीच महत्त्व खोते चले गये (500 ई.पू.)	असुर हिरण्याक्ष पृथ्वी की देवी भूदेवी को समुद्र तल में खींच ले गया। भूदेवी की पुकार सुन कर विष्णु ब्रह्मा की नासिका से वराह के रूप में निकले, समुद्र में कूदे, असुर को अपने दाँतों से फाड़ दिया और भूदेवी को अपने थूथन पर रख कर ऊपर सतह पर उठा दिया (*विष्णु पुराण*)।
विष्णु के सबसे बड़े अवतार के रूप में और किसी भी वैदिक देवता से महत्त्वपूर्ण कृष्ण का उदय	समुद्र के नीचे वराह और भूदेवी के समागम से नरक नामक असुर का जन्म हुआ, जिसने देवताओं को तब तक आतंकित किये रखा जब तक कृष्ण ने उनकी सहायता को आकर उसे मार नहीं दिया (*भागवत पुराण*)।
शिव और विष्णु के भक्तों के बीच होड़ (1300 ई.)	भूदेवी से मिलने के बाद वराह में वैकुण्ठ वापस जाने की सारी इच्छा खत्म हो गयी। जो पुत्र वराह ने पैदा किये, उन्होंने तीनों लोकों को आतंकित कर दिया। क्रुद्ध होकर शिव ने वृषभ का रूप लिया और वराह के पुत्रों को मार कर, अपने सींगों से वराह को चीर दिया और विष्णु को लौकिक जीवन के भ्रम से मुक्त किया (*शिव पुराण*)।

इसके एक अच्छे उदाहरण के लिए हम देख सकते हैं कि भारत के अलग-अलग हिस्सों में गणेश और कार्तिकेय के साथ कैसा व्यवहार होता है। दोनों शिव के पुत्र हैं। गणेश ऋषियों के लिपिक हैं, हाथी के सिर और मोटी तोंद वाले। कार्तिकेय देवों के सेनापति हैं, तेज़, दुबले-पतले और मज़बूत। उत्तर भारत में गणेश छोटे भाई हैं जो विवाहित हैं, जबकि कार्तिकेय बड़े भाई हैं जो अविवाहित हैं। दक्षिण भारत में गणेश बड़े भाई

हैं जो कुँवारे हैं, जबकि कार्तिकेय छोटे भाई हैं जिनकी दो पत्नियाँ हैं।

ये अनगिनत रूपान्तरण इतने जीवन्त अवश्य रहे हैं कि निरन्तरता का भाव बना रहे। नये विचारों ने पुराने विचारों की जगह नहीं ली, बल्कि उन्हें और अच्छे विचार पैदा करने के लिए आत्मसात कर लिया गया। इसका सबसे अच्छा उदाहरण *रामायण* महाकाव्य है। जैसे-जैसे कथा बढ़ती है, वैदिक कर्मकाण्डों, वैदिक काल के बाद की तपस्या की परम्परा, उपनिषदों के चिन्तन, ब्राह्मणवादी विचारों और भक्ति के दर्शन के सन्दर्भ, संघर्ष या विरोध के किसी भाव के बिना, मिलते रहते हैं। (देखिए तालिका 27)।

तालिका 27. रामायण में प्रस्तुत हिन्दुत्व के विभिन्न चरण

हिन्दुत्व का चरण	रामायण में आयी कथा
वैदिक कर्मकाण्ड	दशरथ यज्ञ करके पुत्र प्राप्त करते हैं
उत्तर-वैदिक तपस्या का चरण	रावण और उसके भाई तप करके ब्रह्मा से वर प्राप्त करते हैं
ब्राह्मणवादी विचारधारा	दशरथ राम को सिंहासन पर बैठाने और वानप्रस्थ आश्रम में प्रवेश करने की योजना बनाते हैं; सीता को बन्दी जीवन के दौरान भी सतीत्व के अक्षुण्ण रहने के लिए परीक्षा देनी पड़ती है; राम को रावण का वध करने का प्रायश्चित करना पड़ता है, क्योंकि खलनायक होने के बावजूद वह ब्राह्मण था।
भक्ति दर्शन	हनुमान जो निस्स्वार्थ भाव से राम की सेवा करते हैं, भक्ति के साकार रूप और स्वयं पूजा के पात्र बन जाते हैं।

अध्याय 4

पुराकथा-शास्त्र : पुराकथा की व्याख्या

पौराणिक कथाएँ तर्क और विज्ञान की कसौटी पर चाहे पूरी न उतरें या उनकी माँगों को न पूरी करें, पर उनमें गहरा ज्ञान छिपा होता है—बशर्ते कि हम विश्वास करें कि ऐसा है और यह जानने के लिए तैयार हों कि वे क्या कहती हैं। पुराकथा-शास्त्र का यही काम है।

बहुत कुछ तो इस बात पर निर्भर करता है कि व्याख्या के पीछे इरादा क्या है। मोटे तौर पर पुराकथा-शास्त्र के सभी वैचारिक पन्थ दो समूहों में रखे जा सकते हैं :

- वे जो मानते हैं कि वे सत्य को खोज कर पौराणिक कथाओं के प्रभाव से बाहर आ जायेंगे।
- वे जो मानते हैं कि सभी सत्य पौराणिक कथाओं द्वारा निर्मित हैं।

पहला समूह पौराणिक कथा को इतिहास, रूपक, छद्म-विज्ञान या आदिम विज्ञान के स्तर पर उतार देता है; इसमें पौराणिक कथा को अनगढ़ दिमागों के लिए या अनगढ़ दिमागों द्वारा रची गयी अडिग शाश्वत वास्तविकता का माध्यम समझा जाता है या उस अडिग शाश्वत वास्तविकता का ऐसा प्रारूप माना जाता है जिसमें खोट है। दूसरे समूह के अनुसार पौराणिक कथाओं का निर्माण (चेतन या अचेतन) मन का बुनियादी काम है, ताकि दबी हुई ज़रूरतों या इच्छाओं को प्रकट किया जा सके या जीवन का कोई अर्थ निकाल कर उसके अन्दर के टकरावों को सुलझाया जा सके।

इस अध्याय में हम उन अलग-अलग तरीकों को देखेंगे जिनसे पुराकथाओं की व्याख्या हो सकती है—मुख्य रूप से ऐतिहासिक, रणनीतिपरक, रूपकात्मक और मनोवैज्ञानिक तरीकों को केन्द्र में रखते हुए।

इतिहास और प्रागैतिहास

बहुत-से लोगों को यह पक्का विश्वास होता है कि किसी महाकाव्य या गाथा के केन्द्र में कोई घटना होती है जो बहुत दिन पहले हुई थी; कि कथाएँ पवित्र इसलिए बन जाती हैं, क्योंकि किसी समुदाय के अतीत के वही उपलब्ध अभिलेख हैं (चाहे वे कितने ही तोड़े-मरोड़े रूप में या बढ़ा-चढ़ा कर क्यों न पेश किये गये हों)। इन लोगों के विचार में ट्रॉय का युद्ध (Trojan War) अवश्य घटित हुआ था; मूसा यहूदियों को लाल सागर के पार फिलिस्तीन तक लेकर आये थे; आर्थर (Arthur) अतीत के किसी काल में एक प्राचीन केल्टिक (Celtic) राजा थे; और ओसिरिस (Osiris) मिस्र का एक ज्ञानी नेता और सभ्यता का अग्र-दूत था और असभ्य सेत (Set) के हाथों हुई उसकी हत्या का बदला ओसिरिस के बहादुर बेटे होरस (Horus) ने लिया था।

यह विचार कि पुरा-कथा तोड़ा-मरोड़ा या अतिशयोक्ति से भरा इतिहास है, 300 ई.पू. जितना पुराना है जब मेसेने (Messene) में रहने वाले यूनानी दार्शनिक यूहेमेरुस (Euhemerus) ने अपने 'पवित्र आलेख' में लिखा कि जिउस (Zeus) और ओलिम्पस (Olympus) पर्वत के दूसरे देवता, असल में मनुष्य थे जिन्हें देवता बना दिया गया था। भारत में मध्यकालीन जैन विद्वानों ने हिन्दुओं के महाकाव्य *रामायण* पर लिखी अपनी टीकाओं में यह मान्यता सामने रखी थी कि कथा के बन्दर वास्तव में जनजातियाँ थीं जिनकी पताकाओं पर बन्दर की छवियाँ बनी हुई थीं।

हिन्दू धर्म-ग्रन्थ विरले ही परम्परागत विश्वासों और ऐतिहासिक तथ्यों के बीच अन्तर करते हैं। इसलिए पुराकथाओं के सबसे पुराने संग्रह इतिहास और पुराण के नाम से जाने जाते हैं। इन वृत्तान्तों में देवों, राजाओं और ऋषियों के वर्णन भारत के इतिहास को समय के आरम्भ से उस अराजकता की भविष्यवाणियों तक खोजते हैं जो दुनिया के खत्म होने का संकेत देगी। लेकिन इतिहासकार इन वृत्तान्तों को तथ्यों के अभिलेख मानने से इनकार करते हैं।

प्राचीन भारतीय इतिहास पर रहस्य का एक पर्दा पड़ा हुआ है। पहले सीधे-साधे, उपयोगी, ईंटों से बने नगर थे जो सिन्धु नदी की शाखाओं और अब सूख गयी सरस्वती नदी के किनारे पर 2500 ई.पू. के आस-पास बसे थे। लगभग इसी समय वेदों की प्रारम्भिक ऋचाएँ भी रची जा रही थीं। यह सभ्यता जो 13 लाख वर्ग किलोमीटर के क्षेत्र में फैली हुई थी, 1500 ई.पू. के आस-पास उतने ही रहस्यमय ढंग से लुप्त हो गयी जितने रहस्यमय ढंग से वह प्रकट हुई थी। कुछ लोग कहते हैं कि वैदिक ऋचाओं के रचयिताओं ने इस सभ्यता को नष्ट कर दिया; दूसरों का विचार है कि ये नगर वैदिक संस्कृति को समाज पर हावी छोड़ कर बस ऐसे ही

खत्म हो गये। कुछ और लोग यह मानते हैं कि वैदिक संस्कृति नगर सभ्यता के अन्दर और उसके इर्द-गिर्द ही जन्मी थी। एक हज़ार साल से अधिक के अर्से के सन्दर्भ में—इस नगर सभ्यता के पतन से लेकर सिकन्दर के हमले के बाद मौर्य साम्राज्य की स्थापना तक—इतिहासकारों के पास भारत के इतिहास के अध्ययन के लिए कोई ठोस और भौतिक अवशेष नहीं हैं। न तो नगरों के खँडहर हैं, न स्मारक या लेख। समय के इस विशाल अन्तराल के लिए जो थोड़े-बहुत पुरातात्विक साक्ष्य मिलते हैं, वे कुछ औज़ार और मिट्टी के बर्तनों के टुकड़े हैं। भौतिक साक्ष्य की जगह वैदिक साहित्य है जो प्रमुख रूप से पूजा-उपासना से सम्बन्धित और दार्शनिक है, मगर जो उन ऐतिहासिक स्थितियों की ललचाने वाली झलकियाँ पेश करता है जो भारत के उत्तर-पश्चिम से पूरब तक और फिर उपमहाद्वीप के दक्षिण की ओर वैदिक संस्कृति के प्रसार की साक्षी रहीं।

हिन्दू वृत्तान्तों में स्पष्ट रूप से तीन प्रमुख मानव समुदायों के मेल की स्मृतियाँ दर्ज हैं जिनके विचारों ने हिन्दू मन में उफान पैदा किया : घुमन्तू चरवाहे, बसे हुए किसान और वन के जीववादी समुदाय जो शिकार और भोजन संग्रह के बल पर जीवन यापन करते थे। अगर हम यह मानें कि पौराणिक कथा प्रागैतिहासिक वर्णन है तब नीचे दी गयी कथा साफ-साफ घुमन्तू चरवाहों, बसे हुए किसानों और जीववादी वनवासियों के बीच युद्ध की तरफ इशारा करती है।

कद्रु और विनता के पुत्र

(महाभारत)

नागों की माता कद्रु और गरुड़ की माता विनता ने एक बार दैवी घोड़े उच्चैश्रवा को भोर के समय क्षितिज पर विचरते देखा। कद्रु ने कहा कि घोड़े की पूँछ काली थी; विनता ने कहा कि घोड़ा एकदम सफेद था और अपनी स्वाधीनता दाँव पर लगा दी। शर्त जीतने के लिए संकल्पबद्ध कद्रु ने अपने बच्चों को पूँछ से जाकर लिपट जाने के लिए कहा। अगले दिन दूर से उच्चैश्रवा की पूँछ सचमुच काली दिखायी दी। नतीजे के तौर पर विनता को कद्रु की दासी बनना पड़ा।

विनता की मुक्ति का मूल्य अमृत का कुम्भ था जो देवों के पास था। गरुड़ उड़ कर देवों की नगरी अमरावती गया, देवों से लड़ा, बलपूर्वक अमृत का कुम्भ ले आया और उसे नागों को दे दिया। इस तरह उसने अपनी माता को छुड़ा लिया। उसने नागों से कहा कि वे नहा-धो कर ही अमृत का पान करें। जिस समय वे नहाने गये, गरुड़

> ने देवराज इन्द्र को अमृत का कुम्भ उठा कर अमरावती ले जाने दिया। इस तरह गरुड़ ने नागों के साथ वैसे ही छल किया जैसे उनकी माता ने उसकी माता के साथ किया था। गरुड़ की शक्ति से प्रभावित होकर देवों में सबसे उच्च—विष्णु—ने गरुड़ से कहा कि वह उनका वाहन बन जाये। 'मैं आपका वाहन बनूँगा अगर आप मुझे भी अपने ऊपर स्थान दें,' विष्णु ने यह मान लिया और गरुड़ विष्णु का वाहन भी बन गया और उनकी पताका पर उनका प्रतीक चिह्न भी। गरुड़ के अनुरोध पर विष्णु ने नागों को गरुड़ का प्राकृतिक भोजन भी बना दिया जिससे अगर गरुड़ किसी नाग को मारता तो उसे दोषी नहीं ठहराया जाता था।

आज भी विष्णु के मन्दिरों में गर्भ गृह के सामने और झण्डे पर नाग को चंगुल में लिये गरुड़ की प्रतिमा या छवि देखी जा सकती है। ऊपर की यह कथा जो इस प्रथा का कारण बताती है, एक ऐतिहासिक घटना के रूप में भी देखी जा सकती है—सर्प-पूजक किसानों ने गरुड़ के प्रतीक चिह्न वाली जाति को दास बना लिया था और चरवाहों की गायें चुरा ली थीं (जिसका संकेत अमृत से मिलता है, चूँकि गायें बनजारे चरवाहों के लिए जीवन का आधार थीं)। गरुड़ जाति के नेता ने बनजारों से मैत्री की और मिलकर उन्होंने गायों और दासों, दोनों को छुड़ा लिया।

दक्षिण भारतीय—विशेष रूप से केरल के—लोकसाहित्य में उत्तर से नागों के उखड़ कर आने की स्मृतियाँ सँजोयी हुई हैं जिनके घर प्रवासी आर्यों ने नष्ट कर दिये थे। कथाओं और रीति-रिवाज़ों में एकमात्र जीवित बचने वाले नागराज तक्षक का उल्लेख ही मिलता है जिसने आश्रय के बदले में प्रदेश की उर्वरता सुनिश्चित की। यह सम्भव है कि नाग जाति सर्प-पूजक किसानों का समुदाय थी जिसने पशु-चारक आर्यों द्वारा दक्षिण खदेड़े जाने पर आसरा देने वाले दक्षिण के वनवासियों को कृषि सिखायी। समय के साथ उर्वरता-प्रदान करने वाले सर्पों और उनकी पूजा करने वाले लोगों की पहचान घुल-मिल गयी। कृषि सिखाने वाला व्यक्ति, जो नागों की पूजा करता था, स्वयं नाग बन गया।

भागवत पुराण हमें बताता है कि कालिया नाग और उसकी पत्नियों ने गरुड़ से बचने के लिए, जो उन्हें मार कर खा जाना चाहता था, एक सरोवर में शरण ली थी। सरोवर ग्वालों की बस्ती गोकुल के निकट था। घुसपैठियों को रोकने के लिए कालिया ने सरोवर को अपने विष से ज़हरीला बना दिया था और जो भी पानी में उतरना चाहता, उस पर हमला करता था। ग्वालों के नायक कृष्ण ने कालिया को लड़ने की चुनौती दी। अन्त में कृष्ण ने कालिया को पराजित करके उसके फन पर तब तक नृत्य

किया जब तक कालिया की पत्नियों ने उसे छोड़ देने की विनती नहीं की। कथा यह संकेत देती है कि (कालिया रूपी) किसान (गरुड़ रूपी) वनवासियों द्वारा खदेड़े जाने पर चरागाहों की तरफ चले आये जहाँ चरवाहे (जिनके प्रतिनिधि कृष्ण हैं) अपनी गायें चराते थे। कुछ समय तक शत्रुता और संघर्ष के बाद चरवाहों ने किसानों को पराजित कर दिया, उनसे मैत्री कर ली और अन्त में उन्हें सुरक्षा प्रदान की।

कुछ इतिहासकारों का विश्वास है कि ऐसे वर्णन और कथाएँ तब रची गयीं जब कुछ भारोपीय खानाबदोश (यज्ञ करने वाले, गायें चराने वाले आर्य जिन्हें पुराकथाओं में देवताओं और मनुष्यों या देवों और मानवों के रूपों में अंकित किया गया) उत्तर-पश्चिमी दिशा से भारत में आये। उन्होंने बसे हुए समुदायों पर (जो सर्प-पूजक, नगर-निर्माता द्रविड़ थे, जिन्हें पुराकथाओं में असुर, यक्ष, राक्षस और नाग कहा गया) हमला किया जिन्होंने स्थानीय आदिवासियों और कबीलों को (गणचिह्नधारी और जीववादी समुदायों को, जिन्हें पुराकथाओं में वानर, गरुड़, भल्लूक और निषाद कहा गया) भगा दिया था। ये इतिहासकार मानते हैं कि आर्य अपने साथ भारत में घोड़े लाये थे और उस प्रथा में जिसे वे अश्वमेध कहते थे, वे अपने सबसे शानदार घोड़े को खुला छोड़ देते थे और उस सारी भूमि पर दावा कर देते थे जिस पर घोड़ा बिना किसी चुनौती के चला जाता था। कथाएँ, जैसी कि नीचे दी गयी है, इस विचार को पुष्ट करती जान पड़ती हैं।

युधिष्ठिर का अश्वमेध यज्ञ

(महाभारत)

> जब पाण्डव युधिष्ठिर राजा बने तो उन्होंने एक अश्वमेध यज्ञ किया और अपना राजसी घोड़ा छोड़ दिया। अर्जुन उन सेनाओं का नायक था, जो इस घोड़े के पीछे-पीछे जा रही थीं। घोड़ा बहुत-से राज्यों से होकर गया और इन राज्यों के अधिपतियों ने पाण्डवों की अधीनता स्वीकार कर ली। लेकिन मणिपुर की सीमा पर बभ्रुवाहन नामक योद्धा ने घोड़े को रोक लिया और अर्जुन को युद्ध के लिए चुनौती दी। युद्ध के दौरान बभ्रुवाहन ने एक विष-बुझा तीर अर्जुन की छाती में मारा। जब बभ्रुवाहन की माँ चित्रांगदा ने अर्जुन को मरते हुए देखा तो वह फूट-फूट कर रोने लगी, क्योंकि अर्जुन उसका पति था—बभ्रुवाहन का पिता—जिसने विवाह के अनुबन्ध के अनुसार चित्रांगदा के पिता को, जिनका कोई पुत्र नहीं था, उनके समागम से पैदा होने वाले पुत्र को गोद लेने की अनुमति दे दी थी। बभ्रुवाहन ने कभी अपने पिता

> को नहीं देखा था। उसने धनुर्विद्या उलूपी से सीखी थी। उलूपी नाग कन्या थी और वह भी अर्जुन की पत्नी थी, मगर उसे विवाह के बाद जल्दी ही अर्जुन ने भुला दिया था। इस उपेक्षा का बदला लेने के लिए उसने बभ्रुवाहन का सहारा लिया था। बभ्रुवाहन और चित्रांगदा के अनुरोध पर उलूपी ने एक मणि के बल पर फिर से अर्जुन को जीवित किया जो सभी तरह के विषों के दुष्प्रभाव को दूर कर सकती थी।

मानव-विज्ञानी सुझाते हैं कि चित्रांगदा शायद किसी मातृसत्ता प्रधान कबीले की स्त्री थी—केरल के नायर समुदाय की तरह—जहाँ सन्तान पिता के कुल की नहीं, माता के कुल की मानी जाती है। ऐसा विश्वास है कि पितृसत्ता प्रधान वैदिक संस्कृति ने पहले की एक मातृसत्ता प्रधान संस्कृति की जगह ले ली थी।

आर्यों के आक्रमण की धारणा, जो मुख्य रूप से वैदिक ग्रन्थों के भाषिक अध्ययन पर आधारित है, अन्तर्विरोधों से भरी और विवादों का केन्द्र है, क्योंकि वह सुझाती है कि वैदिक संस्कृति बाहर से भारत में आयी, जो आधुनिक भारत के परम्परागत हिन्दू को स्वीकार्य नहीं है। जहाँ कथाएँ और वृत्तान्त खानाबदोशों, बसे हुए लोगों और वनवासी कबीलों के बीच संघर्ष और समझौते की एक निरन्तर सक्रिय गतिविधि का संकेत देते हैं, वे यह कभी नहीं सुझाते कि खानाबदोश (चाहे राम या ययाति या पाण्डव) बाहरी हैं। इसके अलावा धर्म-ग्रन्थ इस बात पर जोर देते हैं कि तीनों एक ही समान पिता—पुरातन, कश्यप—के वंशज हैं, जो समान वंश-परम्परा का संकेत है। यह आर्यों के आक्रमण की धारणा के विकल्प का सबूत माना जाता है : कि वैदिक सभ्यता किसी समय भारत से कैस्पियन सागर (Caspian Sea) तक (कैस्पियन शब्द को कश्यप से निकला या उसका भ्रष्ट रूप माना जाता है, जो उस ऋषि का नाम है जिसने देवों को जन्म दिया) फैली हुई थी, लेकिन सिर्फ उपमहाद्वीप में बची रह गयी और फली-फूली। सच तो यह है कि *रामायण* और *महाभारत* के बहुत-से पात्र (राम की विमाता कैकेयी; पाण्डु की पत्नी माद्री; धृतराष्ट्र की पत्नी गान्धारी) ऐसे प्रदेशों की हैं जो आज के पाकिस्तान और अफगानिस्तान में हैं (देखिए तालिका 28)।

जब कृष्ण की कहानी को ऐतिहासिक नज़रिये से जाँचा-परखा जाता है तो लगता है कि देवता कृष्ण दो नायकों के मेल से उभरे—एक ग्रामीण और एक नागरिक। कृष्ण के आरम्भिक जीवन की कहानी काफी ग्रामीण है। वे गोपालन से सम्बद्ध हैं, जबकि उनके भाई बलराम, जिन्हें हमेशा एक हल के साथ दिखाया जाता है, कृषि से जुड़े हैं।

तालिका 28. तीन जन समूह जिनकी विश्व-दृष्टियों से हिन्दू साँचा बना है

	खानाबदोश	**बसा हुआ समूह**	**वनवासी**
आर्थिक गतिविधि	गोपालन	कृषि और खनन	शिकार और अन्न संग्रह
ऐतिहासिक पहचान	आर्य	द्रविड़	निषाद
पौराणिक पहचान	देव, मानव	असुर, नाग, राक्षस, यक्ष	वानर, गरुड़
दर्शन	संसार की मायावी प्रकृति और वैदिक धर्म-ग्रन्थों और कर्मकाण्डों में छिपे उसके सत्यों पर चिन्तन-मनन	तान्त्रिक चिन्तन कि संसार ऐसी ऊर्जा का प्रकट रूप है जिसे प्रार्थना और तप से नियोजित किया जा सकता है	वनस्पति, पशु और खनिज जगत में हर तत्व में चेतना आरोपित करना
कर्मकाण्ड	यज्ञ	पूजा, व्रत	समाधि, सम्मोहन

कृष्ण का आरम्भिक जीवन
(हरिवंश)

कृष्ण का पालन-पोषण ग्वालों की बस्ती में हुआ था। बचपन में वे मक्खन चुराते, गोपियों के साथ शैतानी करते और अपने भोले नटखटपने से सबके दिल जीत लेते। उनकी बाँसुरी के सुरों पर मुग्ध होकर स्त्रियाँ चाँदनी रातों को यमुना के तट पर कृष्ण के साथ नाचने-गाने के लिए अपने घरों से चुपके से निकल आती थीं। दिन के समय कृष्ण गायों की देख-भाल करते। वे गाँव को बहुत-से राक्षसों से बचाते, जिन्होंने एक घोड़े, अजगर, बगुले, बछड़े और यहाँ तक कि चरवाहे का रूप धर कर भी गाँव में घुसने की कोशिश की थी। कृष्ण ने एक चक्रवात को अपने वश में कर लिया और वन की आग की ज्वालाओं को निगल कर गाँव

को बचाया और मूसलाधार वर्षा होने पर अपनी छोटी उँगली पर एक पर्वत को उठा लिया, जिससे वह पूरे गाँववालों के लिए छतरी बन गया। मथुरा का राजा कंस कृष्ण की शक्ति और लोकप्रियता से भयभीत रहता था। उसने कृष्ण को कुश्ती के मुकाबले में भाग लेने के लिए मथुरा बुलाया। कृष्ण ने सभी पहलवानों को हरा दिया और खुद मारे जाने की बजाय अन्त में मथुरा के राजा कंस को ही मार दिया, जिससे सब घृणा करते थे। तब यह प्रकट हुआ कि कृष्ण कोई मामूली ग्वाला नहीं थे, बल्कि वास्तव में कंस के भानजे थे जिन्हें नाम छिपा कर पाला गया था, क्योंकि भविष्यवाणी हुई थी कि वे अपने मामा का वध करेंगे।

जहाँ अपने आरम्भिक जीवन में कृष्ण ग्वालों के बीच राजकुमार की तरह थे, वहीं वह अपने बाद के जीवन में राजाओं के बीच ग्वाला थे।

कृष्ण का बाद का जीवन
(महाभारत)

कंस के वध की सूचना ने उसके ससुर और मगध के राजा जरासन्ध को आक्रोश से भर दिया। जरासन्ध ने मथुरा पर सत्रह बार आक्रमण किया। हर बार कृष्ण ने आक्रमण को विफल कर दिया। जब जरासन्ध ने फिर आक्रमण किया तो कृष्ण ने बुद्धिमानी इसी में समझी कि उनके यादव कुल के लोग किसी सुरक्षित स्थान पर चले जायें। वे पश्चिमी समुद्र में द्वारका नामक द्वीप में चले गये।

इसके बाद कृष्ण ने कौरव कुल के पाण्डवों से मैत्री की जो रिश्ते में उनके भाई थे। कृष्ण ने पाण्डवों को राज्य में अपने हिस्से को प्राप्त करने और एक समृद्ध नगर इन्द्रप्रस्थ का निर्माण करने में मदद दी। पाण्डवों की मदद से कृष्ण ने जरासन्ध का वध भी कराया। दुर्भाग्य से पाण्डवों ने अपना राज्य जुए में अपने चचेरे भाइयों के हाथ तेरह साल के लिए गँवा दिया। इस अवधि के अन्त में कौरवों ने राज्य लौटाने से इनकार कर दिया। कृष्ण ने शान्ति की विफल कोशिश की। जब यह प्रयास विफल हो गया तो कृष्ण ने पाण्डवों को अपने चचेरे भाइयों के खिलाफ युद्ध करने में मदद की।

इसके बाद जो घटित हुआ, वह कुरुक्षेत्र के मैदान पर एक भयंकर युद्ध था,

जिसमें पाण्डवों की जीत हुई। वर्षों बाद यादवों के बीच इस बात को लेकर आपसी युद्ध छिड़ गया कि किसने धर्म का अधिक पालन किया था—पाण्डवों ने या कौरवों ने। कृष्ण ने इसमें अपने सभी सगे-सम्बन्धियों को मरते देखा। कृष्ण को संयोग से एक शिकारी ने उस समय मार दिया जब वे वन में विश्राम कर रहे थे। समुद्र में आये ज्वार ने द्वारका नगरी को डुबो दिया। जो औरतें बच गयीं, उनका अपहरण असभ्य जंगली जातियों ने कर लिया। गिने-चुने यादव बचे और उन्हें पाण्डवों ने आसरा दिया।

कृष्ण के जीवन के दोनों हिस्सों के बीच कड़ी विषमता है, गहरा अन्तर्विरोध है, जिससे दो जीवनियों को ज़बर्दस्ती मिलाने और इस मेल के बाद नायक को ईश्वर के अवतार में रूपान्तरित करने का संकेत मिलता है।

कभी-कभी पुराकथा के ऐतिहासिक अभिप्राय निकालने वाले सम्प्रदाय में कुछ असुविधाजनक ब्यौरे भी शामिल हो जाते हैं। मिसाल के लिए आगे दी जा रही कथा से संकेत मिलता है कि वैदिक संस्कृति शायद मनुष्य बलि से अपरिचित नहीं थी।

शुनः शेपों की बलि

(महाभारत)

राजा हरिश्चन्द्र को पुत्र प्राप्त करने की इतनी लालसा थी कि उन्होंने सागर के देवता वरुण से प्रतिज्ञा की थी कि अगर वे पुत्र के पिता बने तो वे अपने पुत्र के सोलहवें वर्ष में उसकी बलि देंगे। पुत्र का जन्म हुआ और सोलह वर्ष बीत गये। लेकिन हरिश्चन्द्र अपने पुत्र की बलि देने के लिए तैयार नहीं हो पाये। क्रुद्ध होकर वरुण ने राजा को जलोदर रोग से ग्रस्त कर दिया। राजा ने क्षमा की विनती की और एक समझौता हुआ। वरुण सहमत हो गये कि किसी भी सोलह वर्षीय ब्राह्मण युवक की बलि दे दी जाये। सिर्फ एक ब्राह्मण अपने पुत्र शुनः शेप को बलि के लिए देने पर राज़ी हुआ, लेकिन सौ गायों के बदले में।

युवक को बलिवेदी पर लाया गया। जब पुरोहित विश्वामित्र ने देखा कि बलि-पशु मनुष्य है तो वे भय से व्याकुल हो गये। उन्होंने उस लड़के को वरुण की एक स्तुति सिखायी और उसे गाकर अपनी नियति से बचने का उपाय बताया। जब मुहूर्त आया तो कोई पुरोहित उस लड़के को बलि यूप से बाँधने के लिए तैयार नहीं हुआ। एक बार फिर उस लड़के के पिता ने यह काम मूल्य पाने पर करना स्वीकार कर लिया। इसके बाद जब बलि देने का समय आया तो फिर लड़के

के पिता ने शुल्क लेकर यह काम करने के लिए हामी भर दी। शुनः शेप रोया, पर किसी ने उसकी पुकार नहीं सुनी, इसलिए उसने वरुण की स्तुति गानी शुरू की। उसकी वाणी इतनी मधुर थी कि देव स्वर्ग से नीचे चले आये और उन्होंने बलि रोक दी। विश्वामित्र को उस लड़के का, जिसे इन्द्र ने आशीर्वाद दिया, पालक पिता बना दिया गया। देवों ने घोषणा की उस दिन के बाद वे कभी मनुष्य बलि स्वीकार नहीं करेंगे।

निम्नलिखित कथा नियोग की प्राचीन और प्रचलित प्रथा की ओर संकेत करती है, जिसमें मृत या नपुंसक पुरुष की पत्नी किसी अन्य पुरुष से समागम करके बच्चा पैदा कर सकती थी।

विचित्रवीर्य के पुत्र

(महाभारत)

विचित्रवीर्य अपने पीछे दो सन्तानहीन विधवाओं—अम्बिका और अम्बालिका—को छोड़ कर मरे थे। इसलिए विचित्रवीर्य की माता सत्यवती ने ऋषि व्यास को आवश्यक कर्तव्य पूरा करने के लिए बुलाया। व्यास अम्बिका के पास गये, जिसने सम्भोग के समय अपनी आँखें बन्द कर लीं; फल यह हुआ कि उसने एक अन्धे पुत्र को जन्म दिया जिसे धृतराष्ट्र कहा गया। फिर व्यास अम्बालिका के पास गये जो उनके तपस्वी वेश को देख कर पीली पड़ गयी। उसने जिस पुत्र को जन्म दिया—पाण्डु—वह पीला और बीमार-सा था। सत्यवती ने व्यास को रुक कर एक स्वस्थ सन्तान पैदा करने के लिए कहा। इस बार दोनों विधवाएँ तैयार नहीं हुईं; उन्होंने बदले में अपनी दासी को भेज दिया, जिसने बिना किसी भय और अरुचि के सम्भोग किया। उसने एक स्वस्थ सन्तान को जन्म दिया जिसे विदुर कहा गया। जब सत्यवती को पता चला कि विधवाओं ने अपनी जगह दासी को भेज दिया था तो वह नाराज़ हुई। उसने विधवाओं को बलपूर्वक मनाने की कोशिश की, लेकिन व्यास ने उसे रोक दिया। 'ऐसी बातें बलपूर्वक नहीं की जातीं,' उन्होंने कहा।

कुछ कहानियाँ जैसी कि नीचे दी जा रही हैं, यहाँ तक संकेत देती हैं कि प्राचीन भारत में यौन-सत्कार की प्रथा भी प्रचलित थी जिसमें पति के आशीर्वाद और अनुमति से पत्नी अतिथि की यौन-सन्तुष्टि भी करती थी।

ओघावती का आज्ञापालन

(महाभारत)

सुदर्शन ने अपनी पत्नी ओघावती को कहा था कि वह अतिथियों की हर प्रकार सेवा किया करे। एक बार जब सुदर्शन बाहर गया हुआ था, एक भिक्षुक उनके द्वार पर आया। दान की बजाय उसने यौन-सन्तुष्टि की माँग की और ओघावती ने ऐसा ही किया। जब दोनों सम्भोगरत थे, सुदर्शन बाहर से आया। उसने अपनी पत्नी को आवाज़ दी तो उसने कहा, 'मैं अतिथि की इच्छा पूरी करने में व्यस्त हूँ।' सुदर्शन ने उत्तर दिया, 'ठीक है, ऐसा ही करो, मैं तुम्हारे मुक्त हो जाने की प्रतीक्षा करूँगा,' भिक्षुक धर्मदेव थे। वे दम्पति से प्रसन्न हुए और उन्होंने सामाजिक नियम का पालन करने के लिए दम्पति को आशीर्वाद दिया।

पुराकथाओं की जाँच-परख के ऐतिहासिक सम्प्रदाय से प्रलय-पूर्व वाले अद्‌भुत सम्प्रदाय का निकट सम्बन्ध है। इस सम्प्रदाय के लोगों का मानना है कि पौराणिक कथाएँ भले ही तोड़े-मरोड़े गये रूप में हों, पर सुदूर अतीत में हुई असली घटनाओं का एकमात्र लेखा-जोखा हैं। मगर यह अतीत ठीक-ठीक इतिहासकारों का अतीत नहीं है। प्रलय-पूर्व सम्प्रदाय में अतीत कम-से-कम पन्द्रह हज़ार साल पहले का समय है, कभी-कभी इससे भी अधिक, हिम युग से पहले जब एक अति विकसित सभ्यता गणित, ज्योतिष, वास्तुकला और दूर-बोध (बिना बोले, दूर ही से दूसरों से बातचीत कर लेने की क्षमता) की सूक्ष्म समझ के बल पर समूची दुनिया में फैल गयी थी।

इस सम्प्रदाय को कभी-कभी अतलान्तिस (Atlantis) सम्प्रदाय भी कहा जाता है। यह उस सबको रद्द कर देता है जो प्रागैतिहास के बारे में पारम्परिक इतिहास कहता है—कि हिम युग के बाद मनुष्य गुफ़ा वासियों से आगे बढ़ कर शिकारी-संग्राहक बने और फिर किसान या खानाबदोश चरवाहे और उसके बाद नगरों में रहने वाले, साम्राज्य निर्माता और अन्ततः वैज्ञानिक। इस सम्प्रदाय का मत है कि हिम युग एक महान सभ्यता के अन्त की निशानी है जिसे यूनानी अतलान्तिस के नाम से जानते थे। जब धर्म ग्रन्थ स्वर्ण युग की बात करते हैं तो वे किसी कल्पित आदर्श राज्य की नहीं, बल्कि मानवता के इतिहास में एक वास्तविक युग की बात करते हैं, जिसकी स्मृति अब सिर्फ पौराणिक कथाओं में रह गयी है। इस सभ्यता के लोग गणितज्ञ थे और इस नाते वैज्ञानिक थे। उन्होंने अपने ज्ञान को सितारों, इमारतों और तकनीकी कौशल पर लागू किया और एक अति विकसित संस्कृति को जन्म

दिया। उन्हें दूर-बोध, स्फटिक और ध्वनि के प्रयोग से प्रकृति की शक्तियों को वश में करना आता था। वह विज्ञान अपने असली रूप में तो भुला दिया गया, मगर उसके अवशेष ज्योतिष, अंक विज्ञान और शकुन विचार में बचे रह गये हैं। मौजूदा समय में इन विषयों को 'गुप्त ज्ञान' कहा जाता है; लोग इस बात को नहीं मानते कि किसी समय ये विषय 'विज्ञान' थे।

हिन्दू धर्म ग्रन्थों में बार-बार ऐसे ऋषियों का उल्लेख है जो वेदों के रहस्य जानते थे और मौखिक रूप से योग्य शिष्यों को सिखाया करते थे। प्रलय-पूर्व सम्प्रदाय विश्वास करता है कि ऋषि अतलान्तिस के ज्ञान के रक्षक और जानकार थे। नीचे दी गयी कहानी जैसी कहानियों ने बहुत-से लोगों को यह अटकल लगाने के लिए मजबूर किया है कि प्राचीन हिन्दू ऋषि कृत्रिम गर्भाधान की कला जानते थे।

गान्धारी की सन्तानें

(महाभारत)

ऋषि व्यास ने गान्धारी को आशीर्वाद दिया था कि उसके सौ पुत्र होंगे। दुर्भाग्य से गान्धारी ने दो वर्ष की गर्भावस्था के बाद मांस के एक पिण्ड को जन्म दिया जो धातु जितना ठण्डा और कड़ा था। व्याकुल होकर वह ऋषि व्यास के पास गयी जिन्होंने गान्धारी से मांस के उस पिण्ड को सौ भागों में विभाजित करने और हर टुकड़े को घी के एक घड़े में रख देने के लिए कहा। इसके बाद व्यास ने मन्त्र पढ़ कर घड़ों को अभिमन्त्रित कर दिया। नौ महीनों बाद घड़े तोड़े गये। हर घड़े में एक पुत्र था। इस तरह गान्धारी के सौ पुत्रों—कौरवों—का जन्म हुआ।

महाभारत से ली गयी निम्नलिखित कथा इस बात के सबूत में पेश की जाती है कि प्राचीन लोगों को प्रक्षेपास्त्रों का और शायद परमाणु तकनीक का भी ज्ञान था।

कृष्ण द्वारा अश्वत्थामा को श्राप देना

(महाभारत)

युद्ध खत्म हो चुका था। पाण्डव सारे कौरवों को मार कर जीत गये थे। शत्रु की सेना के सिर्फ तीन योद्धा बचे थे। उनमें से एक अश्वत्थामा था। कौरवों की पराजय का बदला लेने के लिए संकल्पबद्ध अश्वत्थामा ने अपना धनुष उठाया, एक भीषण मन्त्र पढ़ा, अपने बाण को ब्रह्मास्त्र प्रक्षेपास्त्र में बदला और उसे छोड़ दिया। अर्जुन ने ब्रह्मास्त्र को आते

देखा तो अश्वत्थामा के ब्रह्मास्त्र के उत्तर में वैसा ही अस्त्र अपने धनुष से छोड़ दिया। 'रुको,' पाण्डवों और कौरवों के पितामह और महाभारत के रचयिता व्यास ने चिल्ला कर कहा। 'ब्रह्मास्त्र को वापस ले लो, वरना दोनों ब्रह्मास्त्रों की टक्कर से सारा जीवन नष्ट हो जायेगा। संसार जल उठेगा, वन भस्म हो जायेंगे, समुद्र सूख जायेंगे और कुछ भी नहीं बचेगा।' अर्जुन ने वैसा ही किया, जैसा उसे कहा गया था। अश्वत्थामा को ब्रह्मास्त्र वापस लेना नहीं आता था, इसलिए उसने उसकी दिशा उत्तरा की कोख की तरफ कर दी जिससे उसका अजन्मा शिशु मर जाये। कृष्ण ने भ्रूण को बचाने के लिए उत्तरा के गर्भ में प्रवेश किया, ब्रह्मास्त्र को विफल किया और अजन्मे शिशु को बचा लिया। फिर वे बाहर निकले और उन्होंने कायर अश्वत्थामा को शाप दिया कि वह सदा-सर्वदा जीवित रहेगा, उसके शरीर पर घाव होंगे, जो कभी नहीं सूखेंगे।

विज्ञान कथाओं का सम्प्रदाय प्रलय-पूर्व सम्प्रदाय की एक शाखा है। यहाँ अतलान्तिस का ज्ञान अन्तरिक्ष से आये प्राणियों के उपहार के रूप में देखा जाता है, जो अपने अन्तरिक्ष यानों में बैठ कर पृथ्वी पर आये थे। इस सम्प्रदाय के लोगों का विश्वास है कि सिर्फ यही असाधारण घटना मिस्त्र और दक्षिण अमरीका के पिरामिडों, ऐण्डीस (Andes) पर्वतमाला के नाज़्का (Nazca) पठार की धरती पर अंकित छवियों (जिन्हें आकाश ही से देखा जा सकता है), उत्तरी अमरीका के सर्प टीले और इंग्लैण्ड में स्टोनहेन्ज़ (Stonehenge) जैसी शानदार और रहस्यमय इमारतों और संरचनाओं का कारण मानी जा सकती है। इस तरह निम्नलिखित कथा प्रक्षेपास्त्र चलाने वाले अतलान्तिस वासियों और अन्तरिक्ष यान पर सवार होकर चलने वाले अन्तरिक्षवासियों के बीच एक महायुद्ध के रूप में देखी जाती है।

शिव द्वारा त्रिपुर दाह
(लिंग पुराण)

तीन असुरों ने आकाश में तीन नगर बनाने का वर प्राप्त किया जो तभी नष्ट हो सकते थे जब उन पर एक ही तीर चलाया जाये। जब सोने, चाँदी और लोहे के ये तीनों पुर बन कर तैयार हो गये तो असुर जीवन के हर क्षेत्र में घूम-घूम कर विनाशलीला करने लगे। त्रस्त होकर देव शिव के पास गये जिन्होंने कहा कि जब तक असुर वेदों का आदर करते हैं, उन्हें मारना सम्भव नहीं है। तब विष्णु उस नगर में मायामोह बुद्ध नामक चतुर

ऋषि के भेस में गये और उन्होंने असुरों को अपने तर्क से भ्रमित किया जिससे असुरों ने वेद का त्याग कर दिया। शिव ने इसके बाद अपनी तैयारी की—पृथ्वी उनका रथ थी, सूर्य और चन्द्रमा उसके पहिये, वेद उसके अश्व और ब्रह्मा सारथी। मेरु पर्वत को शिव ने अपना धनुष बनाया, अनन्त शेष को प्रत्यंचा और स्वयं विष्णु को बाण।

शिव एक हज़ार वर्षों तक नगरों के पीछे-पीछे लगे रहे, इस प्रतीक्षा में कि वे एक सीध में आ जायें। ऐसा सिर्फ एक पल के लिए हुआ और तब शिव ने बाण चलाया, जिसने तीनों पुरों को भेद कर एक ही क्षण में उन्हें नष्ट कर दिया। तीनों पुरों के ढहते समय असुरों के चीत्कार से तीनों लोक गूँज उठे। शिव भी इस चीत्कार को सुन कर विलाप करने लगे, क्योंकि असुर उनके भक्त थे। शिव का क्रन्दन इतना विकट था, युद्ध की उनकी हुंकार की तुलना में इतना प्रबल कि उन्हें रुद्र भी कहा जाने लगा। उनके आँसुओं से रुद्राक्ष के मनके बन गये जो शिव के हर भक्त के लिए पवित्र होते हैं। शिव ने सबको इस भयानक घटना की याद दिलाने के लिए अपने मस्तक पर भस्म की तीन आड़ी रेखाएँ भी बनानी शुरू कर दीं।

रामायण में एक उड़ने वाले पुष्पक विमान का उल्लेख हुआ है। बहुत-से लोगों के लिए यह विमान कवि की कल्पना नहीं, बल्कि ऐतिहासिक साक्ष्य है कि वैदिक काल में हवाई जहाज़ थे। यह विमान यक्षों के राजा कुबेर का था। रावण ने कुबेर को लंका से भगाने के बाद उसे बलपूर्वक ले लिया था। रावण ने सीता का अपहरण करने के लिए इसी विमान का प्रयोग किया था। रावण को मारने और सीता का उद्धार करने के बाद राम इसी उड़ने वाले रथ पर अयोध्या लौटे थे।

रणनीतिगत घोषणा-पत्र

वर्णन और कथाएँ लोगों को एक खास ढंग से सोचने के लिए प्रेरित करने के उद्देश्य से अक्सर रणनीति का काम करती हैं। वे समाज में श्रेणियाँ स्थापित करने, स्त्रियों और पुरुषों के बीच सम्बन्धों को परिभाषित करने और किसी मन्दिर को पवित्रता से मंडित करने में सहायक सिद्ध हो सकती हैं। ये कथाएँ मनोजगत की अचेतन अभिव्यक्तियाँ नहीं होतीं, बल्कि किसी विचारधारा को लागू करने के लिए जान-बूझ कर किये गये प्रयास होते हैं। वे बनावटी रचनाओं को प्राकृतिक घटनाओं में बदल देते हैं।

वर्ण–आश्रम–धर्म की वैदिक विचारधारा के अनुसार समाज के सदस्यों को उन कर्तव्यों (धर्म) का पालन करना पड़ता है जो जन्म (वर्ण) और जीवन की अवस्था (आश्रम) द्वारा निर्धारित होते हैं। जो इस विचारधारा का समर्थन नहीं करते थे, वे असभ्य थे और यह दैवी आज्ञा थी कि उन्हें भगा दिया जाये।

वेन के शव का मन्थन

(भागवत पुराण)

राजा वेन वर्ण–आश्रम–धर्म का आदर नहीं करते थे। क्रुद्ध होकर भूदेवी ने फल देने बन्द कर दिये। जब ऋषियों को आभास हुआ कि क्या हो रहा था, उन्होंने घास की पत्तियाँ उठायीं जो अस्त्रों में बदल गयीं और इनसे उन्होंने वेन का वध कर दिया, ऋषियों ने फिर वेन के शव का मन्थन किया। प्रदूषणकारी तत्व फेंक दिये गये। वे एक घिनौने दिखने वाले जीव में बदल गये जिसे वन में खदेड़ दिया गया। यह जीव निषादों या वन में रहने वाली जन–जातियों का पूर्वज था।

शुद्ध अवशेषों से ऋषियों ने निर्दोष राजा पृथु की सृष्टि की। पृथु ने भूदेवी से कहा कि वे अपनी सम्पदा को मुक्त कर दें। उन्होंने मना कर दिया और गाय का रूप धर कर भाग निकलीं। पृथु ने अपना धनुष उठाया और बाण मारने की धमकी से उन्हें वश में किया और अन्त में उन्हें आश्वासन दिया कि वे धर्म की रक्षा करेंगे। फिर उन्होंने सभी जीवों को धर्म के नियमों के अनुसार अपनी निगरानी में पृथ्वी को दुहने के लिए कहा।

धर्म–शास्त्रों में वर्ण और आश्रम सिर्फ पुरुषों के सन्दर्भ में लागू होते हैं। स्त्रियों के लिए—चाहे वे जिस जाति की हों—केवल स्त्री–धर्म ही था, यानी पुरुषों का आज्ञापालन। निम्नलिखित कथा साफ तौर पर बताती है कि स्त्री के सतीत्व का विचार उस समाज पर ऊपर से लादा गया था जो अन्यथा मुक्त था।

श्वेतकेतु का नियम

(महाभारत)

श्वेतकेतु ने अपनी माता को एक अन्य पुरुष की बाँहों में देखा। जब उन्होंने अपने पिता से शिकायत की तो उन्हें बताया गया। 'सभी स्त्रियाँ जो वे चाहें करने के लिए स्वतन्त्र हैं।' इस कथन से त्रस्त होकर

> श्वेतकेतु को बोध हुआ कि इस तरह तो किसी भी व्यक्ति के लिए यह जानना बहुत मुश्किल हो जायेगा कि उसका वास्तविक पिता कौन था। श्वेतकेतु इस स्थिति को सही करने के लिए संकल्पबद्ध थे, इसलिए उन्होंने घोषणा की कि उस समय के बाद से कोई स्त्री केवल अपने पति के साथ यौन-सम्बन्ध रख सकेगी या उस व्यक्ति के साथ जिसे उसका पति चुनेगा।

महाभारत में पाण्डवों की माता कुन्ती कहती है, 'प्राचीन काल में स्त्रियाँ जो चाहतीं, वैसा करते हुए घूमती थीं। उनके लिए अपने पति के प्रति निष्ठावान होना ज़रूरी नहीं था।' मानवशास्त्री और स्त्रीवादी इसे मातृसत्ता से पितृसत्ता की ओर बढ़ने के संकेत के रूप में देखते हैं। इस परिवर्तन के साथ उन प्रथाओं को समझाने के लिए कथाएँ आयीं जिन्हें बाद की पितृसत्ता ने अस्वीकार्य माना। मिसाल के लिए, निम्नलिखित कथा में पाँच पुरुषों के साथ एक स्त्री के विवाह को एक संयोग के रूप में समझाया गया है, जान-बूझ कर किये गये फैसले के रूप में नहीं। वह अपने बेटों की आज्ञा के प्रति स्त्री के पूरे समर्पण को भी उत्तम और श्रेष्ठ कह कर उसका समर्थन करती है।

द्रौपदी का विवाह
(महाभारत)

> तीसरे पाण्डव अर्जुन ने स्वयंवर में धनुष प्रतियोगिता जीत कर द्रौपदी का हाथ प्राप्त किया था। वह घर आया और उसने अपनी माँ से कहा, 'बूझो मैं क्या जीत लाया हूँ?' बिना मुड़े कुन्ती ने उत्तर दिया, 'जो भी है, उसे अपने भाइयों के साथ बाँट लो।' आज्ञाकारी अर्जुन ने तब अपनी पत्नी को चारों भाइयों के साथ बाँट लिया।

निम्नलिखित कथा द्रौपदी के बहु-पति विवाह को समझाने का एक और प्रयास है

द्रौपदी को शिव का आशीर्वाद
(महाभारत)

> शिव द्रौपदी की भक्ति से प्रसन्न हुए और उससे कोई भी वर माँगने के लिए कहा। द्रौपदी ऐसा पति चाहती थे जिसमें पाँच गुण हों। 'मुझे

> ऐसा पति चाहिए जो सज्जन, शक्तिशाली, कुशल योद्धा, सुन्दर और बुद्धिमान हो,' उसने कहा। शिव ने उसकी इच्छा को समझने में भूल करते हुए उसे आशीर्वाद दिया और कहा,'तथास्तु, तुम्हें ऐसे ही पाँच पति मिलेंगे।'

हालाँकि लक्ष्मी धन-सम्पत्ति की देवी हैं पर उसे अस्थिर और चंचल माना जाता है। उनकी कृपा प्राप्त करने के लिए उन्हें वश में करना और उस पर नियन्त्रण पाना होता है। इसलिए उनकी कल्पना हमेशा ब्रह्माण्ड में व्यवस्था बनाये रखने वाले विष्णु के चरणों में की जाती है। ब्रह्माण्डीय गृहस्थी में विष्णु दिव्य पति हैं और लक्ष्मी दिव्य पत्नी। इस तरह घरेलू सुख-शान्ति के लिए पत्नी पर नियन्त्रण रखने को दिव्य समर्थन मिल जाता है।

पितृसत्ता के उदय के साथ स्त्रियों से यह अपेक्षा रखी जाने लगी कि वे वही करेंगी जो उनके पति उनसे करने को कहेंगे। जो आज्ञा का पालन करती थीं, उन्हें दिव्य बना दिया जाता था; जो नहीं करती थीं, उन्हें राक्षसियाँ बना दिया जाता था। कथाओं में पुरस्कार और दण्ड वाला रवैया अपनाया जाता।

वृन्दा का सतीत्व
(शिव पुराण)

> वृन्दा के सतीत्व ने उसके पति जलन्धर के गिर्द एक अभेद्य आवरण निर्मित कर दिया था। इससे वह युद्ध में अजेय हो गया था। क्षुब्ध हो कर देवों ने विष्णु की सहायता माँगी, जिन्होंने वृन्दा के पति का रूप धर कर उसे फुसला लिया। जब तक वृन्दा को पता चला कि जिस पुरुष ने उसके पति का रूप धर रखा था, वह झूठा था, बहुत देर हो चुकी थी। वह अपना सतीत्व खो चुकी थी और उसके पति के चारों ओर जो अभेद्य कवच था, वह नष्ट हो चुका था। उसे देवताओं ने मार दिया और वृन्दा विधवा हो गयी।

पितृसत्ता प्रधान हिन्दुत्व ने सती की धारणा पत्नी की सच्चरित्रता को सुनिश्चित करने के लिए बनायी थी। सती ऐसी स्त्री होती थी जिसमें चमत्कारी शक्तियाँ पैदा हो जाती थीं। ब्रह्मचारी पुरुष की तरह, सती स्त्री पूजा के योग्य बन जाती थी। उसे देवी के समकक्ष ठहराया जाता था। *रामायण* महाकाव्य स्त्री के सतीत्व को चरम तक पहुँचा देता है जहाँ स्त्री के चरित्र पर आरोप उसे अक्षम्य बना देता है।

सीता का सतीत्व

(उत्तर रामायण)

पत्नी के रूप में अपने कर्तव्य का पालन करते हुए सीता अपने पति के पीछे-पीछे वन में गयी और चौदह वर्षों तक कष्ट सहती रही। वनवास के आखिरी साल राक्षसों के राजा रावण ने उसका अपहरण कर लिया। एक भीषण युद्ध के बाद राम ने उसका उद्धार किया। लेकिन उसे वापस स्वीकार करने से पहले राम ने उसके सतीत्व का प्रमाण माँगा। सीता जलती हुई लकड़ियों के ढेर में कूद गयी। वह इतनी पवित्र थी कि ज्वालाएँ उसे छू भी नहीं सकीं। लेकिन सतीत्व के इस प्रमाण के बाद भी अयोध्या के लोग दूसरे पुरुष के सम्पर्क में आयी स्त्री को अपनी रानी के रूप में स्वीकार करने को तैयार नहीं थे। इसलिए राम ने यह जानते हुए भी कि वह पवित्र थी, सीता को त्याग दिया; वे अपने वंश के नाम को किसी भी तरह कलंकित नहीं होने देना चाहते थे।

आज भी विवाह की रस्मों के दौरान वधुओं को उन स्त्रियों की याद दिलायी जाती है, जिन्होंने हर स्थिति में पतियों की आज्ञा का पालन किया : सीता, जो अपने पति के पीछे वन में गयी; मन्दोदरी, जो अपने पति रावण के प्रति निष्ठावान रही, भले ही वह दुराचारी था; कुन्ती, जिसने अपने पति के कहने पर सन्तान पैदा करने के लिए देवों के साथ समागम किया; गान्धारी, जिसने अपने अन्धे पति का साथ देने के लिए अपनी आँखों पर भी पट्टी बाँध ली; द्रौपदी, जिसने अपने पति अर्जुन की आज्ञा का पालन करते हुए उसके चार भाइयों के साथ विवाह किया; अनसूया और अरुन्धती, जिनका सतीत्व देव भी भंग नहीं कर पाये। रणनीति के अन्तर्गत रची गयी कथाओं ने, जो स्त्रियों के सतीत्व का गुणगान करती हैं, अनेक प्रकार से हिन्दू महिलाओं को विवाह और मातृत्व के बन्धनों से बाँध कर घर-गृहस्थी के अन्दर बन्द रखने के लिए योगदान किया है।

मध्यकालीन भारत में सती का विचार बहुत लोकप्रिय हो गया था, जिसमें सती स्त्री अपने पति की चिता पर जल मरती थी। यह विचार हिन्दू समाज-सुधारकों में आक्रोश पैदा करता था और अब भी करता रहता है। इस प्रथा की जड़ें उस ब्राह्मणवादी विचार में निहित थीं, जो पति के व्यक्तित्व में स्त्री के व्यक्तित्व के पूर्ण विलय की हिमायत करता था। यह शायद मुस्लिम आक्रमण की प्रतिक्रिया के रूप में उपजा था और 'बेइज़्जती की बजाय मौत' के विचार को व्यक्त करने का एक तरीका था। कुछ विद्वानों का तर्क है कि कारण आर्थिक था—सन्तानहीन विधवा

को अपने पति की सम्पत्ति पर दावा करने से रोकना। विधवाओं को, जो अपने मृत पतियों का अनुगमन नहीं करती थीं, दोबारा विवाह का अधिकार नहीं था और उन्हें चरम कष्टों वाला जीवन बिताना पड़ता था : उन्हें रंगीन कपड़े या गहने पहनना या सिंगार करना मना था, यहाँ तक कि उन्हें सिर भी मुँडा देना पड़ता था। जहाँ जीवित विधवा को अशुभ माना जाता था, जो स्त्री अपने पति की चिता पर जल मरती थी, उसे दिव्य बना दिया जाता। लोकप्रिय विश्वास के अनुसार उसके प्रेम और चरित्र के कारण ज्वालाएँ उसे कष्ट नहीं पहुँचा पाती थीं। *रामायण* में सीता अपने सतीत्व को सिद्ध करने के लिए अग्नि-परीक्षा से गुजरती है। *महाभारत* में कृष्ण की पत्नियों का उल्लेख है जो सती हो गयीं। ऐसी निष्ठा की माँग पतियों से नहीं की जाती थी।

रणनीतिपरक वर्णन सामाजिक ढाँचे के निर्माण और फेर-बदल में महत्त्वपूर्ण भूमिका निभाते हैं। नीचे दी गयी कहानी उन कहानियों का एक नमूना है जिन्होंने पिता-पुत्र के बीच सम्बन्धों की रूप-रेखा तय की। राम बिना कोई प्रश्न किये अपने पिता की आज्ञा का पालन करके अपनी दिव्यता दर्शाते हैं।

कैकेयी के दो वर

(रामायण)

रघुकुल के वंशज, अयोध्या के राजा दशरथ की तीन पत्नियाँ थीं। उनकी दूसरी पत्नी कैकेयी उनकी प्रिय रानी थी, वह उनके साथ युद्ध में भी जाती थी। एक बार युद्ध के बीचोंबीच दशरथ के रथ की धुरी टूट गयी। कैकेयी ने पहिये के छेद में अपनी बाँह डाल दी और रथ को नष्ट होने से बचा लिया। समय पर कैकेयी के इस प्रयास से प्रसन्न होकर दशरथ ने उसे दो वर माँगने को कहा, जिन्हें उसने बाद में माँगने के लिए बचा लिया।

समय आने पर दशरथ ने अपनी बड़ी रानी कौशल्या के पुत्र राम को राजा बनाने का फैसला किया। राम के राज्याभिषेक से एक दिन पहले कैकेयी ने अपने दो वर माँग लिये : कि राम चौदह वर्ष तपस्वी के रूप में वनवास करे और सिंहासन पर कैकेयी के पुत्र भरत को बैठाया जाये। दशरथ के पास अपने वचन को पूरा करने के अलावा और कोई चारा नहीं था; राम के पास भी अपने पिता की आज्ञा का पालन करने के अलावा कोई रास्ता नहीं था। नगर को छोड़ते समय राम ने कहा, 'रघुकुल रीति सदा चली आयी, प्राण जायें पर वचन न जायी।'

रणनीति के अन्तर्गत रचे वर्णन कृत्रिम संरचनाओं को ही नहीं, प्राकृतिक घटनाओं को भी समझाने का काम करते हैं।

पर्वत कैसे बने

(भागवत पुराण)

एक बार हिरण्याक्ष नामक असुर पृथ्वी को समुद्रतल में खींच ले गया। विष्णु ने एक वराह का रूप धरा, समुद्र में छलाँग लगायी, असुर को मारा और पृथ्वी का उद्धार किया। ऊपर आते समय विष्णु ने पृथ्वी का आवेग-भरा आलिंगन किया। इस आलिंगन ने पृथ्वी को सकुचाने पर विवश कर दिया और इस तरह पर्वत बने।

निम्नलिखित कथा रात के समय आकाश में ध्रुवतारे की प्रकट स्थिरता को अडिग भक्ति का प्रतीक बना देती है।

ध्रुव

(भागवत पुराण पर आधारित लोककथा)

ध्रुव अपने पिता की गोद में बैठना चाहता था लेकिन उसकी सौतेली माता ऐसा होने नहीं देती थी। ध्रुव की माता ने उसे सान्त्वना देते हुए कहा, 'तुम्हारे पिता तुम्हें अपनी गोद में बैठने न दें, लेकिन ईश्वर, जो संसार के पिता हैं, तुम्हें अवश्य अपनी गोद में बैठायेंगे।' ध्रुव अपनी माता के शब्दों पर विश्वास करके घर से भाग कर वन में चला गया जहाँ वह ईश्वर का आह्वान करने के लिए तप करने लगा। उसने प्रतिज्ञा की कि जब तक भगवान उसे अपनी गोद में नहीं बैठा लेते, वह हिलेगा नहीं। उसके संकल्प को न वर्षा डिगा सकी, न हवा, न भूख, न प्यास। अन्ततः विष्णु ध्रुव की दृढ़ भक्ति और साधना से प्रसन्न होकर बालक ध्रुव के सामने प्रकट हुए और उसे अपनी गोद में बैठा लिया। ध्रुव उत्तर में एक तारा बन गया। कोई उसे विष्णु की गोद के उसके आकाशीय निवास से हिला नहीं सकता।

विज्ञान के विकास ने किसी घटना को समझने-समझाने के काम में कथा के महत्त्व को समाप्त कर दिया। लेकिन अब भी कारण बताने वाले वर्णन किसी मन्दिर, नदी, झील या पर्वत की पवित्रता या महत्ता को समझाने में मदद करते हैं,

जो वैसे समझायी नहीं जा सकती। वे हमें बताते हैं कि किसी देवता की पूजा क्यों की जानी चाहिए या क्यों किसी कर्मकाण्ड को सम्पन्न करना चाहिए।

वेंकटेश्वर के लिए दान
(तिरुमलाई स्थल पुराण)

एक बार लक्ष्मी अपने पति विष्णु से इतना नाराज़ हो गयीं कि वह उनके दैवी निवास वैकुण्ठ को छोड़कर पृथ्वी पर चली आयीं। लक्ष्मी को मना कर वापस लाने के लिए विष्णु भी धरती पर चले आये। लेकिन लक्ष्मी जो करवीरपुर में रहने लगी थीं, अपनी नाराज़गी के कारण लौटने को राज़ी नहीं थीं। विष्णु ने तय किया कि लक्ष्मी के शान्त होने तक वे तिरुमलाई में रहेंगे, जिसकी सात पहाड़ियाँ उन्हें आदि-शेषनाग के सात फनों की याद दिलाती थीं, जिसकी कुण्डली पर वे वैकुण्ठ में सोया करते थे। तिरुमलाई की पहाड़ियों पर रहने के लिए विष्णु के लिए वहाँ की राजकुमारी से विवाह करना ज़रूरी था और विवाह करने के लिए उन्हें राजकुमारी से विवाह का भारी मूल्य चुकाना था। लेकिन धन-सम्पत्ति की देवी लक्ष्मी के साथ न होने के कारण विष्णु के पास कुछ भी धन नहीं था। इसलिए विष्णु ने देवों के कोषाध्यक्ष कुबेर से उधार लिया। जब तक विष्णु यह उधार नहीं चुका देते, वे तिरुमलाई की पहाड़ियों पर अपने आवास को छोड़ कर नहीं जा सकते। पहाड़ी का स्वामी होने के नाते उन्हें वेंकटेश्वर के रूप में पूजा जाता है।

विष्णु को कुबेर का उधार चुकाने के लिए भक्तजन मन्दिर में पैसे और सोने की भेंट चढ़ाते हैं। इसके बदले में वेंकटेश्वर स्वामी उन्हें सुख-सौभाग्य का आशीर्वाद देते हैं। इस तरह यह कथा मन्दिर के देवता और उसके भक्तों के बीच एक सहजीवी सम्बन्ध स्थापित करने में मदद करती है।

निम्नलिखित कथा एक कवि की रचना को पवित्रता प्रदान करती है; वह एक मानवीय कृति को दैवी अभिव्यक्ति बना देती है।

जयदेव का काव्य
(लोककथा)

जयदेव ने कृष्ण और उनकी प्यारी राधा के प्रेम का वर्णन करते हुए *गीत गोविन्द* की रचना की। जयदेव जब एक पद लिखने लगे, जिसमें

कृष्ण को राधा के नीचे दिखाया जा रहा था तो वे हिचक गये। जिस बीच जयदेव कहीं बाहर गये हुए थे, कृष्ण उनके घर में आये और उस पद को जयदेव के लिए पूरा करके चले गये। जयदेव को आभास हो गया कि कृष्ण चाहते थे कि उनके भक्त राधा के प्रति उनके प्रेम के सच्चे रूप को देख लें। लेकिन पुरी के लोगों ने इन पदों को स्वीकार करने से इनकार कर दिया। यह जानने के लिए कि कृष्ण वास्तव में इन पदों को स्वीकार करते हैं या नहीं, जयदेव की पाण्डुलिपि रात भर के लिए गर्भगृह में ऐसे दूसरे पदों के साथ रख दी गयी, जो मन्दिर के कर्मकाण्डों के दौरान काम में लाये जाते थे। सुबह के समय जयदेव की पाण्डुलिपि सारे ग्रन्थों के ऊपर रखी पायी गयी। स्पष्ट रूप से कृष्ण के मत में जयदेव ने *गीत गोविन्द* में राधा के साथ उनके प्रेम को सबसे अच्छी तरह व्यक्त किया था।

भारत के पूर्वी प्रान्त उड़ीसा में कृष्ण, उनके बड़े भाई बलराम और उनकी छोटी बहन सुभद्रा का एक मन्दिर है। प्रतिमाएँ लकड़ी की बनी हैं, काफी अनगढ़ हैं और भारतीय कला के मान-दण्डों पर अधूरी जान पड़ती हैं। मन्दिर के जन-जातीय मूल से यह संकेत मिलता है कि ये शायद पुराने गण-चिह्न थे। लेकिन इन अनगढ़ प्रतिमाओं के पीछे जो कारण बताया जाता है, वह यह कि कृष्ण की मृत्यु के बाद जहाँ उनकी चिता जली थी, वहाँ एक पेड़ उग आया था। राजा इन्द्रद्युम्न ने सपने में मिले निर्देश पर इस पेड़ का तना खोजा जिससे उन तीन दैवी भाई-बहन की प्रतिमाएँ बननी थीं। लेकिन उस पेड़ की लकड़ी इतनी कड़ी थी कि कोई कारीगर उसे काट कर गढ़ नहीं पा रहा था। फिर एक दिन एक बूढ़े शिल्पी ने राजा के पास आकर कहा कि अगर उसे अकेले में काम करने दिया जाये तो वह प्रतिमाएँ बना देगा। उसने राजा को चेतावनी दी कि अगर उसे टोका गया तो वह काम बन्द कर देगा। राजा सहमत हो गये और शिल्पी ने अपने औज़ारों और उस पेड़ के तने के साथ अपने को एक कमरे में बन्द कर लिया। दिन बीतते गये। शिल्पी कमरे से खाने के लिए भी नहीं निकलता था। लकड़ी के काटे और गढ़े जाने की आवाज़ों से राजा आश्वस्त रहता कि काम आगे बढ़ रहा था। फिर एक दिन आवाज़ रुक गयी। उतावलेपन से और इस डर से कि शिल्पी कहीं बीमार न हो, राजा कमरे को खोल कर अन्दर चला गया। इस पर शिल्पी, जो कुछ रंग घोल रहा था, नाराज़ होकर काम छोड़ कर चला गया। कृष्ण, उनके बड़े भाई बलराम और बहन सुभद्रा की प्रतिमाएँ अधूरी ही रह गयीं।

सन्दर्भ निर्धारण

पुराकथाओं को रूपक समझना पौराणिक कथाओं को तर्क पर कसना और अपने काम का बनाना है। रूपक में कथा कुछ और व्यक्त करने के माध्यम से अधिक और कुछ नहीं है। कथा का अपने आप में कोई मूल्य नहीं होता; वह सिर्फ कोई ऐसी बात कहने के लिए एक साधन होती है, जो वैसे बहुत अमूर्त या गहरी या जटिल होती है।

ज़्यादातर प्राचीन सभ्यताएँ और संस्कृतियाँ सांसारिक जीवन के रहस्यों को हल करने के लिए सितारों की तरफ देखती थीं। इन लोगों का विश्वास था कि सितारे मनुष्य के जीवन की गति और दिशा को निर्धारित करते थे या देवताओं की इच्छा प्रकट करते थे। नक्षत्रों और तारों की गति को परख कर जो ज्ञान लोगों ने प्राप्त किया था, उसे पौराणिक कथाओं द्वारा व्यक्त करके फैलाया जाता था।

प्राचीन वैदिक ज्योतिषियों ने गौर किया था कि उगता हुआ सूरज छह महीनों तक (दिनों को लम्बा और अधिक गर्म बनाता हुआ) उत्तर की दिशा की ओर बढ़ता था। और फिर वह बाकी छह महीनों तक (दिनों को छोटा और अधिक ठण्डा बनाता हुआ) दक्षिण की दिशा की ओर बढ़ता था। यह ऐसा था जैसे दो विरोधी शक्तियाँ ब्रह्माण्ड को मथ रही थीं। प्राचीन लोगों ने इन दो विरोधी शक्तियों को देव और असुर कहा (प्रकाश और अन्धकार के स्वामी जो गलत अनुवाद में देवता और राक्षस बन गये)। सूर्य की उत्तरी गति को उत्तरायण कहा गया और इसे देवों से सम्बद्ध माना गया; दक्षिणी गति को दक्षिणायन कहते हुए उसे असुरों से जुड़ा हुआ माना गया। उत्तरायण के दौरान सूर्य मकर राशि में प्रवेश करता जो उर्वरता और विकास का प्रतीक बन गया (क्योंकि मकर हाथी, बकरे और मछली का मिला-जुला रूप था)। दक्षिणायन के दौरान सूर्य कर्क राशि में प्रवेश करता जो अनुर्वरता और बन्धन का प्रतीक बन गया (क्योंकि केकड़े दूसरे केकड़ों को टोकरी से निकलने नहीं देते)।

उत्तरायण की ही तरह हिन्दू चन्द्र मास के आधे को शुभ मानते हैं जब चाँद बढ़ रहा होता है। नीचे दी गयी कथा इसका कारण बताती है और चन्द्रमा और सत्ताईस नक्षत्रों से चन्द्रमा के सम्बन्ध को भी स्थापित करने की कोशिश करती है।

चन्द्रमा और नक्षत्र

(सोमनाथ स्थल पुराण)

चन्द्र देव का विवाह पुरोहित राजा दक्ष की सत्ताईस कन्याओं से हुआ था, लेकिन उन्हें सिर्फ एक ही पसन्द थी—रोहिणी। दक्ष ने चन्द्र को सावधान किया था कि वे सारी कन्याओं के साथ बराबर का बर्ताव

करें। जब चन्द्र ने इस चेतावनी पर ध्यान नहीं दिया तो दक्ष ने उन्हें शाप देकर उनकी शक्ति हर ली और वे क्षीण होने लगे। व्याकुल हो कर चन्द्र ने शिव की आराधना की जिन्होंने उनकी शक्ति लौटा दी।

कहा जाता है कि चन्द्रमा ने अपनी हर पत्नी के पास महीने में कम-से-कम एक बार जाने का वचन दिया था; जब वे रोहिणी के पास जाते हैं तो बढ़ते हैं और रोहिणी से दूर जाने के दौरान क्षीण होते जाते हैं। रोहिणी नक्षत्र को दैवी हिरनी के रूप में भी जाना जाता है, जिसका पीछा मृगशिरा (यानी दैवी हिरन) नामक नक्षत्र करता है। मृगशिरा की करधनी वह बाण मानी जाती है जिसे मृगवध्य या धनु नामक शिकारी ने चलाया है। यह सम्बन्ध निम्नलिखित कथा में समझाया गया है।

रुद्र और प्रजापति

(शतपथ ब्राह्मण)

प्रजापति ने जिस पहली स्त्री की सृष्टि की, उस पर वे मोहित हो गये। यह स्त्री, जिसका नाम उषा था, हिरनी का रूप धर कर भागी। प्रजापति ने हिरन के रूप में उसका पीछा किया। एकत्र देवी-देवता पिता द्वारा अपनी पुत्री के लिए वासना के इस खुले प्रदर्शन से आतंकित हो गये। उन्होंने रुद्र का आवाहन किया, क्योंकि रुद्र ही प्रजापति को दण्ड देने का साहस कर सकते थे। शिकारी रुद्र ने अपना धनुष उठाया और प्रजापति को एक बाण मारा, जिससे घायल हो कर उन्होंने पीछा छोड़ दिया।

अगली कथा सप्तर्षि के सात नक्षत्रों , अरुन्धती नक्षत्र (जो सप्तर्षि के निकट है) और कृत्तिकाओं के बीच (जो सप्तर्षियों से अलग और उलटी दिशा में स्थित हैं और ज्योतिष में उग्रता, विनाश और अपमान से सम्बन्धित हैं) सम्बन्ध को समझाती है।

सप्तर्षि और उनकी पत्नियाँ

(महाभारत)

सात ब्रह्माण्डीय ऋषि, जो ब्रह्मा के मानस पुत्र थे और सप्तर्षियों के नाम से जाने जाते थे, वेदों के संरक्षक थे। उनकी सात पत्नियाँ निष्ठावान और आज्ञाकारी थीं। अग्निदेव के मन में उन सबके प्रति काम भावना थी, लेकिन वे उनके सतीत्व की शक्ति के कारण उनके पास नहीं आ पाते थे।

> सर्दियों के एक काफी ठण्डे दिन सातों पत्नियाँ नदी में स्नान करने गयीं। पानी बहुत ठण्डा था, इसलिए उन्होंने थोड़ी गर्माहट लेने के लिए आग के सामने बैठने का सोचा। ऋषि वशिष्ठ की पत्नी अरुन्धती ने उनसे कहा कि वे विवाह का प्रतीक धारण किये बिना अग्नि के सामने न जायें। लेकिन उन्होंने इस चेतावनी को अनसुना कर दिया और अग्नि की वेदी के पास चली गयीं। अग्निदेव ने उनकी इस भूल का फायदा उठाया और गर्मी और प्रकाश के माध्यम से उन सबके साथ समागम किया। जल्दी ही ऋषियों को पता चला कि सिवा अरुन्धती के उनकी बाकी सब पत्नियाँ गर्भवती थीं। स्त्रियों पर दुश्चरित्र होने का आरोप लगा कर ऋषियों ने उन्हें घर से निकाल दिया। यही छह पत्नियाँ स्वाधीन रूप से वीराने में, घर और उद्देश्य के बिना, भटकने वाली उग्र स्त्रियाँ बन गयीं जिन्हें कृत्तिकाएँ कहा गया। सिर्फ अरुन्धती सप्तर्षियों के आश्रम में रही।

कृत्तिकाओं ने अनचाहे गर्भों को गिरा दिया, जिन्हें अग्निदेव ने पाल-पोस कर आपस में मिलाते हुए दैवी सेनापति स्कन्द में रूपान्तरित कर दिया। उसे कार्तिकेय अर्थात कृत्तिकाओं का पुत्र भी कहा गया। कृत्तिकाएँ स्कन्द को नुकसान पहुँचाना चाहती थीं, क्योंकि वह उनके दु:ख का कारण था, लेकिन जब उन्होंने उसे देखा तो उनका मातृत्व जाग उठा। स्कन्द ने यह घोषित किया कि कृत्तिकाओं को अजन्मे और नवजात शिशुओं को हानि पहुँचाने का अधिकार था जब तक स्त्रियाँ उन्हें मातृकाएँ कहते हुए प्रार्थनाओं से उन्हें शान्त नहीं करतीं।

अक्सर अरुन्धती नक्षत्र और सप्तर्षियों में से उस नक्षत्र के बीच अन्तर करना मुश्किल होता है, जिसे हिन्दू वशिष्ठ कहते हैं। इस निरीक्षण ने उस नक्षत्र को अरुन्धती के अडिग सतीत्व का प्रतीक बना दिया है।

ज्योतिष सम्बन्धी घटनाओं की तरह दार्शनिक विचारों को भी सीधे-सीधे लोगों तक पहुँचाना कठिन होता है। ऐसा करने के लिए कथाओं और प्रतीकों की ज़रूरत पड़ती है। इस विचार के समर्थकों का कहना है कि समय के साथ सीधे-सरल लोगों ने कथाओं और प्रतीकों को अन्तर्निहित विचार पर हावी हो जाने दिया और वे कथाएँ और प्रतीक जिस विचार का प्रतिनिधित्व करते थे, उससे अधिक महत्त्वपूर्ण हो गये।

अधिकतर हिन्दू घरों और व्यापारिक संस्थाओं में धन-सम्पत्ति की देवी लक्ष्मी की प्रतिमा पायी जाती है। भाग्य और उर्वरता के इस प्रबल प्रतीक को रख कर भक्त ब्रह्माण्ड में अपनी इच्छा और कामना के साथ आँखों द्वारा सीधा सम्पर्क साधने की

कोशिश करता है। रूपक द्वारा लक्ष्मी की छवि और गुण समझ में आने योग्य बन जाते हैं। देवी की लाल साड़ी और कमल के सरोवर में उनकी उपस्थिति उन्हें उर्वरता से जोड़ती है। उनकी ऊपर को उठी हथेली शोभा का और नीचे को इशारा करती हथेली उदारता की सूचक है। वह घट जिससे सोना बहता है, सम्पत्ति के संचार का प्रतीक है। हाथी शक्ति का प्रतीक है। यह छवि उस देवी के योग्य है, जो धन और भाग्य की वाहक है।

हिन्दुत्व का अन्तिम लक्ष्य है अपने सच्चे स्वभाव को जानना, जो सार रूप में दैवी है। जीवात्मा समुद्र के जल की एक बूँद-सरीखी होती है, जिसे यह जानने की ज़रूरत है कि वह सागर का एक अंश है; सागर को परमात्मा कहते हैं। जीवात्मा और परमात्मा का आपसी सम्बन्ध रूपक में प्रेमी और प्रेमिका का कह कर बताया जाता है। जब वे अलग होते हैं तो दुःख उपजता है; जब मिलते हैं तो सुख और आनन्द। निम्नलिखित कथा की व्याख्या करते हुए अक्सर गोपियों को जीवात्माएँ और कृष्ण को परमात्मा के प्रतीक रूप में चित्रित किया बताया गया है।

कृष्ण की रासलीला

(गीत गोविन्द)

> यमुना नदी के तट पर पूरे चाँद की रातों को कृष्ण अपनी बाँसुरी बजाते हुए गाँव की गोपियों को बुलाते थे। वे अपनी लाज बचाती हुईं, छिप कर आतीं, उनके चारों ओर घेरा बनातीं और उनकी बाँसुरी की धुन पर नाचते हुए अपने को पूरी तरह खो देतीं। जब ऐसा होता तो हर गोपी को लगता कि कृष्ण सिर्फ उसी के साथ नाच रहे हैं। कभी-कभी गोपियाँ गर्व करतीं कि कृष्ण उन्हीं के हैं। जब ऐसा होता, कृष्ण लुप्त होकर उन स्त्रियों को बिछोह की पीड़ा का अनुभव कराते। कृष्ण तभी लौटते जब उन पर अधिकार जमाने की यह इच्छा और कामना गोपियों के मन से दूर हो जाती।

आगे दी गई कथा दिखाती है कि कैसे ईश्वर के प्रति पूर्ण समर्पण जीव को संसार रूपी दलदल से मुक्त कर देता है। यहाँ नर हाथी सरोवर (संसार) के दुःखों (मगरमच्छ) में फँसे होने का प्रतीक है, क्योंकि वह भौतिक जगत के प्रलोभनों (हथिनियों के साथ जल-क्रीड़ा) के आगे झुक गया था। उसका उद्धार तब होता है जब वह संघर्ष करना रोक कर सर्वोच्च देवता विष्णु को कमल का फूल भेंट करता है।

गजेन्द्र का उद्धार

(भागवत पुराण)

हाथियों का राजा, गजेन्द्र एक कमल सरोवर में अपनी हथिनियों के साथ जल-क्रीड़ा करने और उनसे प्रेम जताने के लिए उतरा। दुर्भाग्य से सरोवर में रहने वाले मगरमच्छों के राजा ने उस पर आक्रमण कर दिया। मगरमच्छ ने गजेन्द्र की पिछली टाँग को अपने दाँतों में पकड़ लिया और उसे खींच कर पानी के नीचे ले जाने लगा। गजेन्द्र ने छूटने की बहुत कोशिश की, पर सफल नहीं हुआ। अन्त में उसने सब प्रयत्न छोड़ दिये और अपनी सूँड से एक कमल उठा कर विष्णु को अर्पित करते हुए सहायता की पुकार लगायी। विष्णु गरुड़ पर सवार तत्काल प्रकट हुए। उन्होंने अपने चक्र से मगरमच्छों के राजा पर प्रहार करके गजेन्द्र को मुक्त करा लिया।

कथा को रूपक की तरह लेने से लोग देवी-देवताओं की ऐसी बहुत-सी कहानियों को भी सहज भाव से लेते जो वैसे अश्लील कही जा सकती थीं।

शिव का उत्थित लिंग

(शिव पुराण)

शिव एक वन में अपने उत्थित लिंग पर ध्यान दिये बिना, बिल्कुल नग्न स्थिति में टहलते हुए चले गये। इस वन में रहने वाले ऋषियों की पत्नियाँ काम से पीड़ित होकर उनके पीछे भागीं। उनके पतियों ने शिव को अपनी पत्नियों की उच्छृंखलता के लिए दोषी ठहराया। क्रुद्ध होकर उन्होंने शिव को बधिया कर दिया। शिव का लिंग एक अग्निमय स्तम्भ बन गया जिससे संसार के नष्ट होने का संकट पैदा हो गया। अपनी भूल का आभास होने पर ऋषियों ने देवी से प्रार्थना की जिन्होंने उस कुपित लिंग को अपनी योनि में धारण कर अग्नि को शान्त किया।

शिव का उत्थित लिंग कामोत्तेजना का परिणाम नहीं है। वह कारणरहित है; आनन्द की अभिव्यक्ति है। आनन्द की यह स्थिति तब उत्पन्न होती है जब चेतना अहंकार की बेड़ियों से मुक्त और मन सभी अशुद्धियों से रहित होता है और भौतिक और आध्यात्मिक वास्तविकता के परम सत्य को अनुभव करता है। अप्रबुद्ध ऋषि अपने अहंकार से नियन्त्रित चेतना की सीमित दृष्टि से दिव्यता का दर्शन करते हैं।

बधिया करने की क्रिया विपत्ति लाने वाली है, क्योंकि वह भौतिक और आध्यात्मिक वास्तविकता के बीच सम्बन्ध को तोड़ देती है, उस सम्बन्ध को जो अनिवार्य है, अगर संसार का अस्तित्व बना रहना है। संसार का अस्तित्व तभी सम्भव है, अगर वह देखा जा सके। उसे देखना तभी सम्भव है, अगर उसका बोध हो। बोध तभी सम्भव है, अगर चेतना हो। चेतना अमूर्त है। चेतना आध्यात्मिक वास्तविकता है।

पद्म पुराण के अनुसार एक बार जब गोपियाँ सरोवर में नहा रही थीं तो कृष्ण ने उनके वस्त्र चुरा लिये। उन्होंने गोपियों के कपड़े तभी लौटाये जब वे स्त्रियाँ सरोवर से बाहर निकलीं और प्रेम के साथ तथा बिना लज्जा के उन्होंने अपनी नग्नता कृष्ण को दिखायी। इस कथा को अक्सर रूपक मान कर इसकी व्याख्या की जाती है। वस्त्र का अभिप्राय है अहंकार से उपजे वे मानसिक भेद, जो व्यक्ति को ईश्वर (कृष्ण)से दूर ले जाते हैं। सरोवर भौतिक जगत का प्रतीक है। भौतिक जगत से मुक्ति, जो ईश्वर से मिलन का दूसरा नाम है, तभी मिलती है जब ये वस्त्र त्याग दिये जाते हैं।

चित्त के रूपक

इस संसार में ऐसा बहुत कुछ है जिसके बारे में शायद हम चर्चा करना नहीं चाहेंगे, लेकिन वे अभिव्यक्ति की माँग करती हैं। ऐसे मामलों में पौराणिक कथाएँ, अस्वीकार्य विचारों को स्वीकार्य ढंग से व्यक्त करते हुए, संस्कृति की ओट बन जाती हैं। कहानियाँ कल्पना को उस सबसे खिलवाड़ करने की छूट देती हैं जो वास्तविकता में वर्जित है। मिसाल के लिए निम्नलिखित कथा को देखिए जो *महाभारत* से ली गयी है।

कुन्ती का जादुई मन्त्र

(महाभारत)

राजकुमारी कुन्ती ने दुर्वासा ऋषि की अच्छी तरह सेवा की थी, जब वे उसके पिता के घर आये थे। प्रसन्न होकर दुर्वासा ने कुन्ती को एक मन्त्र दिया जिससे वह किसी भी देव को आमन्त्रित करके उससे सन्तान पैदा कर सकती थी। इस मन्त्र की परीक्षा के लिए कुन्ती ने सूर्य देव का आह्वान किया और उनसे एक सन्तान पैदा की। चूँकि वह अविवाहित थी और अपनी प्रतिष्ठा पर आँच नहीं आने देना चाहती थी, इसलिए उसने बच्चे को एक टोकरी में रख कर नदी के हवाले कर दिया। कुन्ती का विवाह हस्तिनापुर के राजा पाण्डु से हुआ। दुर्भाग्य से पाण्डु

पर शाप था जिसकी वजह से वे अपनी पत्नी से सम्भोग नहीं कर सकते थे। तब कुन्ती ने धर्म देव, वायु देव और देवराज इन्द्र को बुलाया और तीन सन्तानें पैदा कीं जो सब-के-सब पाण्डु के पुत्र पाण्डव कहलाये।

यह विवाह-पूर्व और विवाहेत्तर सन्तान पैदा करने के बारे में एक रूपक बना कर प्रस्तुत की गयी कथा मानी जा सकती है—पहला मामला घर आये अतिथि के साथ यौवन के अविवेकपूर्ण कृत्य के परिणाम का है और दूसरा, पति के नपुंसक होने के कारण उत्तराधिकार के प्रश्न को हल करने के लिए उठाये गये कदम का। कुन्ती के प्रेमियों को देव बना कर कथाकार ने एक अस्वीकार्य वास्तविकता को देवों के क्षेत्र में प्रक्षेपित कर दिया है। सुनने वाले कथा में अन्तर्निहित पाठ को ग्रहण कर लेते हैं और विवाह-पूर्व और विवाहेत्तर यौन-सम्बन्धों के सिलसिले में प्रचलित सामाजिक निषेधों को भी समझ जाते हैं।

दमित इच्छा का रूपान्तरण पौराणिक कथा में होना अनिवार्य रूप से चेतन प्रक्रिया नहीं है। फ्रायड (Freud) ने पौराणिक कथा और कर्मकाण्ड को किसी समुदाय के दमित स्वप्नों की अचेतन अभिव्यक्ति के रूप में देखा था जो अस्वीकार्य यौन-सम्बन्धों, विशेष रूप से अगम्यागमन (incest) और पितृ-हत्या के विरुद्ध सार्वभौमिक निषेधों की व्याख्या करती थी। ओदिपस (Oedipus) की यूनानी पुराकथा में—जिसने अनजाने ही अपने पिता की हत्या की और अपनी माँ के साथ विवाह और फिर जिसने अपने अनजाने में किये गये दुष्कृत्यों के प्रायश्चित स्वरूप अपने को अन्धा कर लिया—फ्रायड के अनुसार हर बेटा अपनी माँ के स्नेह के लिए पिता से होड़ बदने और जीतने की एक अनकही आवश्यकता महसूस करता है। फ्रायड के लिए यह ओदिपस ग्रन्थि (यहूदी) एकेश्वरवाद की बुनियाद थी—संस्थापक पितामह (मूसा) के वध और जो उचित रूप से उसका था (वह भूमि जिसका वादा था), उसके उपभोग के प्रति अपराधबोध से उपजी प्रतिक्रिया। फ्रायड की दृष्टि में धर्म नाड़ी विकार के अलावा और कुछ नहीं था और पौराणिक कथा का उत्तर अवचेतन में छिपा था।

जहाँ यूनानी पुराकथाएँ ऐसी कहानियों से भरी पड़ी हैं जिनमें पुत्र अपने पिता या पिता जैसे चरित्र की मृत्यु के लिए ज़िम्मेदार होता है (क्रोनोस (Chronos) यूरेनस (Uranus) को बधिया कर देता है; जिउस (Zeus) क्रोनोस की हत्या करता है; पर्सिअस (Perseus) अपने पितामह एक्रिसियस (Acrisius) को मार देता है; एजिअस (Aegeus) इस विश्वास में कि उसका पुत्र थीसियस (Theseus) मर गया था, खुद को मार लेता है; जेसन (Jason) की पत्नी मीडिया (Medea) उसके

सौतेले पिता पेलियास (Pelias) को मार देती है), ऐसी कथाएँ हिन्दू धर्म-ग्रन्थों में नहीं पायी जातीं। इससे संकेत मिलता है कि पुराकथा से जिस ओदिपस ग्रन्थि का सुझाव मिलता है, वह सार्वभौमिक सत्य नहीं, एक सांस्कृतिक परिघटना है, हिन्दू धर्म-ग्रन्थों की कथाएँ ओदिपस के उलट यानि ययाति ग्रन्थि का संकेत देती हैं। इस मामले में पिता अपनी इच्छा-पूर्ति के लिए पुत्र को नष्ट कर देता है।

ययाति के पुत्र
(महाभारत)

जब देवयानी को पता चला कि उसके पति ययाति ने गुप्त रूप से उसकी दासी शर्मिष्ठा से विवाह कर लिया था और उसकी दासी ने उनके दो पुत्रों को जन्म दिया था, तब देवयानी अपने पिता, असुरों के गुरु शुक्राचार्य के पास गयी जिन्होंने ययाति को शाप दिया कि वे बूढ़े और नपुंसक हो जायें। जब शुक्राचार्य को इस शाप के फल का आभास हुआ तो उन्होंने उसे संशोधित कर दिया और कहा कि ययाति अपने यौवन और पुंसत्व को फिर से पा लेंगे, अगर उनका कोई पुत्र स्वेच्छा से इस शाप को स्वीकार कर ले। सबसे छोटे पुत्र पुरु ने बूढ़ा और नपुंसक होना स्वीकार किया ताकि उसके पिता जीवन का आनन्द ले सकें। पुरु ने अपने यौवन और पुंसत्व को और अपने पिता की कृतज्ञता को वर्षों बाद फिर से प्राप्त किया, जब हर तरह के भोग के बाद ययाति को भौतिक सुखों की नश्वरता का बोध हुआ और उन्होंने तय किया कि अब बूढ़ा होने का समय आ गया था।

पुरु के एक वंशज देवव्रत को भी अपने पिता के आनन्द के लिए अपनी इच्छाओं और आकांक्षाओं की बलि देनी पड़ती है।

देवव्रत की ब्रह्मचर्य प्रतिज्ञा
(महाभारत)

राजा शान्तनु मत्स्यकन्या सत्यवती से विवाह करना चाहते थे, लेकिन उसने तब तक प्रस्ताव स्वीकार करने से इनकार किया जब तक शान्तनु ने यह वचन नहीं दिया कि सिंहासन शान्तनु की पहली पत्नी गंगा के पुत्र देवव्रत की जगह सत्यवती के पुत्रों को मिलेगा। अपने पिता को प्रसन्न करने के लिए देवव्रत ने सिंहासन पर अपना अधिकार त्याग

> दिया। लेकिन इसने भी सत्यवती को सन्तुष्ट नहीं किया। 'मुझे आश्वासन चाहिए कि तुम्हारे वंशज मेरे पुत्रों के वंशजों से सिंहासन के लिए नहीं लड़ेंगे,' उसने देवव्रत से कहा। देवव्रत ने सत्यवती को वही आश्वासन दिया जो इस स्थिति में सम्भव था : उसने ब्रह्मचर्य का व्रत लिया। इस प्रतिज्ञा से उसके पूर्वज क्रुद्ध हुए, क्योंकि उनका पुनर्जन्म न हो पाता। इस व्रत ने देवव्रत को हमेशा मृतकों के लोक में रहने के लिए अभिशप्त कर दिया, क्योंकि तब संसार में स्वयं उसके पुनर्जन्म को सम्भव बनाने के लिए कोई नहीं रहने वाला था। अपने पिता की खुशी के लिए अपने को ऐसी कठिन स्थिति में डालने के लिए देवव्रत ने देवों की प्रशंसा अर्जित की, जिन्होंने उसका नाम बदल कर 'भीष्म' कर दिया—'भीषण प्रतिज्ञा करने वाला।'

यूनानी कथाओं में बेटे पिताओं पर विजयी होते हैं, मनुष्य देवताओं पर और व्यक्ति समाज पर विजयी होता है। जो सत्ता और परम्परा का विरोध करता है, उसकी प्रशंसा होती है। विद्रोही को—चाहे वह प्रोमेथिअस (Prometheus) हो (जो देवताओं के राजा जिउस का विरोध करता है), हेराक्लीस (Heracles) हो (जो जिउस की पत्नी हेरा (Hera) के खिलाफ खड़ा होता है) या यूलिसिस (Ulysses) हो (जो समुद्र के देवता पोसाइडन (Poseidon) को चुनौती देता है)—दिव्य माना जाता है। हिन्दू कथाओं में नायक वह है जो पिता, समाज और परम्परा के आगे समर्पण कर देता है। आज्ञापालन सबसे बड़ा गुण है। राम मर्यादा पुरुषोत्तम हैं, सामाजिक मूल्यों के निष्ठावान संरक्षक, क्योंकि वे हमेशा वही करते हैं जिसकी उनसे अपेक्षा होती है। इसीलिए वे ईश्वर हैं।

हर कोई पुराकथाओं के बारे में फ्रायड की व्याख्या से सहमत नहीं है कि उनके मूल में यौन उद्विग्नता होती है। कुछ लोग इस दृष्टिकोण से सहमत नहीं हैं कि सभी कर्मकाण्ड और धर्म आदिम अपराधों से, जो प्रकट रूप से सभ्यता के आरम्भ की निशानी हैं, ताल-मेल बैठाने के लिए उन्हें याद करने और दोहराने की इच्छा से उभरे हैं। सच तो यह है कि पुराकथाओं के बारे में फ्रायड का विश्लेषण पुरुष-केन्द्रित और उनकी व्यापकता और महत्त्व को कम करने वाला माना गया है, लगभग स्त्री-विरोधी जोश से यह साबित करने की कोशिश करता हुआ कि कर्मकाण्ड और धर्म के पीछे शिश्न-द्वेष है।

फ्रायड के सबसे प्रसिद्ध अनुयायी—कार्ल गुस्ताव युंग—का लक्ष्य उद्विग्नता के स्रोत से ज़्यादा उद्विग्नता का उपचार था। युंग के लिए जीवन का कार्य था कि

वह सामूहिक अचेतन की अन्तर्वस्तु (जो पुराकथाओं में व्यक्त होती है) के सन्दर्भ में व्यक्ति के अचेतन की अन्तर्वस्तु (जो सपनों और दृश्यों में व्यक्त होती है) का ताल-मेल बैठाये। युंग के अनुसार अचेतन में निम्नलिखित शामिल हैं :

- अहं (मानस का चेतन पक्ष जो व्यक्ति को पहचान और उद्देश्य प्रदान करता है)
- छाया (मानस का अचेतन पहलू जिसे अहं ठुकराता या नज़रन्दाज़ करता है)
- आत्मोन्मुख / विरोध भावना (वह अचेतन सहज बोध बनाम विवेकपूर्ण स्त्री बनाम पुरुष भावना जो अहं की पूरक होती है)
- आत्म (अस्तित्व की चरम सम्भावना)

युंग ने अचेतन के इन सभी हिस्सों को हर पुराकथा के चरित्रों के रूप में देखा था। उन्होंने इन चरित्रों को मूल आदर्श छवियाँ कहा था—मूल आदर्श के प्रतिबिम्ब या सामूहिक अचेतन में मौजूद बोध के स्थायी नमूने। युंग का मानना था कि कथाओं, प्रतीकों और कर्मकाण्डों के माध्यम से अहं, विरोध भावना की मदद से छाया का सामना कर सकता था और आत्म का बोध कर सकता था; इस प्रक्रिया को उन्होंने 'इण्डिविजुएशन' (individuation) व्यक्तित्व-प्राप्ति कहा था। जो भी व्यक्तित्व-प्राप्ति की प्रक्रिया से गुज़रता है, वह नायक होता है और उसे बाकियों द्वारा आदर्श या देवता के रूप में देखा जाता है। जोजेफ कैम्पबेल (Joseph Campbell) जैसे पुराकथाशस्त्रियों ने इस विचार को और आगे बढ़ाया और आत्म की पहचान आत्मा से और सामूहिक अचेतन की पहचान दिव्यता से करके व्यक्तित्व-प्राप्ति को रहस्यवाद में रूपान्तरित कर दिया। युंग के लिए कथा के ब्यौरे महत्त्वपूर्ण नहीं थे; वे सिर्फ मूल आदर्श वाली छवि को पहचानने में मदद देते थे।

युंग के तरीकों पर चलें तो निम्नलिखित कथा एक पुरुष के वयस्क होने और स्त्रियों की छाया से बाहर आने की कहानी कही जा सकती है। इस यात्रा में नायक अर्जुन अनेक स्त्रियों से होता हुआ गुज़रता है—(1) वह स्त्री (द्रौपदी) जो अपना प्रेम उसके भाइयों से बाँटती है और जो उसे त्याग देती है, क्योंकि जब वह एक अन्य पुरुष के साथ थी, तो अर्जुन ने हस्तक्षेप किया, (2) वह स्त्री (उलूपी) जो बलपूर्वक अर्जुन से सम्बन्ध स्थापित करती है, (3) वह स्त्री (चित्रांगदा) जो उससे प्यार करती है, पर जो उसके जीवन में उसका साथ निभाने को तैयार नहीं है (4) और अन्त में वह स्त्री (सुभद्रा) जो उससे इतना प्रेम करती है कि उसके द्वारा अपहरण कर लिये जाने पर भी सहमत है। तमिलनाडु में इस कथा के लोक प्रारूपों में अर्जुन के मार्गदर्शक कृष्ण उसका साथ निभाते हैं जो उससे अलि नामक एक विद्रोही योद्धा स्त्री के साथ बलात्कार भी करवाते हैं—उस स्त्री के सोते समय सर्प का रूप धर कर उसके बिस्तर में घुस कर।

अर्जुन का निर्वासन
(महाभारत)

> आपसी झगड़ों से बचने के लिए पाण्डवों ने तय किया था कि उनमें से हर एक द्रौपदी के साथ एक वर्ष बितायेगा और चार वर्षों तक दूर रहेगा। जो भी इस समझौते को तोड़ेगा, उसे एक वर्ष आत्म-निर्वासन में बिताना पड़ेगा। अर्जुन ने यह नियम भंग किया जब वह अपने धनुष को लेने उस समय द्रौपदी के कक्ष में गया, जिस समय वह युधिष्ठिर के साथ थी। अपने निर्वासन के दौरान अर्जुन एक तीर्थयात्रा पर गया। जब वह एक नदी में नहा रहा था, एक नागकन्या उलूपी उसे ज़बर्दस्ती अपने साथ ले गयी और उसने अर्जुन को एक सन्तान पैदा करने के लिए मजबूर किया। फिर वह मणिपुर राज्य में राजकुमारी चित्रांगदा से मिला। उनमें प्रेम हो गया, लेकिन चित्रांगदा के पिता ने विवाह की अनुमति इसी शर्त पर दी कि उन दोनों के सभी बच्चे उसके पास रहें। इसके बाद अर्जुन अपने सखा और ममेरे भाई कृष्ण के नगर में गया, जहाँ वह कृष्ण की बहन सुभद्रा पर मोहित हो गया। चूँकि नगर के वृद्धजन इस विवाह के पक्ष में नहीं थे, अर्जुन ने सुभद्रा का अपहरण कर लिया और उसे अपने नगर ले गया।

जब द्रौपदी ने पाण्डवों की साझा पत्नी होना स्वीकार किया था तब उसने यह शर्त रखी थी कि उनके घर में और कोई स्त्री नहीं रहेगी। बड़ी कठिनाई से, कुछ मनुहार और कुछ चतुराई से कृष्ण ने द्रौपदी को इस बात पर सहमत किया कि वह अपने घर में अपनी सौत सुभद्रा को रख ले।

युंग का मानना था कि प्रतीक ऐसे विचारों को पकड़ लेते हैं जो इतने गहरे और गहन होते हैं कि शब्दों में व्यक्त नहीं हो पाते। प्रतीक अवचेतन भावना की चेतन अभिव्यक्तियाँ होते हैं। उनके अर्थ प्रकट और सीधे नहीं होते; वे अन्दर गहराई में छिपे होते हैं और उन्हें ले कर बहुत अटकल-अनुमान और चिन्तन हो सकता है। हमें उस विचार पर ध्यान लगाना पड़ता है जब तक कि वह ब्रह्माण्ड के एक अधिक गहरे अर्थ को न खोले और आत्म के बारे में बेहतर समझ और अन्तर्दृष्टि न प्रदान करे।

देवी का एक आम प्रतीक श्री-चक्र है, जिसमें कमल जैसे गोलाकार चक्र के भीतर एक के ऊपर एक दो त्रिकोण बने होते हैं—एक ऊपर की ओर उन्मुख और दूसरा नीचे की ओर। श्री-चक्र को उर्वरता के एक अर्थहीन तावीज़ या यन्त्र

की तरह देखने की बजाय युंग का पुराकथा-शास्त्र प्रतीक पर ध्यान लगाने और उसके अर्थ को बूझने की माँग करता है। नीचे को उन्मुख त्रिकोण योनि और गर्भ का प्रतीक है और ऊपर को उन्मुख त्रिकोण पुरुष की जननेन्द्रिय—लिंग—का प्रतीक है। इनका एक-दूसरे को काटना सृष्टि का, अव्यवस्था और बिखरी हुई ऊर्जा के समुद्र से कमल की तरह उभरते ब्रह्माण्ड का, प्रतीक है। चारों ओर खिंचा घेरा संसार का प्रतीक है। एक से अधिक त्रिकोण देवी और भगवान, आत्मा और लौकिकता के बीच अन्तर्क्रिया को तीव्र कर देते हैं और हिन्दू साँचे के भीतर दिव्य प्रभा को और सघन बना देते हैं। जो उभर कर सामने आता है वह श्री है—सत्ता, समृद्धि, प्रचुरता और मंगल का भाव जिसकी कामना सभी जीव करते हैं।

फ्रायड और युंग की तरह क्लाउड लेवी-स्ट्राउस (Claude Levi-Strauss) का विश्वास था कि पौराणिक कथा का उत्तर अचेतन में छिपा है। फ्रायड के विपरीत वे पुराकथा को आदिम लज्जाजनक कर्मों (अगम्यागमन और पितृ-हत्या) का सामना करने और उनसे ताल-मेल बैठाने के साधन के रूप में नहीं देखते थे। युंग के विपरीत वे सिर्फ उन्हीं प्रतीकों पर केन्द्रित नहीं करते थे जो कथाओं से उभरते थे, न ही वे व्यक्तिगत व्याख्याओं की छूट देते थे। लेवी-स्ट्राउस के लिए हर पौराणिक कथा का एक ढाँचा था जो पौराणिक कथा की अलग-अलग इकाइयों के बीच सम्बन्ध स्थापित करता था (युंग ने इन्हें मूल आदर्श की छवियाँ कहा था; लेवी-स्ट्राउस ने उन्हें 'मिथीम्स' (Mythemes)—पुरा-कथानक—कहा), ठीक वैसे जैसे व्याकरण किसी भाषा के शब्दों के बीच सम्बन्ध स्थापित करता है। पुरा-कथाओं के एक पूरे-के-पूरे समूह में इन ढाँचों का अध्ययन एक समान गुण उजागर करता है : पर्यावरण की अव्यवस्था पर व्यवस्था लागू करने और संघर्षों को हल करने की ज़रूरत, मसलन जैसे टकराव प्रकृति और संस्कृति के बीच होते हैं। पुराकथा-शास्त्र के इस सम्प्रदाय को संरचनावाद कहा जाता है। इसमें पुराकथा के ब्यौरों का उतना महत्त्व नहीं होता जितना उसके अन्तर्निहित ढाँचे का। वह ऊपरी भेदों के बावजूद समान और न बदलने वाला तत्व बनने की प्रक्रिया का अंग है। यह न बदलने वाला तत्व मन में वास्तविकता के बोध और मन द्वारा उससे ताल-मेल बैठाने की कोशिश की निशानी है। जैसे-जैसे सुनने वाले कथा से परिचित होते चलते हैं, उसका ढाँचा अचेतन में उन टकरावों को हल करता चलता है जिन्हें चेतन मन ने देखा होता है। इस तरह पुराकथाएँ वास्तविकता के साथ सोचने और उसे वर्गीकृत करके संगठित करने के तरीकों पर विचार करने की युक्तियाँ हैं। किसी कहानी को महज सुनाने से अधिक यही पुराकथा का उद्देश्य होता है। इसीलिए क्लाउड लेवी-स्ट्राउस ने कहा था कि 'पुराकथाओं को आदमी ऐसे तरीकों में

सोचता है जिनसे वह परिचित नहीं होता।'

नीचे दी गयी तालिका 29 दिखाती है कि *रामायण* महाकाव्य में कितने कथानक प्रकृति और संस्कृति के टकराव को हल करने की कोशिश करते हैं। राम

तालिका 29. रामायण में राम और रावण की तुलना

राम	रावण
पिता और माता क्षत्रिय हैं	पिता ब्राह्मण जबकि माता राक्षस राजकुमारी हैं
अपने सौतेले भाई भरत के लिए अयोध्या का अपना राज्य त्याग देते हैं	अपने सौतेले भाई कुबेर को मार कर उसका राज्य लंका हड़प लेता है
केवल एक पत्नी है	कई पत्नियाँ हैं
पिता की आज्ञा मान कर 14 साल का वनवास स्वीकार करते हैं	पिता और माता की आज्ञा का उल्लंघन और छोटे भाई से झगड़ा करता है
अपनी प्रजा की इच्छा का आदर करते हुए अपनी पत्नी का परित्याग, क्योंकि लोग कलंकित प्रतिष्ठा वाली रानी नहीं चाहते	लोकमत के विरुद्ध दूसरे की पत्नी, सीता का अपहरण करता है
अहल्या जैसी स्त्री के सतीत्व का पुनरुद्धार जिसे उसके दुराचरण के कारण उसके पति ने शिला बना दिया था	रम्भा और वेदवती जैसी स्त्रियों के साथ बलात्कार
ऋषियों के यज्ञ का समर्थन	ऋषियों के यज्ञ में विघ्न और बाधा डालता है
योद्धा और राजा के नाते अपने पिता का अनुसरण करते हुए वर्ण–व्यवस्था का समर्थन	पिता के पथ से हटते हुए ब्राह्मणों के मार्ग को छोड़ कर योद्धा और राजा बन कर वर्ण के नियमों का उल्लंघन
व्यक्तिगत सुख की कीमत पर सामाजिक नियमों का पालन	वन के नियम का अनुसरण जहाँ बल का पथ ही उचित पथ है

संस्कृति के प्रतीक हैं—धर्म के पालन के, जो काम और हिंसा की वृत्तियों को संयमित करता है—और रावण प्रकृति का प्रतीक है, जो जंगल के नियम और काम और हिंसा की वृत्तियों को खुल कर खेलने देती है (देखिए तालिका 29)।

हिन्दू कथाओं का एक समग्र अवलोकन बहुत स्पष्ट ढंग से दिखाता है कि

तालिका 30. महाभारत में कर्म और उनके फल

कर्म	प्रतिक्रिया
जब व्यास अम्बालिका से सम्भोग करते हैं वह पीली पड़ जाती है	अम्बालिका का पुत्र और पाण्डवों का पिता पाण्डु पीला पैदा होता है
जब व्यास अम्बिका से सम्भोग करते हैं वह आँखें बन्द कर लेती है	अम्बिका का पुत्र धृतराष्ट्र अन्धा पैदा होता है
एक राजकुमारी को सदा अपने ऋषि पति के आलिंगन की लालसा रहती है	वह द्रौपदी के रूप में जन्म लेती है जिसे पाँच पति मिलते हैं
अर्जुन को अपनी धनुर्विद्या, भीम को अपने भोजन-प्रेम, नकुल को अपने सौन्दर्य और सहदेव को अपने ज्ञान का घमण्ड है	चारों पाण्डवों को इन्द्र के स्वर्ग में प्रवेश की अनुमति नहीं मिलती
अर्जुन उर्वशी का प्रेम निवेदन ठुकरा देता है, क्योंकि वह उसके पूर्वज पुरुरवा की पत्नी थी	अर्जुन एक वर्ष के लिए अपना पौरुष खो देता है
गान्धारी संयोग से बचपन में कछुए के सौ अण्डों को कुचल देती है	गान्धारी पाण्डवों के हाथों अपने सौ पुत्रों के वध की साक्षी बनती है
पाण्डु संयोग से एक ऋषि और उसकी पत्नी को मार देते हैं जब वे काम-क्रीड़ा कर रहे थे	पाण्डु को शाप मिलता है कि अगर वे कभी अपनी पत्नियों, कुन्ती और माद्री से सम्भोग करेंगे तो उनकी मृत्यु हो जायेगी
सुद्युम्न उस वन में अनधिकृत रूप से घुस जाता है जहाँ देवी पार्वती अपने स्वामी शिव के साथ क्रीड़ा कर रही हैं	सुद्युम्न इला नाम की स्त्री बन जाता है और एक पुत्र पुरुरवा को जन्म देता है जो पाण्डवों का पूर्वज बनता है

किसी घटना को किसी बीती हुई घटना की प्रतिक्रिया के रूप में दिखाने का भाव हावी रहता है, चाहे वह घटना इस जन्म में हुई हो या किसी पूर्वजन्म में। यह ढाँचा कर्म के सिद्धान्त को स्थापित करता है—इस विश्वास को कि सभी जीवों को अपने कर्मों के फल भुगतने पड़ते हैं, चाहे इस जन्म में या अगले जन्म में। यह विश्वास हिन्दू विश्व-दृष्टि का आधार है (देखिए तालिका 30)।

हिन्दू धर्म में देवी की अवधारणा किसी एक कथा की किसी एक छवि द्वारा नहीं समझी जा सकती, बल्कि सभी कथाओं की सभी छवियों और उनके आपसी सम्बन्धों को देख-परख कर। देवी का कोई एक रूप संसार के उन गहन रहस्यों को अपने अन्दर समो नहीं सकता जिन्हें वह साकार करती है। मिल कर ये रूप उस सब को प्रस्तुत करते हैं जिसके साथ जीवन का अनुभव करने वाले को आत्म-प्रत्यक्षीकरण, आत्म-सन्तोष और अन्ततः आत्म-बोध की कोशिश में ताल-मेल बैठाना पड़ता है।

छिन्नमस्तिका और ललिता-त्रिपुरसुन्दरी प्रकृति के नग्न और सुखकर रूपों को प्रस्तुत करती हैं। काली और अलक्ष्मी प्रकृति के असभ्य, अशुभ और अवांछित

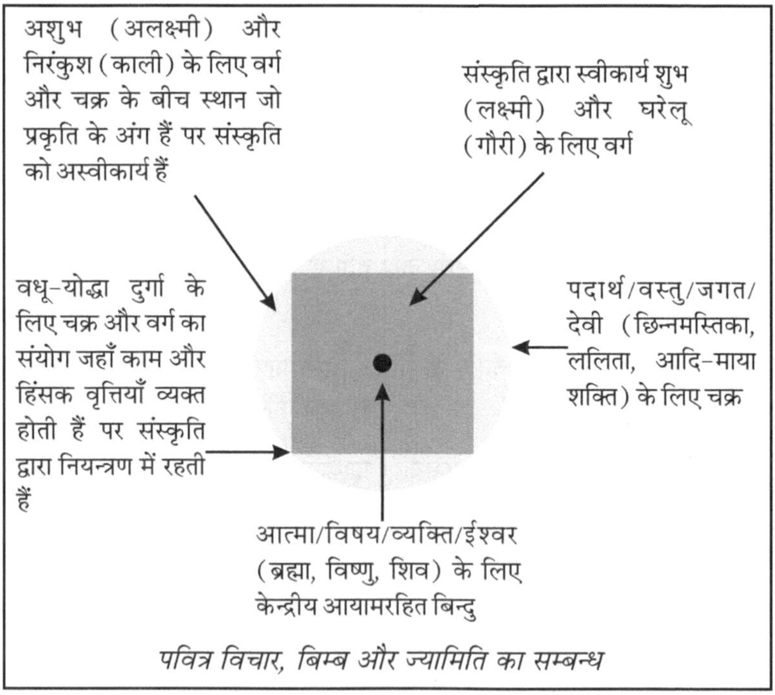

पवित्र विचार, बिम्ब और ज्यामिति का सम्बन्ध

(चित्र 4.1)

अंश को, जबकि गौरी और लक्ष्मी उन अंशों को जो सभ्य, शुभ और वांछित हैं, प्रस्तुत करती हैं। दुर्गा वहाँ मौजूद है जहाँ प्रकृति का चक्र और संस्कृति का वर्ग मिलता है—देवी की हिंसात्मक वृत्तियों को नियन्त्रित ढंग से शत्रु के विरुद्ध केन्द्रित करते हुए, काली की तरह उच्छृंखल तरीके से नहीं। प्रकृति की सौम्य बुद्धि, सरस्वती चक्र और वर्ग के मध्य में स्थित है (देखिए चित्र 4.1)।

घरों में देवी लक्ष्मी और गौरी पूजी जाती हैं। अलक्ष्मी को बाहर रहने के लिए विनती की जाती है। तन्त्र के अनुयायी जो सामाजिक ढाँचों के बाहर सत्य की खोज करते हैं, काली और छिन्नमस्तिका को पूजते हैं, चूँकि काली सामाजिक ढाँचों के बाहर की वास्तविकता है, जबकि छिन्नमस्तिका वह वास्तविकता है जब सामाजिक ढाँचे ढह जाते हैं। निम्नलिखित तालिका शक्ति के तीन अवतारों को एक-दूसरे के सम्मुख रख कर उनकी तुलना करती है। इससे स्पष्ट होता है कि कैसे तीनों अवतार प्रकृति के तीन अलग-अलग पहलुओं का साकार रूप हैं (देखिए तालिका 31)।

तालिका 31. काली, गौरी और दुर्गा की तुलना

काली	**गौरी**	**दुर्गा**
मृत्यु से सम्बद्ध	जन्म से सम्बद्ध	रक्षा से सम्बद्ध
श्मशानों और युद्धभूमि में अट्टहास करते हुए निर्द्वन्द्व नाचती है	धीमे स्वर में बोलती हैं, सारे दुख सुनती हैं, सभी समस्याएँ समझती हैं	सौम्य और कोमल होते हुए भी दृढ़ और निरपेक्ष हैं
चुड़ैल	माता	कन्या
विनाशकारी	रचनात्मक और मातृत्व से सम्बद्ध	रक्षात्मक
कोई घर नहीं है	प्रसन्न गृहस्थी की गृहिणी हैं	युद्धभूमि में दिखती हैं
शरीर झुर्रीदार है	शरीर कोमल और मातृत्वपूर्ण है	शरीर कामुक है
इनकी आँखें उग्र हैं और यह अपनी रक्त से सनी	इनकी आँखें प्रेम से परिपूर्ण हैं और यह माओं	इनकी आँखें अनिष्ट सूचक हैं

जीभ बाहर निकाले रहती हैं	जैसे प्रेम से मुस्कुराती हैं	
इनके बाल बिखरे और प्रसाधनरहित हैं	इनके केश तेल लगे और जूड़े में बँधे और फूलों से सज्जित हैं	इनके केश अनबँधे, लेकिन वधुओं के आभूषणों से सज्जित हैं
इनकी मुद्राएँ निरंकुश हैं	इनकी मुद्रा लजीली और घरेलू है	अनुशासित योद्धा जैसी मुद्रा है
कपाल, हड्डियाँ, शव और कटे अंग थामे रहती हैं	शिशु, वनस्पति, फूल और शंख लिये रहती हैं	अस्त्र-शस्त्र लिये रहती हैं
सियारों, कुत्तों और बिच्छुओं से सम्बद्ध हैं	गाय और बिल्ली से सम्बद्ध	सिंहों और बाघों से सम्बद्ध
खट्टे और तीखे भोजन भेंट में दिये जाते हैं जैसे नीबू और मिर्ची	गुड़ और दूध जैसे मीठे भोजन भेंट किये जाते हैं	भैंसों, बकरों, मुर्गों और मेढ़ों जैसे नर पशुओं का रक्त भेंट किया जाता है
वन का प्रतिनिधित्व करती हैं, जहाँ सभी इच्छाएँ निरंकुश होती हैं	संस्कृति का प्रतिनिधित्व करती हैं, जहाँ सभी इच्छाएँ नियन्त्रित होती हैं	संस्कृति और प्रकृति के योग का प्रतिनिधित्व करती हैं जहाँ कामुक और हिंसा के भाव विवेक के साथ संस्कृति के भले के लिए संयोजित किये जाते हैं
साँवली	जगमग करती हुई	दुर्लभ, अगम्य
अपने संगी को रौंदती हैं	अपने संगी की गोद में बैठती हैं	कभी संगी के साथ सीधे सम्बद्ध नहीं
कोई वस्त्र नहीं पहनतीं (उग्र, निरंकुश उर्वरता)	हरी साड़ी पहनती हैं (घरेलू और सभ्य उर्वरता) और विवाहित स्त्री के सोलह श्रृंगार करती हैं	लाल साड़ी (सम्भावित उर्वरता) और वधुओं के आभूषण पहनती हैं और अस्त्र-शस्त्र धारण करती हैं

फ्रायड, युंग और संरचनावादी सम्प्रदाय पुराकथाओं को समझने-समझाने के लिए बहुत उपयोगी हैं, जब तक कि वे ढीले-ढाले ढंग से इस्तेमाल किये जायें, जड़-सूत्र बनने की बजाय मार्गदर्शन का काम करें। सभी कथाओं के लिए किसी एक पद्धति से समाधान नहीं मिलता।

निष्कर्ष

पुराकथाएँ, पीढ़ी-दर-पीढ़ी अर्थों की परतें जमा करती हुईं, महज़ इतिहास, सामाजिक घोषणा-पत्र, रूपक, दृष्टान्त, अचेतन की अभिव्यक्तियाँ और बहुत कुछ और हो सकती हैं। उदाहरण के लिए हिन्दू महाकाव्य *रामायण* को देखा जा सकता है जो संस्कृत में 200 ई.पू. से 200 ई. के बीच लिखा गया था; तीन सौ से ज़्यादा भाषाओं में उसका पुनर्लेखन हुआ और उसने भारत और भारत के बाहर भी कविता, नाटक, अभिनय और कर्मकाण्ड के लिए प्रेरणा का काम किया। *रामायण* को एक ऐतिहासिक अभिलेख, एक रूपक या एक राजनैतिक वृत्तान्त के रूप में देखा जा सकता है। मनोविश्लेषण की पद्धति और संरचनावाद के तरीकों से उसकी व्याख्या सफलतापूर्वक हुई है (देखिए तालिका 32)।

तालिका 32. रामायण की अलग-अलग व्याख्याएँ

सम्प्रदाय	व्याख्या
रूपकात्मक (Allegorical)	भक्ति (हनुमान) जीव की आत्मा (सीता) का मेल परमात्मा (राम) से करा सकती है जिन्हें अहं (रावण) ने अलग कर रखा है
युहेमरवादी (Euhemerist)	कवि द्वारा राम नामक प्राचीन राजा के जीवन का चरित जिसने दक्षिण भारत में वैदिक संस्कृति का प्रचार किया और जिसे बाद में विष्णु का अवतार कह कर दिव्य बना दिया गया
फ्रायडवादी (Freudian)	पिता (दशरथ) को मारने की इच्छा को पिता-सरीखे व्यक्ति (रावण) पर युक्ति करना क्योंकि उसने मनुष्य (राम) को उसके न्यायपूर्ण अधिकार (अयोध्या/सीता) से वंचित किया है
युंगवादी (Jungian)	नायक की आत्म-प्रत्यक्षीकरण की यात्रा : राम अहं है, रावण उसकी छाया है, सीता सकारात्मक स्त्री-पक्ष है, शूर्पनखा नकारात्मक स्त्री-पक्ष है, हनुमान प्रेरक शक्ति है

राजनैतिक (Political)	वर्ण-आश्रम-धर्म की ब्राह्मणवादी विचारधारा को लागू करने वाला एक महाकाव्य, जो सभी लोगों को अपना जीवन उन कर्तव्यों का पालन करते हुए जीने के लिए विवश करती है जिन्हें जीवन में उनकी अवस्था और जीवन के चरण द्वारा निश्चित किया गया हो
संरचनावादी (Structuralist)	एक महाकाव्य जो प्रकृति (रावण द्वारा अनुमोदित वन के नियम) और संस्कृति (राम द्वारा अनुमोदित सभ्यता के नियम) के आपसी संघर्ष का समाधान करता है।

व्याख्या की कोई एक पद्धति पूरी नहीं है। यह तो व्याख्या की प्रचुरता से सम्भव होता है कि कोई कथा, प्रतीक या अनुष्ठान अपनी पौराणिक शक्ति प्राप्त करता है।

शब्दावली

अयप्पा	शिव और विष्णु का ब्रह्मचारी पुत्र जिसकी पूजा भारत के दक्षिणी प्रान्त केरल में होती है। (देखिए मणिकण्ठ और हरि-हर-सुत)।
दक्षिणाचार	मुख्यधारा की परम्परागत कर्मकाण्डी जीवन-शैली जो वेदों द्वारा सुनिश्चित किये गये विचारों और कर्मकाण्डों का पालन करती है; यह दृष्टि भौतिक जगत को अनियन्त्रित और माया-रूपी समझती है, जिसे धर्म और योग से नियन्त्रित करने की ज़रूरत है।
हरि-हर-सुत	शिव और विष्णु के ब्रह्मचारी पुत्र का एक और नाम।
कैवल्य	सर्वज्ञता, जो जीव को जीवन-चक्र से मुक्त कर देती है; अशुद्धता से अलग हो जाना।
किन्नर/किं नर	शाब्दिक अर्थ 'कौन पुरुष ?'; अर्द्ध पुरुष; विचित्र जीव।
किं पुरुष	शाब्दिक अर्थ 'कौन पुरुष ?'; अर्द्ध पुरुष; विचित्र जीव।
मणिकण्ठ	शिव और विष्णु के ब्रह्मचारी पुत्र का एक और नाम।
मुरुगन	कार्तिकेय के लिए एक और नाम जो तमिलनाडु में लोकप्रिय है।
पृथु	वह राजा जिसने पृथ्वी को वश में किया और धर्म की स्थापना की; विष्णु का अवतार।
पुरुषार्थ	धर्म, अर्थ, काम और मोक्ष—जीवन के चार लक्ष्य जिनसे जीवन परिपूर्ण होता है।
श्रुति	दैवी उद्घाटन; वेद।

सिद्धि	रहस्यमय शक्तियाँ जिनके बल पर मनुष्य ब्रह्माण्ड की शक्तियों को वश में कर सकता है।
स्मृति	मनुष्य की स्मृति पर आधारित धर्म-ग्रन्थ जो मनुष्यों को उचित जीवन जीना सिखाते हैं; इनमें पुराण और शास्त्र शामिल हैं।
स्थल पुराण	स्थानीय पुराण।
सुब्रह्मण्यम	कार्तिकेय का एक और नाम।
वामाचार	अपम्परागत, रहस्यवादी तन्त्र साधना और जीवन पद्धति।
वेन	वह राजा जिसने धर्म त्याग दिया था।
यज्ञ	वैदिक अनुष्ठान जिनमें मन्त्र-पाठ के साथ हवन करते और बलि देते हैं जिससे देवों का आह्वान हो और ब्रह्माण्ड अनुकूल हो जाये।
यन्त्र	पवित्र रेखा-चित्र।
येल्लम्मन	सब की माता; ग्राम-देवी जिसका सिर और धड़ अलग-अलग जातियों का है; कर्मकाण्डी वेश्यावृत्ति से जुड़ी देवी।

Bibliography

Abbot, J. E. and N. R. Godbole. Stories of Indian Saints. Delhi: Motilal Banarsidass, 1996.

Bhattacharji, Sukumari. The Indian Theogony. New Delhi: Penguin Books, 2000.

Coupe, Lawrence. Myth. London: Routledge, 1997.

Dange, Sadashiv Ambadas. Encyclopaedia of Puranic Beliefs and Practices, Vol. 1-5. New Delhi: Navrang, 1990.

Danielou, Alain. Gods of Love and Ecstasy: The Traditions of Shiva and Dionysus. Rochester, Vt.: Inner Traditions International, 1992.

---. Hindu Polytheism. Rochester, Vt.: Inner Traditions International, 1991.

Eliade, Mircea. Myths, Dreams, and Mysteries. London: Collins, 1974.

Flood, Gavin. An Introduction to Hinduism. New Delhi: Cambridge University Press, 1998.

Frawley, David. From the River of Heaven. Delhi: Motilal Banarsidass, 1992.

Graves, Robert. The Greek Myths. London: Penguin Books, 1960.

Hawley, J. S. and D. M. Wulff, eds. The Divine Consort. Boston: Beacon Press, 1982.

Highwater, Jamake. Myth and Sexuality. New York: Meridian, 1990.

Hiltebeitel, Alf, ed. Criminal Gods and Demon Devotees. New York: State University of New York Press, 1989.

Hiltebeitel, Alf. Cult of Draupadi, Vol. I. Chicago: University of Chicago Press, 1988.

Hopkins, E. Washburn. Epic Mythology. Delhi: Motilal Banarsidass, 1986.

Jakimowicz-Shah, Marta. Metamorphosis of Indian Gods. Calcutta: Seagull Books, 1988.

Jayakar, Pupul. The Earth Mother. Delhi: Penguin Books, 1989.
Jordan, Michael. Myths of the World. London: Cambridge University Press, 1993.
Kinsley, David. Hindu Goddesses. Delhi: Motilal Banarsidass, 1987.
Klostermaier, Klaus K. Hinduism: A Short History. Oxford: Oneworld Publications, 2000.
Knappert, Jan. An Encyclopedia of Myth and Legend: Indian Mythology. New Delhi: HarperCollins, 1992.
Kosambi, Damodar Dharmanand. Myth and Reality. Mumbai: Popular Prakashan, Pvt. Ltd., 1994.
Kramrisch, Stella. The Presence of Shiva. New Delhi: Motilal Banarsidass, 1988.
Mani, Vettam. Puranic Encyclopaedia. Delhi: Motilal Banarsidass, 1996.
Martin-Dubost, Paul. Ganesha: Enchanter of the Three Worlds. Mumbai: Franco-Indian Research, 1997.
Mazumdar, Subash. Who Is Who in the Mahabharata. Mumbai: Bharatiya Vidya Bhavan, 1988.
Meyer, Johann Jakob. Sexual Life in Ancient India. Delhi: Motilal Banarsidass, 1989.
O'Flaherty, Wendy Doniger, trans. Hindu Myths. Delhi: Penguin Books, 1975.
---. Origins of Evil in Hindu Mythology. New Delhi: Motilal Banarsidass, 1988.
---. The Rig Veda: An Anthology. New Delhi: Penguin Books, 1994.
O'Flaherty, Wendy Doniger. Sexual Metaphors and Animal Symbols in Indian Mythology. New Delhi: Motilal Banarsidass, 1981.
---. Siva: The Erotic Ascetic. London: Oxford University Press Paperbacks, 1981.
Panati, Charles. Sacred Origins of Profound Things. New York: Arkana, 1996.
Pandey, Rajbali. Hindu Samskaras. Delhi: Motilal Banarsidass, 1969.
Pattanaik, Devdutt. Devi: An Introduction. Mumbai: Vakil, Feffer and Simons, 2000.
---. Goddess in India: Five Faces of the Eternal Feminine. Rochester, Vt.: Inner Traditions International, 2000.
---. Hanuman: An Introduction. Mumbai: Vakil, Feffer and Simons, 2001.

---. Man Who Was a Woman and Other Queer Tales from Hindu Lore. New York: Harrington Park Press, 2001.

---. Shiva: An Introduction. Mumbai: Vakil, Feffer and Simons, 1997.

---. Vishnu: An Introduction. Mumbai: Vakil, Feffer and Simons, 1999.

Sen, Makhan Lal. The Ramayana of Valmiki. Delhi: Munshiram Manoharlal, 1978.

Subramaniam, Kamala. Srimad Bhagavatam. Mumbai: Bharatiya Vidya Bhavan, 1987.

Walker, Benjamin. Hindu World, Vol. 1 and 2. Delhi: Munshiram Manoharlal, 1983.

Wilkins, W. J. Hindu Mythology. Delhi: Rupa, 1997.

Zimmer, Heinrich. Myths and Symbols in Indian Art and Civilization. Delhi: Motilal Banarsidass, 1990.

❑❑❑

चर्चित लेखक देवदत्त पट्टनायक की बैस्टसैलर पुस्तक
'Shikhandi and other tales they don't tell you' **का हिन्दी अनुवाद**

शिखण्डी
और कुछ अनसुनी कहानियाँ
देवदत्त पट्टनायक

असामान्य यौनप्रवृत्ति कोई आधुनिक या पश्चिमी बात नहीं है। दो हज़ार वर्षों से भी पुरानी हिन्दुत्व की विशाल मौखिक और लिखित परम्पराओं में असामान्य यौनप्रवृत्ति की कई कथाएँ और उदाहरण पाए जाते हैं, जैसे महाभारत में शिखण्डी जो अपनी पत्नी को सन्तुष्ट करने के लिए पुरुष बना; या फिर महादेव जो इसलिए स्त्री बने ताकि अपने भक्त के बच्चे को जन्म दे सकें; या चूडाला जो अपने पति को ज्ञान देने के लिए पुरुष बनी—ये और ऐसी अनेक कथाएँ इस पुस्तक में प्रस्तुत हैं। दिलचस्प और हृदयस्पर्शी, यहाँ तक कि उद्विग्नता पैदा करने वाली, ये कथाएँ इस बात की साक्षी हैं कि हमारे देश में असामान्य यौनप्रवृत्ति की कितनी पुरानी परम्परा है।

ISBN: 978-93-5064-289-4
पृष्ठ: 192

सभी प्रमुख पुस्तक विक्रेताओं पर उपलब्ध या
इस वेबसाइट से मंगवाएं
www.rajpalpublishing.com